大是文化

德國製造的細節

人口八千萬的國家，竟有兩千多個世界級品牌和
一千多個世界隱形冠軍，

德國人做事的竅門在哪？

資深媒體人、騰訊《大家》專欄作者
歐洲深度研究者
葉克飛 —— 著

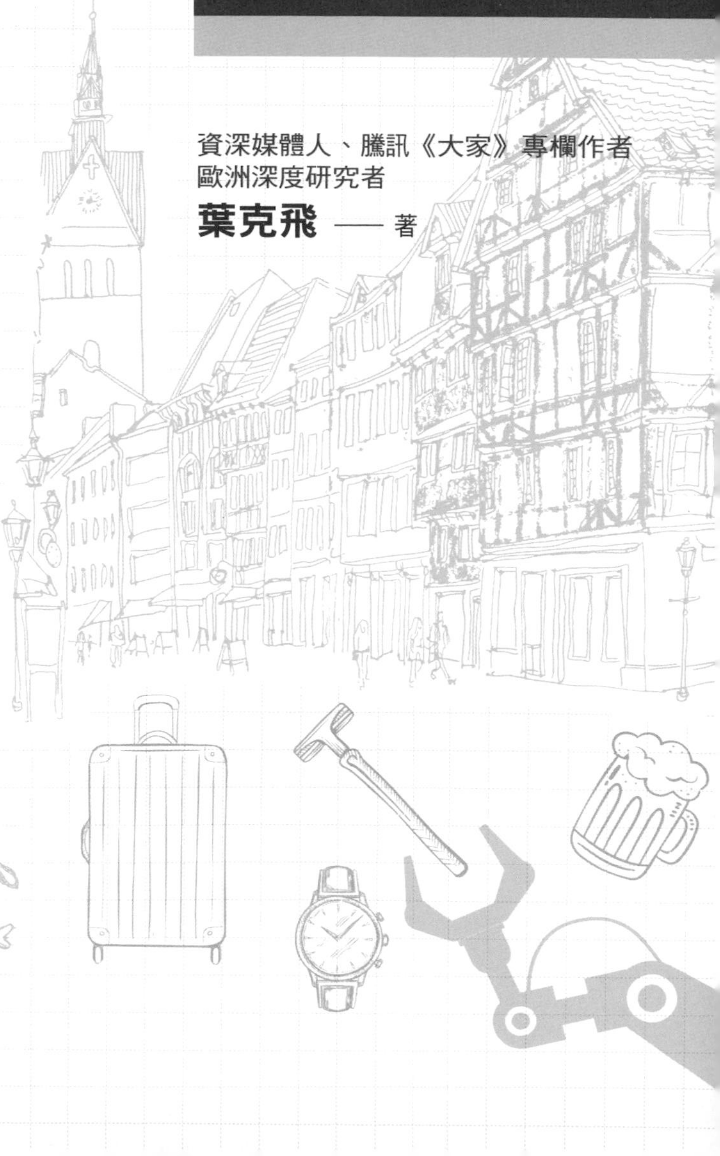

CONTENTS

推薦序　深入觀察德國精神的第一本書／劉恭甫……09
序言　再次崛起，成為今日歐洲中心……13

PART 1
德國骨子裡的氣質——偏執狂才有的精緻和美感……21
明斯特市，三十萬人口竟有五十萬輛自行車……22
弗萊堡，這裡的人幾乎靠環保吃飯……24
從橋屋到鳥屋，德國孩子必修工藝課……31
雷根斯堡，多瑙河畔的世界遺產古城……35
慕尼黑沒有高樓，新市政廳比老市政廳還要舊……38
就算刷自己的房子，顏色也不能自由選擇……42
這裡的有軌電車，最長可達四十二公尺……45
德勒斯登古城，世上最難的建築拼圖……51
用六百年磨出一座教堂……54
全球第二大圖書市場，連加油站也賣書……59
全世界最美的圖書館在德國……64

家裡若沒有擺書，等於房子沒有窗……70
沒有什麼能阻擋德國人回家吃晚飯……75
早到，也是一種不守時……77
實用至上，百萬名車當皮卡車用……79
德國人講規矩，「車讓人」有前提……80
允許酒駕，僅只一杯啤酒……82
為安全起見，汽車嚴禁使用防爆膜……84
地鐵不驗票，但沒有人逃票……86
德國人逆天了，看看他們的停車場……87
停車場裡最方便的位子，一定留給殘障人士……90
開車必備小物——時鐘撥盤……95
大學生福利多，公車、火車免費搭……97

PART 2

對工業的敬畏，成就了德國製造……99

賓士汽車，不只是名牌，更是一種精神……100

好的工人比機器更可靠，德國工業的根基……110
博格瓦德，曾與保時捷比肩，卻破產收場……113
個性化廚房，德國人想出來的……117
廚電設計，簡約重於華麗……122
刀具的工序，起碼有四十多道……126
慢工出細活，六個月產一支……129
一個旅行箱卻有兩百個零件……135
堅持品質的精緻主義：對泰迪熊「施酷刑」……140
手工精製，德國製造的靈魂……150
偏執狂才有的精緻和美感……153
德國貨竟有黑歷史……159
金屬活字印刷，歐洲文明的發軔……163
「德國製造」的文具小把戲……170
小香腸也有生產標準流程……174
黑森林蛋糕，原料嚴格挑選，並受保護……177

PART 3 是自由，也是限制——強盛大國背後的祕密……179

當精準成為一種習慣，就不覺麻煩……180
所有你可以想到的，德國人都能回收……186
租客天堂，房東要加租，獲批才能執行……188
把有軌電車開進大街小巷，步行兩分鐘就能坐上車……193
雪地開車不換輪胎，要罰……195
德國式的「各掃門前雪」……200
年輕時「儲蓄時間」，年老享受義工服務……202
養小不養老，老了有貼補……204
當老小孩遇到熊孩子……208
購車務實，換車勤快……210
食品價格低，售價低於成本價……212
假日要急診，請看報紙打電話找值班醫生……215
無障礙設施，讓身障者得自由……217
沒有流浪狗的國家……221
養狗先查身家，交錢交稅買保險……223

PART 4

把細節當成生活，把生活過成細節

把細節當成生活，把生活過成細節……227
商業暗號藏在鵝卵石路上……228
櫥窗之美，德國之簡……230
週日是家庭日，不該出來逛街……231
不穿名牌，也很有型……233
啤酒消除了階級差別……236
佛系經營，專做窮人生意的超市……242
迪姆藥妝，以設計感贏得顧客的心……250
羅曼斯，「坐著收銀界」代表……252
穀物市場，在地人的日常廚房……253
明斯特市集，車流組成的市集……256
紐倫堡市集，胡桃鉗玩具兵的童話天地……259
寧願賣掉，也不願當垃圾丟掉……261
柏林牆邊的淘寶天堂……264
德國最混血的跳蚤市場……267

藍天綠地淘寶趣 …… 269
飯店神器，二十四小時自助入住機 …… 271
全靠信任進行的買賣 …… 273
「宰人」的旅遊區，不存在 …… 275
兩千多個世界級品牌 …… 277

PART 5 高速公路上的科技和人性 …… 281

公路可以滿足波音七四七客機起降 …… 282
哪裡有人煙，路就鋪到哪裡 …… 283
用直升機處理事故，迅速清場 …… 286
「先到先贏、頭過身就過」，在這不適用 …… 290
高速公路不限速，開太慢反而危險？ …… 292
只有警示牌，沒有多餘的廣告 …… 294
平均每十四・七公里就有一個休息區 …… 296
這裡要收費，只是沒有收費站 …… 299

使用者付費，上廁所請備好零錢 …… 303
廂式貨車＋鎖，高速公路上的雙重保險 …… 306
低油價誘使荷蘭人跨境加油 …… 309

PART 6

大學教育：不爭一流，卻成為真正的一流 …… 311

留學免學費，還可打工 …… 312
不爭一流，卻是真正的一流 …… 314
重社會責任、輕選拔 …… 316
大學有碩士學位，沒學士學位 …… 318
慕尼黑大學，盛產政要、諾貝爾獎得主 …… 320
海德堡大學，一座有學生監獄的大學 …… 324
弗萊堡大學，真理將使你自由 …… 328
沒有圍牆束縛大學 …… 331

推薦序

深入觀察德國精神的第一本書

創新管理實戰研究中心執行長／劉恭甫

我在大學主修工業設計，之後擔任設計師與產品經理等職務，曾被公司外派到德國與丹麥等歐洲國家累積好幾年的時間。後來創業，我與德國人合作超過十年，當我閱讀到本書，內心激動，書中的照片與文字讓我得以重溫當時的體驗與記憶，也讓我對德國模式有更深入的了解，我認為本書是深入觀察德國精神的第一本書。

猶記得我第一次到德國出差時，最顛覆我直覺也體驗最深的交通工具，就是搭乘德國火車與地鐵，德國的地鐵站是一個進出自由，沒有閘口，完全沒有驗票的地鐵系統，火車站也是同樣的設計。心想：「設計這樣，難道不怕有人逃票？」後來發現背後有一套流動抽查的制度設計，逃票會有高額罰單，甚至收到法院傳票，更重要的是，這個劣跡會被記錄到你的個人誠信檔案，對於你的金融信用、求職與各種福利申請都會有影響。原來，德國人的誠信精神就體現在日常生活當中。

有一次德國同事帶我去他家，我知道，除非德國人將你視為很好的朋友，否則是不會帶你去他家的，這讓我感到很開心。在他家優閒喝茶、聊天時，看到他和小孩在花園裡一起做木工。他的孩子大約八、九歲左右，但是看起來卻很嫻熟的敲釘子，我好奇的到花園一探究竟，原來他們正在親手做一個鳥屋的作品。這是德國小學生的必修工藝課，完成的鳥屋作品，學校會收集並開放給市民購買，然後將所得款項捐出去，原來，德國人的工藝精神從小學就開始了。

以上兩個小故事，讓我對德國精神深感興趣，也開啟了我對德國模式的深入研究，德國模式影響了許多歐亞國家，最知名的「雙學徒制」造就頂尖技藝的沃土。也因為對專業技藝的重視，德國企業熱中於尋求改善產品與生產流程的方式，誕生許多高品質享譽全球的「隱形冠軍」企業。

這些都是德國骨子裡的氣質，也就是本書所說的「偏執狂才有的精緻和美感」，本書有許多深入的生活觀察，尤其以下九點，是德國人特有不為時代所動搖的堅持，令我拍案叫絕，一讀再讀：

- 早到，也是一種不守時。
- 給出的時間往往不是十分鐘、半小時，而是七分鐘、十二分鐘之類。
- 在德國，即使是你自己的房子，外牆也不能隨便亂刷。
- 德國的有軌電車普遍比較長，座位也多，更能省幾個司機。

- 家裡若沒有擺書，等於房子沒有窗。
- 賓士汽車，不只是名牌，更是一種精神。
- 所有你可以想到的，德國人都能回收。
- 當精準成為一種習慣，就不覺麻煩。
- 小香腸也有生產標準流程。

德國人，把細節當成生活，把生活過成細節，本書推薦給對「德國精神」與「德國模式」有興趣的職場人士與家庭教育者。

序言

再次崛起，成為今日歐洲中心

有一年晚冬，我在中歐地區自駕，其中一段行程是由捷克城市拉貝河畔烏斯季（Ústí nad Labem）前往德國邁森（Meissen）。這兩座名不見經傳的小城，都讓我想起了童年。

那天中午，因為趕時間的緣故，一向得坐下來好整以暇的吃頓飯的我，選擇在拉貝河畔烏斯季城郊一條大街的麵包店裡買了幾個麵包，準備一邊開車一邊填肚子。從麵包店走出來時，我抬頭看了看馬路對面，突感驚喜。只見一個個歐式庭院一字排開，房子占地都不小，院落也闊大，像極了我兒時生活過的青島——我的外公、外婆就住在這樣一條街上，街上也是一個個歐式庭院，只是一棟樓裡擠了七、八戶人家。

那時我還沒想到，下一站邁森會比烏斯季更像青島。

在我走過的德國小城中，邁森與青島相似度最高，只是邁森沒有海。從邁森老城的廣場出發，一路沿坡步行，兜兜轉轉，經過許多街巷和童話般的小樓，便可到達山頂平臺，著名的阿爾布萊希特城堡（Albrechtsburg）和大教堂都在這裡。岩壁之上，教堂背後，還有一個觀景臺，從這向下望去，可看到易北河（Elbe）以及被它劃為兩半的邁森老城。

流經邁森的這一段易北河並不寬闊，河對岸是沿著小山坡而建的各種民宅，清一色的紅瓦斜頂，牆身顏色各異，高低錯落。若將眼前的易北河換成大海，活脫脫就是兒時記憶中的青島老城區。

那一刻，我才想到，從兒童時代起，我就已經是個「德國控」。

我在青島長大，直至十三歲才跟著父母回到廣東老家。那時，青島的核心區域是舊時德國人所建，遍布歐式庭院，

一棟棟老房子依坡而建，眺望大海。

那時不知這個城市的美，因為它是我眼中的全世界，沒有對比，就沒有美醜之分。我只管背著小書包，在一個個院子裡遊蕩，爬牆爬樹，捉蟲打鳥。後來，我離開了那裡，並開始想念它，即使它在中國城市化大潮中被拆得七零八落。

也正因為對青島的想念，我喜歡上了建築。當年德國人在青島「因地制宜」的建城思路，在我眼中是審美的最高典範。再之後，便是對德國製造的推崇。

到了網路時代，德國成了一個被高度神話的國家，最

▲易北河對岸的邁森，像極了我兒時生活過的青島。

「經典」的謠言當屬「青島下水道裡被油紙包包好的螺絲」[1]。這類顯然是編造的故事，固然迎合了「德國製造可靠」的心理需求，卻呈現了一個並不真實的德國。

那麼，真實的德國是怎樣的？只有親身接觸，一次次的接近才能有所感受，才能發現德國的細節。

我一向認為，自駕是出遊歐洲、北美和澳大利亞（澳洲）、紐西蘭的最佳方式。首先，這些地方大都路網發達，即使是孤零零的住在山頂，政府也會把瀝青路鋪到家門口，而且道路狀況好，交通設施齊備，這使得自駕快捷方便，免去在火車、地鐵和電車間不停轉換的煩瑣，大大節省了時間。其次，因為時間被大量節省，行程計畫的機動性將大大增強。

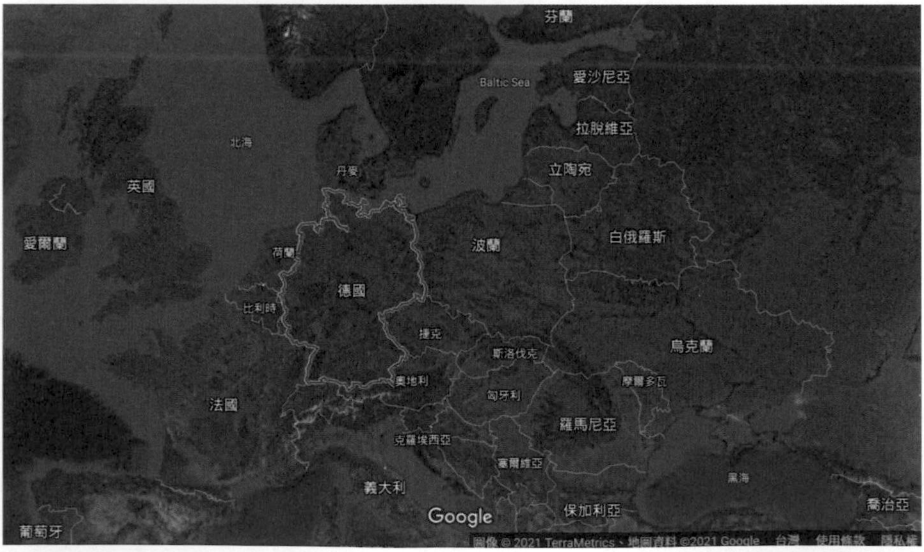

▲德國地處中歐，向北是北歐諸國，向西是法國、荷蘭和比利時，向南則是瑞士、義大利和奧地利。

原先你可能為了避免「拖著行李看風景」的痛苦，只能去一地住一地，行程十分機械，但自駕使你可以將車子當成行李存放點，白天在不同城市和景點間穿梭，晚上再進酒店住宿。自駕還能讓你前往許多普通遊客無法到達的地方，是體驗當地文化的最佳方式。比如隱藏山間的古堡、火車未經的小鎮、遠遠延伸到天際盡頭的麥田，這些都是自駕旅遊者的專屬風景，無論你是跟團遊還是非自駕背包遊，都很難體會。

而在歐洲大陸自駕，德國是我心目中的最佳起點。首先與地理位置有關，德國地處中歐，向北走便是北歐諸國（參見右頁圖），向西是法國、荷蘭和比利時，向南則是瑞士、義大利和奧地利，並可由義大利或奧地利進入巴爾幹半島，向東則是波蘭、捷克和匈牙利等國家。即使是前往羅馬尼亞、保加利亞兩國和波羅的海三國（愛沙尼亞、立陶宛、拉脫維亞），也不過數百公里。

更何況，德國還擁有法蘭克福（Frankfurt）和慕尼黑（München）這兩大國際機場，此外，柏林（Berlin）、漢諾威（Hannover）、漢堡（Hamburg）和杜塞道夫（Düsseldorf）的機場也相當繁忙（參見下頁圖）。你完全可以根據自己的行程需求選擇合適的航班，下機後在機場取車，開啟行程。如果行程中有瑞士和奧地利，那麼慕尼黑機場自然是個好選擇，若是想去法國，法蘭克福機場也極為方便。

1　該傳言稱，青島下水道使用百餘年後，有些零件需要更換，因此向德國人求助。德方回應說，按德國施工標準，在老化零件周邊三公尺範圍內，可以找到備用零件。後來工程人員果然找到一個小儲藏室，裡面有用油布包好的金屬元件，歷時百年依然光亮如新。

或許有人會說，如果你計畫了一個包含德國、瑞士和奧地利的行程，那為何要選擇慕尼黑機場，蘇黎世機場不也是歐洲最大機場之一嗎？

這就牽涉到租車問題，根據我的經驗，在歐洲大陸自駕，德國境內取車的性價比最高。比它便宜的，車子性能不如它，選擇也少；性能能與之相比，選擇也足夠多的，價錢又往往高得多。就像德國位於歐洲大陸中心的地緣位置一樣，在租車領域，它也是一個完美的平衡點。

更重要的是，一段旅途的初期往往會受時差影響，長時間搭機的疲憊需要時間消化，在德國開車的順暢與安全，恰恰可以幫

▲ 德國境內有多座機場，旅客可根據自己的行程需求選擇合適的航班。

助你度過這個適應期。而恰恰是「在路上」的種種感受，會讓人真切感受到**德國**這個國家**的特質：有秩序、嚴謹、溫文卻又不乏幽默感**。

這也是德國能夠再次崛起，並成為今日歐洲中心的奧祕。

也正因此，多年來我一次次將德國作為旅行的起點，既有以德國為重點的行程，也有僅僅將之作為「取車點」的行程。彎彎曲曲的國界和《申根協定》[2]帶來的便利，更是讓我時常在旅途中有意或無意的「回到」德國。比如有一次，我從荷蘭恩斯赫德（Enschede）前往小鎮鮑爾坦赫（Bourtange），儘管起點與終點都在荷蘭，可短短一百多公里的路程，卻屢屢在德荷兩國間穿插。有不少德國城市，便是在這樣的旅途中與我相遇，比如擁有亞琛大教堂（Aachen Cathedral）的亞琛市（Aachen），便是我由比利時前往荷蘭馬斯特里赫特（Maastricht）的途中特意停留之處。

就這樣，我對德國細節的了解一點點加深。但我知道，我依然只是個遊客。幸運的是，我有著尚算敏銳的觸覺，能夠在蜻蜓點水之中有所得，並寫下這本小書。

從兒時眼裡的青島到現在看到的德國，細節在時間的穿梭中熠熠生輝。德國的細節便在時間的魔鬼手上。

2　這是一項歐洲國家之間的條約協定，表示有簽立此份公約的歐洲國家，彼此之間取消領土邊境的檢查點，並協調對申根區之外的邊境加以控管；自二〇一一年一月十一日起，持臺灣護照者可免簽證入境申根成員國家（包含：奧地利、比利時、捷克、丹麥、愛沙尼亞、芬蘭、法國、德國、希臘、匈牙利、冰島、列支敦斯登、義大利、拉脫維亞、立陶宛、盧森堡、馬爾他、荷蘭、挪威、波蘭、葡萄牙、斯洛伐克、斯洛維尼亞、西班牙、瑞典和瑞士），在一百八十天內最多可停留九十天。

PART 1

德國骨子裡的氣質
——偏執狂才有的
精緻和美感

二〇〇四年，在由聯合國環境規畫署（United Nations Environment Programme，簡稱ＵＮＥＰ）與國際公園與遊憩設施協會（International Federation of Park and Recreation Administration，簡稱ＩＦＰＲＡ）舉辦的「全球最適宜居住城市（社區）獎」（The International Awards for Liveable Communities）評選中，德國明斯特市（Münster）在二十萬到七十萬人口的城市中奪得金獎。該獎有五個參評標準：城市景觀、歷史文化遺產的管理、環境保護、公眾參與和可持續發展。關於這五點，我在明斯特一一得見。

明斯特市，三十萬人口竟有五十萬輛自行車

這座城市最古老也最動人的區域，當屬教堂廣場。沿著它走向聖蘭貝蒂教堂（St. Lamberti）一帶，便可看到一條石板路大街，兩側建築的一層都是拱廊結構，因此人行道都在建築之下，十分陰涼。在寬闊的石板路上，只能看到公車偶爾經過，最常見的是自行車，許多人正在騎行，拱廊的每條柱子邊幾乎都停靠著自行車，露天的道路上也停放了不少。這讓我想起當我經過明斯特大學（University of Münster）時，教學樓周邊也停滿了自行車。

明斯特是德國有名的大學城，也是自行車城。明斯特大學始建於一六三一年，因缺少資金，在蹉跎一百五十年後，才於一七八〇年正式開始授課，為學校命名的是德國皇

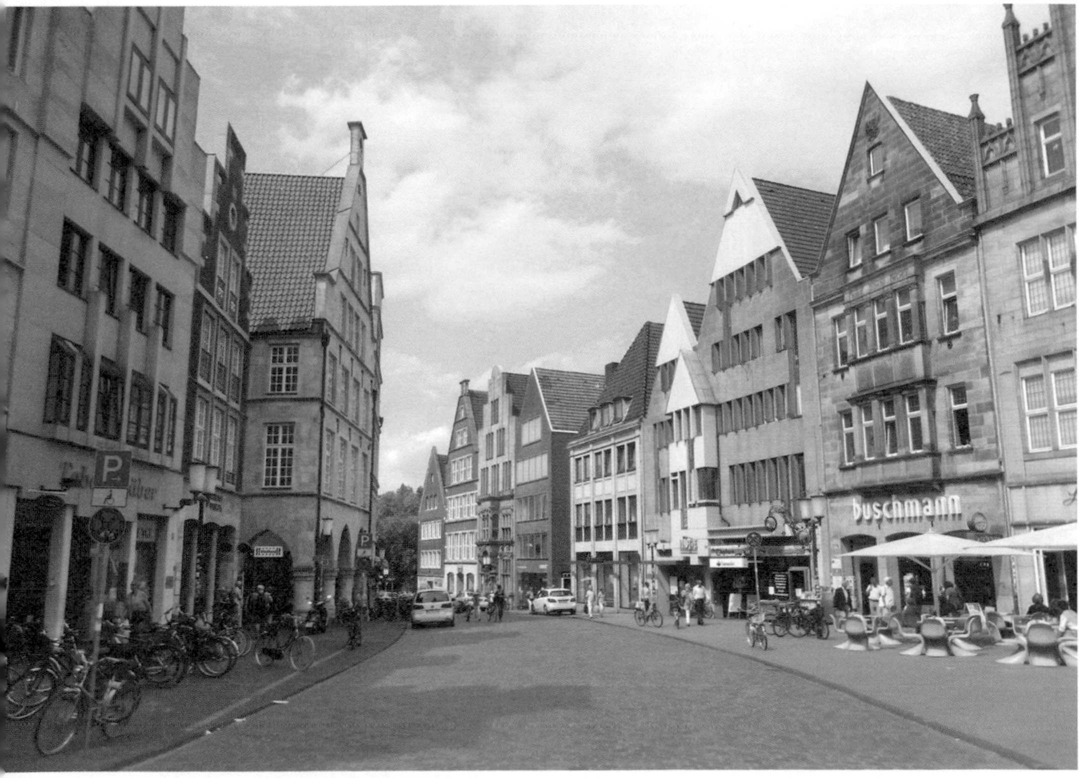

▲明斯特街頭隨處可見自行車，右上圖為德國最大的自行車停車場，可停 3,500 輛。

帝威廉二世（Wilhelm II）。明斯特大學的規模在德國可排進前五名，當年的明斯特宮殿是今日大學內最顯眼的建築。

因為明斯特大學的存在，市內的年輕人十分多，僅該校學生就占了總人口的六分之一。更值得一提的是，這個三十萬人口的城市居然擁有五十萬輛自行車，因此被稱為「自行車城」。據說員警都是騎自行車執行公務，火車站旁的自行車停車場也是德國最大的停車場（見上頁右上圖），擁有三千五百個停車位。也正因為人們多以自行車為交通工具，所以老城區內並不允許汽車通行。

這裡還有一條著名的林蔭散步道，於一七七〇年修建，環繞整個老城，長約四．五公里，兩側種滿了菩提樹。這條路上每年都會舉辦五次跳蚤市場，可惜我無緣得見。充滿朝氣與動感的自行車，竟與古城的滄桑相得益彰，使得明斯特獨具美感。這更讓我深信，將明斯特作為旅途中的一站是何等正確。在我走過的數十個德國城市中，明斯特的宜居顯而易見，足以排名前五名。

弗萊堡，這裡的人幾乎靠環保吃飯

從斯圖加特（Stuttgart）一帶前往德西城市弗萊堡（Freiburg），接近目的地時，會經過一段蜿蜒山路。

那是一段很奇妙的體驗，原本是豔陽高照的下午，不戴墨鏡簡直無法開車，可是突然間變得陰涼，天空像被兩側斜斜的高山所遮蔽，頗似黃昏。路邊偶有民宅，就這樣孤單立於山路旁，連個圍牆都沒有。全程都靜悄悄的，只有偶爾的風聲和胎噪，那感覺就像在卡通影片裡誤入仙境。山路盤旋，總讓我覺得下一個轉角能有奇遇。

後來我才知道，這段路就是傳說中的黑森林。

途中常可見小溪潺潺，有些在山間窪地穿流，有些沿山崖流淌，即使只是一瞥，也知其清澈。沒想到，進入弗萊堡市區後，仍然可以見到這樣的小溪在城市內穿流。在這個保持著中世紀風貌，大街小巷多是石板路的老城裡，人工水渠幾乎無處不在。剛開始以為是汙水渠，可後來看到孩子們在渠裡嬉戲，才發現裡面的水極為清澈，原來是如假包換的山泉水。

別小看這條遍布全城的水渠，它不但有悠久的歷史，而且見證了一座城市在環保和發展問題上的拉鋸戰。

九百多年前，弗萊堡的工匠們利用當地東高西低的地形，從黑森林的山上引來山泉，泉水在市區內穿流而過，最終匯入萊茵河（Rhein）。中世紀時，這些流經市內的泉水堪稱「生命之泉」，除了作為生活用水和牲畜飲用水之外，更重要的職責是承擔消防之用。一旦發生火災，人們在家門口就能取水救火。自從有了這條水渠，弗萊堡從未發生過大規模火災。

十九世紀時德國政府認為工業已發展，水渠已經過時，便將之遮蓋。一九五〇年代，汽車逐漸普及，一些有車一族更是認為水渠會造成交通隱患，表示要將之填平。

但弗萊堡人強烈反對，留住了水渠。到了一九七〇年代，弗萊堡老城被闢為徒步區，機動車之中僅有軌電車可以駛入。在政府保護之下，水渠變成了一條城市小溪，流水潺潺，當地人稱它為Bächle，有一個非常貼切的中文譯法，叫作「拜溪樂」。

在弗萊堡，你隨時可以見到有人席地而坐，一邊聊天一邊用手戲水，甚至直接捧水飲用。還有人走著走著就停下來，將瓶裝啤酒放進小溪裡降溫。

▲防火的人工水渠遍布街巷，據說如果遊客不小心踩了進去，就會愛上弗萊堡人，永遠留下。

這條城市小溪還有一個傳說：如果遊客不小心踩了進去，就會得到一位弗萊堡的伴侶。所以，夢想豔遇的人們多半都會踩上一腳。不過，我倒是更相信另一個傳說：如果遊客不小心踩進小溪，以後還會重訪弗萊堡——這樣一個注重生態的宜居城市，再來一次又有何妨？

弗萊堡有多宜居？數字可以為證。這座城市五〇%的土地屬於自然風景區和保護區，超過六〇%的面積被森林覆蓋。城區內有兩萬多棵行道樹和公園綠化樹木，大大小小的花園有三千八百多個。傲人的數字背後雖然有黑森林眷顧，但如果肆意揮霍，弗萊堡也會變得滿目瘡痍。弗萊堡的可貴之處，在於它幾十年前就已經是一座享譽歐洲的環保之城。

熱衷環保的人都知道綠黨，這是由環保非政府組織發展而來的政黨，以生態優先、非暴力、基層民主、反核原則等為政治主張。綠黨最早誕生於一九七二年的紐西蘭，此後綠黨在歐洲迅速擴張，最著名的就是德國綠黨。德國綠黨的發端就在弗萊堡。

一九七〇年代，當時的西德聯邦政府曾有意在弗萊堡旁邊的小鎮修建核電廠，弗萊堡的大學生、反核主義者和環保主義者聯合抗議，捍衛家園，最終獲勝。這場運動也催生了德國綠黨的誕生。

一九八六年，蘇聯發生車諾比核電廠事故，舉世震驚。弗萊堡市議會當即決定放棄使用核能，並提出開發利用太陽能的計畫。

如今，你走在弗萊堡的住宅區裡，抬頭看看，會發現紅瓦屋頂上全是太陽能光伏板。**這裡可是全德國太陽能應用最發達的地方**，平均每位居民擁有三十六．七峰瓩（kWp）的太陽光能容量，不僅是全德之冠，更在全球名列前茅。至於**太陽能光電產業的產值，弗萊堡也位居德國之冠，還帶動了大量就業**。

政府鼓勵環保的措施很多，弗萊堡市民如果想在自家屋頂安裝太陽能光電板，可獲得十年至二十年不等的三％至四％低息貸款，以補助設備與施工成本，還能獲得二十年的電價優惠。

有意思的是，連酒店行業也投入其中。除了以太陽能發電實現能源自給外，當地

▲ 弗萊堡不僅森林覆蓋率高，就連居民住宅也被綠色覆蓋。

▲ 建築師狄斯赫（Rolf Disch）將太陽能節能概念運用在建築上，圖為其所設計的社區中心「太陽艦」，屋頂皆是使用太陽能面板。

不少賓館還利用地下水循環系統保持夏日清涼，到了冬天，則會採用當地流行的高能木屑燃燒供熱。

這個高能木屑很有意思，它其實是一種木屑壓製而成的燃燒棒，這些木屑是當地家具廠和其他林木工廠在加工過程中產生的廢料。經過處理後，高能木屑的燃燒效率非常高，據說一家酒店一年使用的高能木屑，也只會產生兩盆灰燼。

在德國足球史上，弗萊堡隊的戰績乏善可陳，在德甲、德乙[1]間浮沉，成績拿不出手。可**德萊堡薩姆球場（Dreisamstadion）**[2]仍有可觀之處，這**是世界上第一個採用太陽能的球場**。在弗萊堡，還有可隨太陽旋轉的太陽旋轉

1 德國足球聯賽系統最頂兩級是，單一組別的德國足球甲級聯賽（Bundesliga，簡稱德甲）及德國足球乙級聯賽（2. Bundesliga，簡稱德乙），每組各有十八支球隊，德甲榜尾的兩或三隊須降級到第二級的德乙，而德乙成績最好的兩或三隊則可升級到德甲。

2 二〇一四年接受贊助冠名為「黑森林球場」（Schwarzwald-Stadion）。

▲ 德萊堡薩姆球場是世界上第一個採用太陽能的球場。

屋，和太陽能電池住宅樓。

關於弗萊堡的「環保」，不可不提垃圾處理。多年來，這座城市在氣候保護、能源利用、交通規畫和垃圾處理等方面都堪稱德國典範。

在弗萊堡的大街上晃悠，兩旁有不少櫥窗漂亮的小店，難免讓人流連。最吸引我的是書店和文具店，在一家文具店裡拿了兩本本子，精緻可喜，觸感也佳。買單時，兒子突然看到本子背面有個卡通人物倒垃圾的標誌，覺得有趣，指給我看。店主看到一樂，跟我嘰哩呱啦說了一大堆。可是德語我們完全聽不懂呀，再進一步詢問，才搞清楚，這其實是當地一個小小的文創產品，呼籲正確的垃圾處理方式，而且這本本子就是用再生紙做成。再查資料，真是不得了，原來**弗萊堡現在八〇%的用紙都是由廢紙回收再加工製成**。

一九九一年開始，弗萊堡執行非常嚴格的垃圾回收利用制度，採取各種物質刺激手段控制垃圾數量。比如對使用環保尿布的居民予以補貼，對少扔垃圾的住戶降低垃圾處理費等。弗萊堡市居民每人平均拋棄的廢物量，明顯低於全邦和全國水準。

在弗萊堡城郊，有一座 TREA 垃圾處理站。二〇〇五年開始，弗萊堡地區的不可回收垃圾都會被送來這裡焚燒。這個垃圾處理站不但安全，而且環保，焚燒過程產生的餘熱可保證兩萬五千戶人家的供暖。城市百分之一的用電，也來自利用垃圾發酵產生的熱量。

在弗萊堡，從事環境相關工作的足足有一萬多人，相關企業多達一千五百個，每年創造五億多歐元（按：約新臺幣一百六十四．六五億元，歐元與新臺幣的匯率約為一比三十二．九三元）的產值，這個環保經濟做得實在夠大。

從橋屋到鳥屋，德國孩子必修工藝課

德國另外一個特色之城——艾爾福特（Erfurt），最知名的景點是「橋屋」（參見下頁圖），最能體現宜居的地方恰恰也在這裡。「橋屋」是旅行攻略上的說法，指橋上有房屋。如果按音譯，它應該譯作克雷默橋（Krämerbrücke），按意譯，則譯作商人橋。這是歐洲最長的帶房屋的橋梁，最初是木製，一三二五年重建，改為石橋。

這裡堪稱艾爾福特最美之地。橋屋橫在河上，橋上是一棟棟緊挨著的五層房屋，外牆以木條裝飾，是典型的德式風格。小河在我眼前流過，河水清澈，可以看到裡面的青草，還有野鴨游過。我身處這一側是一條石板路，也可以視為觀景臺，河對岸是一小片草地，完全未加修飾，卷卷的雜草彷似毛毯，人們散坐在草地上，倚著藍天下的大樹，十分愜意。

幾十公尺外又有一座小橋，可以通車，橋邊有一棟白色房子，還有一棟形狀有趣的褐色坡頂大樓。再不遠處又有一座小橋，兩側都是典型的紅瓦坡頂建築。

穿過石板路和對岸的草地，一圈建築圍成一個小公園，有供大人休息的長凳，有供孩子們玩耍的木製溜滑梯、沙池和鞦韆。木製溜滑梯與鞦韆連在一起，款式一如我們

▲克雷默橋是一座「長」滿建築的橋，是歐洲最長、住戶最多的橋屋。

平時所見，從自家社區到世界各地，這些遊樂設施都差別不大。這裡的木製溜滑梯年代已久，木頭圓潤光滑，但細看之後會發現，設施的接榫非常牢靠，鐵釘上一點鏽跡都沒有，顯然經常維護。沙池也分兩種，一種是普通的沙池，還有一種沙池配上了幾樣東西，都是金屬製成，有像水龍頭一樣的，還有風車輪一般的，可惜沒有孩子在玩，少了「現場演示」。

冬日的和暖陽光下，大人們在長凳上聊天，孩子們在嬉戲，一派寧靜。一位漂亮溫柔的母親低下身子與一對兄弟聊天，場面溫馨動人。這個前東德城市曾經荒涼凋敝，如今已經成為前東德地區發展最好的城市之一。

沿著小街道三轉兩轉，就來到了橋屋的另一面。它與面向大草地的那一側並無太大區別，倒是橋洞上方那棟房子的一戶陽臺上，擺著一個齊人高的小丑玩偶，坐在陽臺上，十分有趣。

小河、公園、草地、童話般的房子，這幾樣合起來，不就是宜居的最好詮釋嗎？

德國鄉村民宅，不管是中產別墅還是農民宅院，都花了不少心思打理。即使冬日，仍可見綠意。若是夏天，那更是五彩繽紛，花花草草各司其職，從布局到修剪，處處有美感。即使只是在外面看看，也覺得有趣。

有一戶人家，有大大的草坪，上面種著各種植物，中間是個小足球場，還有個小球門。兩個孩子在玩球，看起來也就兩歲左右，跑起來搖搖晃晃的。但最吸引我的卻是草地上的兩個鳥屋，木頭製成的小房子，四腳有支架撐著。主人的木工活相當厲害，小房子不但有斜頂屋簷，居然還有個小煙囪。天上有小鳥盤旋，也許是懼怕那兩個小孩吧，可是，當兩個孩子你追我趕的跑回家時，小鳥就飛下來，在鳥屋裡吃起了東西。

一開始，我以為鳥屋是自家養鳥所用，可那隻覓食的小鳥怎麼看都是野鳥。這時，主人走到花園裡，見我們正在看鳥，友善一笑，還走過來與我們攀談。雖然對方英語不太靈光，但在比畫中我們還是搞清楚了這鳥屋的來龍去脈。

原來，主人家並未養鳥，德國人也不喜歡養鳥，因為他們認為不該把鳥困住。之所以在院子裡設置鳥屋，是因為德國冬天寒冷，有時甚至低至攝氏零下一、二十度，鳥兒要在這種環境中覓食，十分困難。所以，德國人常常在院子裡蓋一個小小的鳥屋，即使是住在城市裡的人，也常常會在陽臺放置一個鳥屋，並在鳥屋裡放一些糧食，供鳥兒休息並填肚子。

在德國人看來，鳥兒可是維持自然生態的好幫手，不但能吃害蟲，還能傳播花粉和種子，德國人的花園常有意外之喜，長出一些並非自己所種的花花草草，也是拜鳥兒所賜。

後來我便開始留意鳥屋，僅在那個村子裡，幾乎家家的花園裡都有鳥屋。再到別處看看，發現德國鄉村的鳥屋已經到了普及的地步。即便在城市，鳥屋也隨處可見，有私家設置，也有公共設置，比如我在亞琛的一條大街上，就曾看到行道樹上掛著密密麻麻的鳥屋。除了前文所提到的開放式鳥屋外，還有封閉式的鳥屋，僅留頂端出入口，可供鳥兒在裡面築巢繁殖。

最讓我感動的是，我曾在萊茵河畔的一個不知名小村，見到父子倆在花園裡一起做木工。孩子也就八、九歲的樣子，敲起釘子來卻顯得嫻熟，他們手中的作品，恰恰是一個鳥屋。**德國小學生必修工藝課，其中一個重要作業，就是親手做一個鳥屋**。這些鳥屋並非自家使用，學校會將之集中，開放給市民購買，所得款項則會統一捐給各種自然基金會。

雷根斯堡，多瑙河畔的世界遺產古城

說起島居生活，很多人想到的往往是離群索居，與世事絕緣。可是，也有那麼一些小島，與城市幾步之遙，一橋相連。當你走過橋去，便是可以讓你投入塵世的城市，而橋的這一頭，則是你的家園。

不要以為這是富人才能擁有的生活，在德國雷根斯堡（Regensburg），我就見到這樣三個小島，讓普通民居也彷彿遺世而獨立。

雷根斯堡人口僅有十三萬，但在德國已經是不折不扣的大城市，還是巴伐利亞邦（Freistaat Bayern）的直轄市。據記載，早在石器時代，其附近便已有人居住，西元七十九年，古羅馬人在這裡建造城堡，同時出現了居民區和阿爾卑斯山北側最古老的古羅馬釀酒廠。西元一七〇年，羅馬帝國皇帝下令在此建造兵營城堡，正式取名雷根斯堡。

它的地標，除了大教堂，便是多瑙河上的千年石橋（見下圖）。走過古橋，最讓人感興趣的便是多瑙河中央的三個小島，可以沿橋的分岔走下去。小島上有民居，也有酒店和咖啡廳。中間的小島有大片草地，一側是一棟體積頗大、黃色牆身的老房子，紅色斜頂，黑色塔樓，像極了小時候在青島見慣的建築，如今是一間酒店，夾在兩條河道之間，位置極佳。在我們抵達之前，有對白人老夫婦在草地上漫步，與雷根斯堡老城隔河相望。草地上有簡易公廁，全部由塑膠製成，頗為有趣，即使十分偏僻，仍相當乾淨。

這小島與雷根斯堡老城相反的另一方向，則是另一個小島，有一

▲ 雷根斯堡大教堂和多瑙河上的石橋，為雷根斯堡兩大地標。

座小教堂與一棟棟民宅，房子以紅色、黃色等豔麗顏色為主，門前是大片草地，彷若童話。河岸邊有自行車道和人行道，綠樹成蔭，十分愜意。

還有一個小島，距離老城更近一些，大概位於石橋中央地帶，可以從分岔路走下去。我將之戲稱為豪宅區，雖然它事實上只是普通民宅。從橋上望下去，它有一段長長的石板路，頗為寬闊，大概十公尺多的樣子，道路盡頭是延綿的幾棟民宅，緊緊挨在一起，直面多瑙河。幾棟民宅各式各樣，有六層高樓，也有花崗岩為基、形如米倉的圓形尖頂平房。對從小在青島長大的我來說，這些房子的樣式實在太過熟悉，也太過親切。至於老城方向，高高的教堂自然是最顯眼的建築，多瑙河邊則是清一色的尖頂老房子，密密麻麻緊緊挨在一起，就如積木一般，因為形態各異、顏色參差，所以毫不機械刻板，而是在河面波光的映襯下顯出靈動之氣。

目力所及的這些區域，都屬雷根斯堡老城這一世界文化遺產。據載，它之所以成為世界文化遺產，是因為它曾經是阿爾卑斯山以北的中世紀貿易中心，也是神聖羅馬帝國文化的見證。

雷根斯堡的發展與神聖羅馬帝國的命運息息相關。一二〇七年，它成為帝國自由城市，一二四五年被腓特烈二世（Friedrich II）皇帝賦予城市自治權，一四九二年因經濟衰退失去自由市地位。一八〇三年，雷根斯堡通過了帝國議會的最後一批決議，其一便是決定解散神聖羅馬帝國，成立萊茵聯邦，雷根斯堡也因此獨立為邦國。一八〇六年八月一日，萊茵聯邦在雷根斯堡帝國議會的最後一次會議上宣布，神聖羅馬帝國正式解散。

近代以來的德國歷史暗面，雷根斯堡亦未能逃離。納粹上臺後，舉國焚書，雷根斯堡亦不能倖免。此後，猶太人會堂被毀，猶太人被襲擊，許多猶太人被抓入集中營並被殺害。「二戰」期間，雷根斯堡亦不免遭遇空襲。幸運的是，老城並非打擊對象，盟軍的空襲目標是城郊的一座飛機工廠，那也是當時歐洲最大的飛機工廠。

在戰爭的尾聲，這個城市曾發生這樣一樁事情：一九四五年四月二十三日，雷根斯堡大教堂的一位牧師和城中婦女們上街遊行，要求和平移交城市，以求城市不被破壞。第二天，這位牧師和一位市民、一位退休憲兵官被納粹公開處決。戰爭結束後，人們在處決地建了一塊紀念碑，那位牧師的遺骸則在二〇〇五年移葬大教堂。

值得慶幸的是，儘管歷經兩次世界大戰，但老城依然保存下來了，而且是德國保存最完整的中世紀老城之一。因為神聖羅馬帝國的餘暉，雷根斯堡成為阿爾卑斯山以北擁有最多義式家族塔樓的城市，也因此被戲稱為「義大利最北部的城市」。

慕尼黑沒有高樓，新市政廳比老市政廳還要舊

德國慕尼黑最為磅礴大氣的建築，當屬瑪利亞廣場（Marienplatz）上的新市政廳（Neues Rathaus）。以這裡為起點遊覽慕尼黑舊城最合適不過，因為老彼得教堂（Alter Peter）、聖母教堂（Frauenkirche）、王宮博物館（Residenz München）等著名景點都

在其步行範圍內。

新市政廳是典型的哥德式建築[3]，結構複雜，外觀古樸華麗。主樓中央的鐘樓每日會有三次機械壁鐘演出，分別為上午十一點、中午十二點和下午五點，上層是公爵威廉五世（Duke Wilhelm V）與洛林的雷娜塔（Renata of Lorraine）的婚禮場面，下層是慕尼黑傳統舞蹈展示消滅黑死病的場景，名聞遐邇。

來此一趟，自然不能錯過機械壁鐘演出。只是時間不太湊巧，剛好十一點半，十一點的演出已結束，十二點的尚需等待，便得找點其他樂子打發時間，湊近市政廳門口一看，原來可以乘電梯到頂層塔樓一覽慕尼黑風光，立即掏錢買票。

登上塔樓，老城風光果然盡收眼底，只見連綿紅瓦向遠方蔓延，大大小小的建築密密麻麻，基本不超過五層，視野極為開闊，僅有的幾棟高建築都是教堂。想起一句話，「一個城市的高層建築代表城市的信仰」，我一向不願被人代表，也對各種絕對化說法不甚認同，但不得不承認這句話多少有點道理。入歐以來眼見的文明與誠信，當然跟經濟和歷史有關，但也跟信仰有關。

◀德國慕尼黑新市政廳木偶報時鐘演出。

3　哥德式建築的特色包括尖形拱門、肋狀拱頂與飛扶壁。最常見於歐洲的主教座堂、修道院與教堂。

▼ 德國城市有規定，建築物的高度不能超過當地最高教堂的高度，所以在慕尼黑沒有高樓。

LUDWIG BECK

德國是歐洲最為發達的國家之一，慕尼黑則是德國最富庶的大城市之一，如此大都市，卻見不到高樓，甚至在老城見不到「新派」的建築，清一色舊式建築，實在難得。要知道，慕尼黑與其他許多歐洲城市一樣，曾在「二戰」中遭遇猛烈轟炸，如今的慕尼黑，許多建築都在「二戰」後重建，卻遵循原有的城市格局和建築形貌。

我在街頭遊走時，曾細細打量路旁建築，有些樓宇的構成很有意思，它的門臉、廊柱往往年頭久遠，能看得出歲月斑駁，主體建築雖然也是舊式風格，但能看出是近年來新建的。想來，「二戰」後的德國人，面對滿目瘡痍的城市，選擇了在遺址上重建的方式。那些門臉、廊柱恰恰是建築中最為堅固的部分，也是在轟炸後最容易留下的部分，德國人將之一一保留，並融入新建築中。若不細心觀察，你甚至看不出戰爭的痕跡。

相較於高樓大廈，我真是愛死了這沒有高樓的城市。

就算刷自己的房子，顏色也不能自由選擇

很多人都說，歐洲城市宛若童話。其實，童話也分很多種。如果你走過許多歐洲國家，就會發現德國民宅的顏色是最豐富的，尤其是德國西部的木骨架建築，與之類似的還有歷史上曾反覆被法國與德國爭奪的法國阿爾薩斯地區[4]。相比之下，英國小鎮、南法小城、西班牙和義大利的小城，色調都挺單一。也有一些地方色調同樣豐富，比如葡萄牙北部大區（以波多〔Porto〕為代表），但那裡房屋方頭方腦的造型，又不如德國

的木骨架建築那般精巧。有人喜歡單一色調，我倒是更喜歡色彩豐富的感覺。而且德國小城的建築顏色，錯落中帶美感，並非打亂調色盤那般隨意（參見下頁圖）。

相較於有人喜歡法國、義大利和西班牙式的破敗美，我則更喜歡德國的光鮮。其實，前者的破敗固然有色調單一的原因，但也有經濟較差、無力修繕的原因。反倒是德國，因為有錢，所以對房子的外牆維護十分講究，動不動就粉刷一下。

不過，**在德國，即使是你自己的房子，外牆也不能隨便亂刷**。換言之，你的房子的外牆顏色，是經過專業設計，統一規定的。你看德國小城那些一排排的童話小屋，色彩繽紛，其實都經過了設計與搭配。為什麼這間是紅色，那間是黃色，旁邊的又是藍色？我自己想刷個綠色為什麼不行？因為組合起來不好看啊！音樂創作人、作家鄭華娟就在書裡寫過這事，她想自己刷刷外牆，誰知不被允許。德國人真有意思，連構築一個童話世界，都用如此嚴謹的方式。

在歐洲不同的民宅建築風格裡，最討我喜歡的應該就是德國中西部和法國東部流行的木骨架建築了，在這些斜頂小樓的外牆和窗戶上，都貼有木條。一棟棟色彩繽紛的木骨架建築並排，就是童話裡的模樣。在這一帶旅行，甚至無須刻意尋找，隨便找個小城鎮都會有驚喜。也正是在這些城鎮裡，我發現了一個有趣的細節。

4 Alsace，也就是法國小說家阿爾豐斯．都德（Alphonse Daude）的《最後一課》（*La Dernière Classe*）裡講的地方。

▲房屋外牆的顏色可不是亂搭的，而是有所搭配。

在許多木骨架建築靠近路邊的一側，牆下都有一塊不規則的石頭。它們嵌在地裡，看起來挺礙事，但既然這麼多房子的牆邊都有塊石頭，就不會無緣無故。查了一下才知道，原來這跟當年的歷史有關。越是老房子，越有這種石頭。

話說當年，德國小城鎮的格局就是石板路兩邊有一棟棟房子。當時的主要交通工具是馬車，當馬車在狹窄的石板路上行走時，輪軸和車邊包著的鐵皮很容易撞到牆。出於保護自家牆壁的目的，人們就會在牆邊埋個石頭，馬車就需要避開，牆就不會被撞壞。

時至今日，這些石頭與老房子一起被保留下來，依然出現在德國的城鎮裡。也有一種情況，就是建築是新的，而石頭是舊的。「二戰」時，德國許多城鎮遭到轟炸，破壞嚴重，但德國以及其他許多歐洲國家都採取了修舊如舊的方法，盡量尋找舊時圖紙、書籍和照片，按原貌復建，波蘭首都華沙（Warszawa）和德國東部名城德勒斯登（Dresden）都堪稱其中代表。而在復建過程中，這些石頭也得到了保留。

這裡的有軌電車，最長可達四十二公尺

在德國城市漫步，常可見到有軌電車。有些是近年來投入使用的新車，造型現代，月臺漂亮，車身還有花花綠綠的廣告。也有用了幾十年的舊車，外表古樸陳舊但頗具情懷。相較於新車，舊車更得遊客心，因為配上老房子和石板路，拍照效果絕對一流。

放眼歐洲，很多城市都以老電車為城市名片，當它們慢悠悠的從老街上駛過時，總

會贏得「時光就此停頓」的按語，葡萄牙里斯本（Lisbon）和斯洛伐克的布拉提斯拉瓦（Bratislava）都是典型例子。相比之下，經濟發達的德國的有軌電車多已進行更新換代，舊車比例低得多。

但說到有軌電車，德國人絕對是鼻祖。一八八一年，正是德國人維爾納·馮·西門子（Ernst Werner von Siemens）——沒錯，就是**西門子的創始人發明了世界上第一臺電力牽引的有軌電車，並在全世界被廣泛使用**。當時的電車因為要靠鋼軌形成供電迴路，所以必須在一條固定的路軌上行駛，在交通擁擠的地方顯得很不方便，於是，便有了無軌電車，這次的發明者依然是維爾納。早期無軌電車的樣式很像輪式馬車，車廂為木結構，裝有實心橡膠輪胎。它從車頂上的高架線獲得電流，能左右移動一段距離，它比有軌電車更靈活，但一般不能超車。不過，無軌電車正式投入營運的第一站卻不是德國——一九一一年，**世界上第一輛無軌電車在英國開始營運**。這種車從車頂上的高架電線獲得電力，輪胎代替了路軌。

德國的有軌電車還有個特徵：普遍比較長。這當然是技術決定的，無軌電車限於技術，肯定不會太長，有軌電車則不同。

以奧格斯堡（Augsburg）為例，電車一靠站，就像小火車一樣橫在你面前。後來我去查了查資料，奧格斯堡最長的電車達到四十二公尺，大部分都在四十公尺以上，這些都是近年來的新車（參見第四十八頁）。也有一些城市還在用服役數十年的老車，這些外形古樸的車子更適合供我們遊客拍照，也比新車短得多。有些城市就想了個辦法，既利用舊車，又推出新車，比如萊比錫（Leipzig）便是如此，我在那看過由兩輛舊車掛在一起的電車，而且老車普遍是高地板車，現在流行的新車都是低地板，更利於上下車，所以萊比錫的電車往往會用低地板拖車配高地板老車，方便乘客上下車。

把有軌電車做得這麼長，原因很多。一是人力成本的問題，畢竟車子一短，所需車輛就多，車輛一多，要配的司機就多，可薪資高啊！**把車做長，就能省幾個司機**。此外，車子一長，座位也多，德國人乃至全歐洲人，都希望確保乘客在大多數情況下有座位。只不過，確保了乘客在高峰期都能有座位，那麼在旅行淡季的非上下班時間，就常常能看到一個司機載著兩、三個乘客在街上晃悠，有人把這種情況戲稱為「運椅子」，真是貼切。

有專業人士分析過德國有軌電車，據說現在的新車都是多鉸接（按：用鉸鏈連接）電車，平均每節車廂的長度只有六公尺左右，四十公尺的車就需要六個鉸接盤，車子的轉彎半徑和大型公車並無多大差距。

相比之下，無軌電車和公車，想做到三十公尺以上的長度已經很難。據資料顯示，最長的公車是雙鉸接公車，一般也不超過三十公尺，而且使用的城市很少。大多數城市的公車還是十八公尺左右的單鉸接車，無軌電車同樣如此。如果車身過長，轉彎和調頭就會非常麻煩，甚至有很大風險。

在很多外人眼中，電車（尤其是有軌電車）肯定不是現代城市交通的主流選擇，地鐵看起來更先進。但在歐洲，電車卻經歷了一次復興，從一九七〇年代起，許多原本拋棄電車的城市開始重新啟用電車系統。當時，以汽車為主導的交通模式帶來許多嚴重問題，如能源危機、環境汙染、土地緊缺和交通擁塞等。

於是，歐洲已開發國家重新將大容量的軌道交通，作為發展公共交通的重點。由於地鐵的巨額投資和建造難度不適合中小城市，於是現代有軌電車應運而生。在歐洲人看來，**電車是中小城市的最佳選擇**。有資料顯示，一公里路面電車線所需投資僅為一公里地鐵的三分之一，也無須在地下挖掘隧道。而且，由於使用電力，車輛不會排放廢氣，相對環保，還有，用電比用油更便宜，載客量也多，運載能力遠超過普通公車。加上有軌道約束，車輛出現嚴重事故的機率非常低。此外，電車的使用壽命也遠遠長於公車，許多城市至今仍有服役超過三十年的電車。

即使是德國的那些大城市，也始終保留電車。巴伐利亞邦首府慕尼黑便是

▲ 奧格斯堡的電車大部分都在 40 公尺以上。

如此，這座大城市並非沒有快速交通路線，但有軌電車系統極為發達，共有八條路線，與地鐵、輕軌連為一體，高峰期每兩分鐘一班（以我的經驗，德國城市的電車基本是五分鐘一班，十分頻繁，大城市在高峰期會更頻繁密集）。慕尼黑公共交通的價格也很低廉，特別是可供二到五人使用的團體票僅售十二歐元，一日內可任意乘坐各種交通。

首都柏林的有軌電車已有過百年歷史，目前仍保留著三十多條路線。金融中心法蘭克福的街道

▲德國老城裡總少不了有軌電車道。

上，電車軌道也與機動車道並行。以會展繁多而權威聞名於世的漢諾威，人口五十餘萬，也是德國的大城市之一，電車網路同樣覆蓋全市。近年來德國興建的現代有軌電車系統，大都占用獨立路權，與舊時電車大大不同，一方面可以提高電車的速度，另一方面也為將來多樣交通工具接駁，提供了擴充的空間和可能性。

我曾見過許多城市，其商業街區都是傳統的徒步區，機動車不可上路，但有軌電車卻可以。弗萊堡便是典型例子。說它古老，是因為它沒有高樓大廈，只有老房子，最高的建築便是教堂；說它充滿活力，是因為它是一座大學城，街上到處都是年輕人。在這座城市的中心商業地帶，機動車無法駛入，只有人行道與電車軌。

更有意思的是，弗萊堡老城裡有舊時城門，有軌電車時而從城門下穿過。這樣的景致在歐洲不算少見，但也不多，以我的經驗，每次遇到這樣的地方，總有幾個遊客等在路邊拍照片，當然，我也會是其中之一。

德國人在各種交通運輸工具的接駁方面也很有心得。比如德國西部靠近法國的卡爾斯魯厄市（Karlsruhe），便誕生了第一條能夠運行有軌電車的鐵路線，這條開通於一九九二年的路線，也是當時世界上最早的雙流制有軌電車系統。所謂雙流制，是指有軌電車運行在各種路權的軌道上，在周邊區域與小汽車共用路權，在兩條徒步街區與行人共用道路，某些路段採用標誌標線或草坪分離出的獨立路權，或者運行在幹線鐵路的軌道上。其中獨立路權路線約占五〇％，尤其是新建路線都盡可能採用獨立路權。

也正因此，有軌電車在這條路線上的速度也十分多變，比如在行人街區的最高速度為每小時二十五公里，在市區內的封閉路權路線上，最高速度可達每小時五十至七十公里，在幹線鐵路上可達每小時九十至一百公里。

卡爾斯魯厄之所以能夠誕生這個「世界第一」，其實也與德國人的執著有關。話說許多德國城市的火車站都位於市中心，偏偏卡爾斯魯厄的火車站位於郊區，距離市中心大概兩公里。因此，人們在市中心和火車站之間來去，都需要換乘交通工具。就是為了解決這區區兩公里，卡爾斯魯厄運輸聯盟決定將有軌電車與鐵路共線營運。

德勒斯登古城，世上最難的建築拼圖

我已經數不清自己曾走入多少德國教堂，它們有的舉世聞名，如科隆大教堂（Kölner Dom）、亞琛大教堂，有的只是無名小村裡的簡樸教堂，而最令我震撼的，當屬德勒斯登的聖母教堂（Dresdner Frauenkirche）。

古代的德勒斯登曾是薩克森（Sachsen）選帝侯的宮廷所在地。相較於好戰的普魯士，曾是德國文化中心的薩克森向來以雍容典雅著稱，德勒斯登也因此有「易北河畔最美城市」、「易北河畔的佛羅倫斯」之稱。一九四五年二月十三日，「二戰」已近尾聲，非軍事重鎮的德勒斯登卻突然遭遇盟軍轟炸。城中居民連逃跑都來不及，幾萬人葬身火海，八百年古城淪為廢墟。德國文學家霍普特曼（Gerhart Hauptmann）曾說：「誰如果不會流淚，就來看看被炸後衰敗的德勒斯登。」如今所見的茨溫格宮

▲聖母教堂重建的材料，有43%是從原教堂廢墟中挑揀出來的，黑色是當年教堂的舊磚，白色是後來重建時的新磚。

（Zwinger）、聖母教堂、森柏歌劇院（Semperoper）等均為戰後重建。

從這些非凡建築的外表來看，你無法相信它們是近年重建的產物。古樸的外觀、斑駁的牆身，那些被燒過的黑色痕跡，分明記錄了曾經的戰火。可是，它們偏偏就是重建而成，其中曲折令我咂舌。

聖母教堂無疑是德勒斯登最美的建築，始建於一七二六年至一七四三年間，同樣未能在「二戰」的轟炸中倖免。「二戰」後，德勒斯登屬於東德，限於各種原因，古城並未重建，廢墟亦未清理，聖母教堂周邊一度成為牧場。在社會主義建設時期，廢墟中的石頭還被拿去鋪設停車場。後來，當地知識分子和藝術家們領頭，動員民眾保護廢墟。

兩德統一後，德勒斯登古城的復建成為可能，並於一九九四年正式動工。嚴謹的德國人用最艱難卻也最讓人尊敬的方式完成了這次復建，聖母教堂的重建尤其值得稱道，甚至堪稱神話。他們在巨大的廢墟上，將一塊塊磚瓦測量、拍照、鑑別、分類並重定，不足部分以新材料補充，人們稱這一工程為「世界上最大、最難的拼圖」。

我曾讀過一篇關於德勒斯登古城復建的文章，一位德國工程師這樣講解這項工程：「教堂倒塌時，不是直著倒下的，而是有一定傾斜度的倒下。因此，精確測量每一塊磚頭的大小和重量，根據它落地離教堂中心的距離，就可以計算出這一塊磚頭在原教堂牆面上所在的高度……」在廢墟中被挑選出的磚瓦，都標好號碼，以便於在修建中一一放回原位。在聖母教堂重建的材料中，有四三％由教堂廢墟中挑揀而來（參見右圖），共計三千五百三十九塊磚，重建材料共計六萬噸，其中廢墟材料達三四％。

二〇〇五年十月三十日，重建的聖母教堂完工。在教堂的六十七公尺高處，有一個平臺，可供人觀景。這座古城沒有高層建築，因此觀景臺可一覽城市風光。

據說，前德國總統豪斯特．科勒（Horst Köhler）在落成儀式的致詞中，對霍普特曼六十年前的名言給予了補充：「誰如果失去了信心，就來看看重建後的聖母教堂！」

用六百年磨出一座教堂

如果翻查歐洲教堂的歷史，我們會發現，許多歐洲教堂都經歷了漫長的建造期，許多甚至長達數百年。直至今天仍然在建的也不在少數，巴賽隆納聖家堂（Sagrada Família）就是例子。

正因為建築期太長，許多教堂如今的建築風格與初時已大相逕庭。但縱觀建築史的演進，撥開歐洲政治史、經濟史中的種種迷霧，我們只會在恢弘教堂前看到兩個字：信仰。是啊，除了信仰，還有什麼能讓一代代人為一棟建築而努力？

與新天鵝堡（Schloss Neuschwanstein）並稱德國地標的科隆大教堂同樣如此，即使是「二戰」期間，整個科隆幾乎被盟軍轟炸機夷平，但盟軍仍然避開了科隆大教堂。一九四二年，英美聯合空軍轟炸德國。科隆位居萊茵河要津，其下游腹地是化工業的集中區，因此被集中轟炸，老城九成以上建築被毀。德國天主教透過羅馬教廷提出要求，科隆大教堂才免遭轟炸。

科隆大教堂也許是德國信仰與德國工匠精神的最好結合。一二四八年，法國建築家凱爾哈里特受邀設計建造科隆大教堂，那年八月十五日，教堂奠基。

最初的工程是從一二四八年到一三二二年的唱詩堂封頂。前期工程耗資巨大，以當時的技術條件來看簡直難以想像。當時，科隆簡直是全城動員，日夜動工，想盡一切辦法進行修建。

有個細節很有意思，當時沒有水泥，石塊間的膠黏主要靠雞蛋和麵粉的混合物。結果幾年下來，當地雞蛋都不夠了。由於擔心其他地方的雞蛋與本地的存在成分差異，不利於工程品質，工程一度停頓，大家集體跑去養雞。

▲科隆大教堂在二戰中受到相當程度的損壞。

一三二二年，地區主教主持唱詩堂封頂儀式，科隆大教堂工程正式告一段落。

此後，由於戰爭不斷，科隆大教堂的建築工程時斷時續。一五六〇年，科隆大教堂內大廳基本竣工，又因德國宗教改革運動而中斷。一八四二年，在威廉四世（Frederick William IV）的主持下，大教堂第二次奠基。一九六〇年代，普魯士帝國強盛，財力雄厚，科隆大教堂工程又被提上日程。

於是，科隆大教堂越建越高，越建越寬，直到一八八〇年十月十五日，舉行了盛大的竣工典禮。當然，這個「竣工」僅指教堂的基本結構與形貌的完成，事實上，此後的一百多年裡，科隆大教堂仍然未曾停止各種施工，或添磚加瓦，或修葺。

從首張建築圖紙誕生，直至一八八〇年竣工，其間相隔六百三十二年。在這六百多年間，德國人始終忠於原有設計方案，基本上沒有任何改變，這也是科隆大教堂獨特的地方。

在科隆人看來，教堂修建過程再長都無所謂，因為上帝沒有時間限制。儘管這期間也曾有人提出簡化工程，但被否決，因為科隆人認為「在上帝面前不能打折」。

科隆市這座「老城」其實只是「二戰」後依原貌復建，實則不老。在「二戰」中，儘管大教堂逃脫了那場幾乎夷平科隆的大轟炸，仍不免時遭流彈，共被擊中七十餘次，北塔的塔基更是一度告危，在戰後幾十年裡都依靠臨時加固才避免倒塌。教堂竣工後，當地政府就做出規定，城內所有建築不得高過教堂，並延續至今。這種規定並非科隆獨有，歐洲許多城市都是如此。

▲科隆大教堂，外牆呈不均勻的灰褐色，不是戰爭遺痕，而是汙染所致。

科隆其實也是大都市，當然也有蓋大樓的需要，但為了不超過科隆大教堂，所以最多也不過七、八層，但實則另有乾坤——既然沒法往高處蓋，那就往地下蓋啊！所以，科隆不乏高七、八層，地下卻有四、五層的建築。如此高難度的「妥協」，也可看出科隆人的虔誠。

不過其間也難免波折，二〇〇四年，聯合國教科文組織[5]就將科隆大教堂列入瀕危世界遺產名錄，原因是當時的科隆市政府規畫在教堂四周建設高層樓房，這將影響科隆主教座堂周圍的空間環境，對教堂的整體風貌造成破壞。德國人自然痛定思痛，修改規畫。二〇〇六年，科隆大教堂脫離瀕危世界遺產名錄。

如今的科隆大教堂，外牆呈不均勻的灰褐色（如上頁圖）。原本我以為是戰爭遺痕，後來才知道是汙染所致。

科隆曾是歐洲最重要的工業基地，也是德國最大的褐煤生產基地。泛酸的空氣侵蝕著教堂的每一塊石頭，大教堂建成僅一百六十多年，便因長期受到工業廢氣和酸雨的汙染、腐蝕，使得外觀變成黑褐色。後來市議會決定保留雙塔被汙染了的黑褐色，以引起世人對環保工作的重視，增強人們的環保意識。

也正因對大教堂的熱愛，科隆市政府開始實行了一系列環保政策，如加強環保立法、嚴禁尾氣[6]汙染嚴重的車輛進入市區、搬遷市內汙染嚴重的企業等。更為超前的是，早在二十世紀中葉，科隆人就提出了「減少碳排放、節約能源、提倡綠色生活」的口號。

全球第二大圖書市場，連加油站也賣書

歐洲人生活節奏緩慢，對手機、電腦的依賴都不像我們這般嚴重。相較於網購，他們似乎更喜歡逛街；相較於玩手機，他們似乎更喜歡在咖啡館裡聊上一下午；相較於上網，他們似乎更喜歡讀書。在歐洲人當中，德國人更是出了名愛讀書。德國被稱為「哲學之國」，也是「詩人之國」，康德（Immanuel Kant）、黑格爾（G. W. F. Hegel）、尼采（Friedrich Wilhelm Nietzsche）和歌德（Johann Wolfgang von Goethe）等名字璀璨於世。德國也是「科技之國」，愛因斯坦（Albert Einstein）、赫茲（Heinrich Hertz）和倫琴（Wilhelm Conrad Rontgen）等都改變了世界科技史，歷史上曾獲得諾貝爾科學獎的德國人多達一百零二人，數量僅次於美國和英國。在這之中，德式閱讀可算是重要因素。

自從十五世紀古騰堡（Johannes Gutenberg）在西方發明活字印刷術後，德國成了歐洲的圖書交易中心。到了十八世紀末法國大革命前後，以歌德、席勒（Friedrich von Schiller）為代表的狂飆突進運動，帶領德國進入一段被稱為「閱讀狂熱」的時期，沙龍文學（按：指在文藝座談中朗誦或演出的文藝作品）一時蔚為風氣。這一時期，德國

5 United Nations Educationnel, Scientific and Cultural Organization，聯合國教育、科學及文化組織的簡稱。

6 汽車、摩托車等行進時，排氣管排放出來的廢氣。

在作家、出版物和讀者數量等各方面都超越法國，成為歐洲文化領軍國。

僅有八千萬人口的德國是全球第二大圖書市場，年市場銷售總額達九十六億歐元。一個更嚇人的數字是，**全世界圖書中有十二%為德語**，其中當然是德國本土出版占了大部分。德國年出版新書九萬多種，平均每萬人十一．五種。德國還是全世界人均書店（僅指類似書城的大書店）密度最高的國家，每一．七萬人就擁有一家大書店，小書店更是數不勝數。

在旅途中遇見德國書店，實在是輕而易舉之事，根據我的經驗，德國城市往往以市政廳廣場為中心，圍繞廣場的店鋪當然以餐廳和咖啡廳為主，但找到一家書店的機率也相當高。就算廣場四周沒有，在其向八方延伸的多條道路中，百米內也必有書店存在。而且，這類書店都頗具規模，門面很大，縱深也相當誇張，玻璃明亮，門前的堆碼[7]極具美感，裡面的人總是不少。而且，書店內和書店門口，大都有休閒區，人們可以邊喝咖啡邊讀書。即使不買書，拿本書坐在這裡看上一天，也不會有人管你。

有意思的是，無論是慕尼黑、法蘭克福這樣的大城市，還是特里爾（Trier）、弗萊堡這種中小城市，主要商業街上的大書店裡，都有一些裝扮成禮品的書籍擺放在架子上。尼采曾說：「對一本喜愛的書，你絕對不能借，而要占有它。」德國人正是如此，也正因為這樣，**德國人贈送禮品給友人時，書總是最不會犯錯的選擇，因此書店也成了最好的禮品店**。尤其是聖誕節期間，因為書是最普遍的聖誕禮物，所以各大城市最主要商業街上的大書店都會堵得水泄不通，彷若我們的超市搶購。

7 將物品整齊、規則的擺放成貨垛的作業。

▲德國是全世界人均書店密度最高的國家，且全世界圖書中有 12% 都是德語。

▲店不在大，有書則靈。

想來，這種城市中心區域的大書店，地位類似中國城市早年的新華書店[8]和如今的書城了吧，雖然面積不及，但以德國的人口密度，這種規模的書店已相當可觀。不過，讓我印象最為深刻的書店還是那些小書店和小書攤，其中最特別的當屬波昂（Bonn）的一家亭子書店。

亭子書店是我取的名字，只因覺得它像個亭子。其實它是一個露天書攤，位於一個街心公園旁邊的小廣場上。四根細細的木柱支撐著頂端的木板，足以擋雨，棚下則是書攤，背後有牆。因為地上有木車輪的緣故，我起初以為它是一輛躲在木棚下的推車，走近了細看才知道並非如此。木車輪扎根地裡，其實只是裝飾，支撐著整塊木板，木板的兩端與那四根木柱相接，內側與後面的牆相連，這便是書攤的主體了。上面又有架子和櫃子，擺滿了書籍。還有不少書放置在塑膠筐裡，堆得密密麻麻，擋住了架子上的書（參見上頁下圖）。不過這只是暫時的，一旦書攤開始營業，店主就會將塑膠筐一一搬下來，擺放在地上。這裡販賣的都是德文舊書，我不懂德文，否則肯定會好好挑上幾本。

另一家讓我印象深刻的書店在柏林附近的波茨坦（Potsdam）。你我熟悉此地，皆因「二戰」時的波茨坦會議和《波茨坦公告》[9]。其實這座城市是布蘭登堡邦（Brandenburg）首府，也是德國古城，曾是普魯士文化和軍事中心，忘憂宮（Schloss Sanssouci）為皇室住地。

相較於忘憂宮這個著名景點，我更喜歡在波茨坦市區裡那些筆直的石板路閒逛，清一色的兩層小樓，有民宅有店鋪，車子駛過石板路，甚至有鏗鏘之感。其中有一家小書店，門面狹小，內部精緻，門口由兩張桌子並成一個攤位，擺放著一堆二手書。最有趣的是旁邊還有一輛舊舊的手推車，裡面不是建築材料或垃圾，而是隨意擺放的書籍，外加一隻玩具小熊。就這麼簡單的陳列，看起來卻十分別緻（參見下頁圖）。

像這樣的小書店和小書攤，在德國城市裡出現率極高，裡面也總不缺乏顧客。有時，書店和童話般的老城美景，更是相得益彰。

比如我最喜歡的德國城市班貝格（Bamberg），雷格尼茨河畔（Regnitz）便有一家二手書店，位於著名的橋屋市政廳附近。裡面堆滿了二手書，陽光從窗戶照進來，光線柔和。我其實是慕名而去，據說店中有希伯來語的《聖經》，還有一八七二年版的《資本論》（*Das Kapital*），但我未曾得見。

除了正規書店外，德國人賣書的地方可真是多。大型超市肯定有圖書專櫃，這個不稀奇，稀奇的是**很多加油站裡也賣書**。有一次，我在前往斯圖加特的路上，停在高速公路服務區休息，就看到有幾個人站在加油站裡的書櫥前挑書，還有人坐在一旁，一邊喝著咖啡一邊讀書。非高速公路的加油站同樣也會賣書，有一次我從施威林（Schwerin）前往波蘭，行程數百公里，我嫌走高速公路過於單調，半路下高速公路，在鄉間道路

8　中國最大的國有連鎖書店品牌。

9　又稱作《波茨坦宣言》，主要內容是聲明同盟國在戰勝納粹德國後一起致力於戰勝日本，以及履行《開羅宣言》等戰後對日本的處理方式的決定。即對大日本帝國所下的公開招降宣言。

上徜徉一番。途經一個不知名小鎮，在路旁加油站加油。旁邊一輛車子屬於一個德國家庭，兩個孩子趁機跑進加油站，在書櫥前挑書，父母也不阻攔，加好油買了單，便把車子移到空地上，站在一邊等孩子，直到他們選購了兩本書為止。

德國圖書可算是昂貴。我在書店裡隨意看看定價，常常是十九．九歐元、二十九．九歐元之類的價格。但有些人以此推斷德國人在閱讀上捨得花錢，我還真不同意。要知道，以德國人的人均可支配收入[10]，對應二、三十歐元的書價，並不存在經濟壓力。而且，根據亞馬遜提供的數字，無論是 Kindle 閱讀器，還是電子書，德國人的貢獻都相當多。

▲波茨坦的小書攤常用小推車裝書。

全世界最美的圖書館在德國

德國人除了家有藏書外，還擁有大量公共圖書館。一般來說，圖書館可分為國立、邦立、市立和私立，前三者按行政區域劃分，私立圖書館則散落各處，甚至進入社區。

圖書館都設有兒童和青少年專區，孩子一上小學，就可以跟成年人一樣辦理借書證，借閱書籍。其中，公立圖書館均為免費，私立圖書館雖然收費，但一年往往只有十歐元左右的費用。

我小時候也曾是圖書館常客，但對之印象並不好，至今還記得自己向圖書館管理員詢問有沒有某本書卻遭白眼的情形。也正因此，大概十歲以後，我就沒再進過圖書館了，購書則越來越多。

如果我生在德國，就不會有這樣的

▲維布林根修道院圖書館，被譽為全世界最美的圖書館。

10 根據國際知名市調公司捷孚凱（GFK）所公布的資料，二〇二一年德國人均可支配收入為兩萬三千六百三十七歐元。

境遇。即使是在沒有網際網路的時代，德國圖書館的管理員也會幫你找書。如果館內沒有你想要借閱的圖書，他們還會跟市內其他圖書館聯繫，並寫信告訴你何時來取。在當下的網路時代，流程就更為簡單。也正因此，德國人的「陪子閱讀」得以維繫，並不會因為時代發展而受到影響。

有資料顯示，目前德國共有一・四萬多個圖書館，藏書約一・二九億冊。德國的圖書館作為最重要的公共設施之一，基本不會設在郊區，而是會建在當地最繁華的地段，還會經常舉辦各種文化活動。而且，德國圖書館都會定期清理藏書，那些庫存的、流動性不高的書，會放在圖書館門口，供有需要的人免費閱讀。即使是僅有十幾戶的小村，也會定期有流動圖書館上門，方便村民借閱。

德國圖書館甚多，其中一些甚至已成景點。在它們之中，有些以權威性著稱，如設在法蘭克福的國家圖書館（Deutsche Bibliothek Frankfurt），屬於非借閱圖書館，成立於一九四六年，承擔著一九一三年以來所有德語出版圖書的收藏保存工作。有些以藏書量著稱，如柏林國立圖書館（Staatsbibliothek zu Berlin），其歷史可追溯到一六五九年的德國皇家圖書館，以大約一千萬的藏書量成為德國最大的綜合性圖書館。

有些以建築著稱，如烏姆（Ulm）的維布林根修道院圖書館（Wiblingen Abbey Library，參見上頁），建於十八世紀，是德國南部最著名的洛可可式[11]建築，被譽為「全世界最美的圖書館」。有些以古籍修繕維護著稱，如成立於一五七二年的沃爾芬比特爾（Wolfenbüttel）奧斯特公爵圖書館（Herzog August Library），是德國典藏、修繕古籍的國家級圖書館，古籍典藏的數量以及修繕維護的技術皆是歐洲之冠。

有些以宗教領域著稱，如曼海姆（Mannheim）伊斯蘭圖書館是歐洲最大的伊斯蘭圖書館，擁有兩萬五千冊圖書，準備將藏有量擴增到十萬冊。有些以歷史悠久著稱，如位於德國下薩克森邦（Niedersachsen）的沃爾芬比特爾的奧斯特公爵圖書館，是當今世界上最古老的圖書館之一。一五七二年，當時的統治者呂訥堡公爵將居所的一部分改建為圖書室，成為該館雛形。此後，熱愛收藏圖書的奧斯特公爵將其大量的藏書捐給圖書館，圖書館因此以他的名字命名。

還有一些則來自名校，比如德國最古老大學——海德堡大學（Universität Heidelberg）的圖書館，藏書兩百六十萬冊，其中擁有六千多冊珍貴的手稿和古代印刷本，還有極為珍貴的十四世紀手抄本，位列世界頂級名校圖書館的第五位。

但讓我印象最深的是位於威瑪（Weimar）的安娜．阿瑪利亞公爵夫人圖書館（Herzogin Anna Amalia Bibliothek）。在德國文化史上，威瑪是個繞不過去的存在，它甚至是德國文化當之無愧的中心。一九一九年，它也因文化上的地位，成為德國歷史上第一個民主共和國——威瑪共和國的首都。

所有這一切，都要追溯到十八世紀後期。當時威瑪的統治者是卡爾．奧古斯特

11 於一九二〇年代產生於法國並流行於歐洲，主要表現在室內裝飾上。基本特點是纖弱嬌媚、華麗精巧、甜膩溫柔、紛繁瑣細。

（Karl August）公爵，他迎娶了來自俄國的女貴族安娜．阿瑪利亞（Anna Amalia），兩人合力帶來了開明之風。他們都是狂熱的文學和藝術愛好者，安娜．阿瑪利亞公爵夫人更是一位出色的作曲家。她延攬了大量文化名人來到威瑪，使之成為當時歐洲的文化中心。

在當時最有名的當然是歌德。一七五五年，年僅二十六歲的歌德應邀來到威瑪，並在此度過了大半生，創作了巨著《浮士德》（*Faust*）。也正是以他為軸心，才有席勒等人的到來，並交相輝映。歌德不但是威瑪的內政大臣，還為安娜．阿瑪利亞圖書館做了

▲安娜．阿瑪利亞圖書館是歐洲最早向公眾開放的皇家圖書館之一，歌德曾在此當了35 年的管理員。

三十五年圖書管理員，把藏書從五萬冊增加到十三萬冊。

這座圖書館位於威瑪一個廣場的東側，原先是伯爵寢宮，一五七〇年落成。後來，安娜·阿瑪利亞公爵夫人將之改建為圖書館，並將宮廷收藏的珍貴書籍轉移至此處（參見右頁圖）。而且，它也是歐洲最早向公眾開放的皇家圖書館之一，可見安娜·阿瑪利亞公爵夫人的開明。

這是一個專注於十八世紀時期德國文學研究的圖書館，可惜的是，二〇〇四年，由於電路老化，圖書館遭遇大火，損失慘重。火災前，圖書館藏書將近百萬冊，包括約五百本十六世紀前的古書、兩千本中世紀手稿、一萬件地圖和地球儀、四千本樂譜、一萬三千冊《浮士德》、一萬本莎士比亞（William Shakespeare）著作，還包括莫札特（Wolfgang Amadeus Mozart）、海頓（Franz Joseph Haydn）等著名音樂家的手稿。

大火使四萬多冊藏書遭到了不同程度的損壞，一萬兩千五百套孤本從此消失，是二十世紀德國文物到目前為止的最大損失，其他則被冷凍起來並用最先進的技術慢慢復原。直到二〇〇七年，也就是安娜·阿瑪利亞公爵夫人忌辰兩百週年時，圖書館才重新開放。

圖書館講解員說，火災發生時，館長冒著生命危險，憑著記憶，在濃煙中摸黑爬上頂層，準確找到並救出了馬丁·路德（Martin Luther）翻譯的一五三四年版本《聖經》。這本書對德國意義非凡，因為始建於西元九六二年的「神聖羅馬帝國」，其實既不神聖也非羅馬更不帝國，組織非常鬆散，沒有統一的語言。而馬丁·路德翻譯的《聖經》透過宗教改革的傳播才確立了標準的德語。

站在安娜．阿瑪利亞公爵夫人圖書館的洛可可式大廳裡，見證著書籍與建築的合而為一，你會理解德國的強大來自何處——那是對知識的尊重，即使，它也曾走過彎路。

家裡若沒有擺書，等於房子沒有窗

有資料調查顯示，九一％的德國人在過去一年中至少讀過一本書。其中，二三％的人年閱讀量在九到十八本；二五％的人年閱讀量超過十八本，大致相當於每三週讀完一本書。書還是朋友之間最受歡迎的禮品。值得一提的是，在所有年齡段的人群中，三十歲以下的年輕人讀書熱情最高。**對德國年輕人來講，書就和德國的啤酒一樣讓人喜愛**。

十四歲以上的德國人中，六九％的人每週至少看書一次；三六％以上的人認為自己「經常」看書；二二％的人看「很多」書；一六％的人則有每日閱讀的習慣，屬於閱讀頻繁者。

在德國人的閱讀選擇中，人文類圖書占比最高，包括文學和社會學等。這種閱讀偏好本身就說明**德國人重思考，並沒有刻意將讀書實用主義化，而是將之視為潛移默化的改變自我的工具**。這一點在兒童教育中體現尤為明顯，**德國小學生下午大都不用上課，去圖書館參加朗讀活動，或是在家讀書，都是主要「功課」**。

在咖啡館裡，人們喜歡聊天，似乎總有說不完的話，以至於根本不會想要去看手機。但若是獨坐，發呆的人肯定比讀書的人要少。

地鐵和電車上，讀書者似乎更多一些，畢竟這些交通工具上乘客不多，座位空置率高，獨自坐著讀書，完全無人打擾。在搭火車出行的相對時間較長的旅途中，讀書更是很多人的選擇。

我甚至認為，德國人的背包裡可能固定放了一本書，才會隨時隨地拿出來讀。我自己也有這樣的習慣，即使是停車在路邊等人，哪怕只有一、兩分鐘，也會讀上幾頁。不過與我有同樣習慣的同胞並不算多，可在德國，同好者真是太多。

最讓我詫異的，是**德國女性喜歡在髮廊裡看書**。德國的髮廊散落在商業街和各個街區，像我這種喜歡滿城溜達的人，經常一扭頭就會看見。第一次見到德國人在髮廊裡看書，是在東部小城邁森。那天我正沿著大上坡往大教堂和城堡方向「跋涉」，一邊走一邊看著石板路兩邊的建築和店鋪，突然就看到一間髮廊，一位中年女性坐在那裡讀書，髮型師正在擺弄她的頭髮。當時還覺得挺特別，畢竟在中國的髮廊裡，雖然女性也是百無聊賴，但更喜歡玩手機。後來便見怪不怪了，因為一邊做頭髮一邊看書的人實在太多。

其實有個調查資料，也顯示了德國人的「無處不讀書」。除了比較主流的馬桶上、車上、浴缸裡、咖啡廳裡、沙發上和床上等選項外，德國人還喜歡在空氣清新的地方看書，如自家花園、公園、海灘等。

陽臺也是個好選擇，走在德國城市裡，像我這種歐式建築愛好者，簡直是一棟棟樓挨個拍過去，總有在陽臺上看書的德國人會進入我的鏡頭，那愜意就甭提了。更有意思的是，醫院的等候室也是閱讀熱門區，可見德國人真的不放過任何閱讀機會。

德國人喜歡在草地上晒太陽，順便拿本書趴著看也很常見。不過，每次看到一個家庭一起看書時，我還是會心生感慨。

在波昂大學（Universität Bonn）旁的大草地上、在艾爾福特橋屋邊的草地上、在施威林的湖邊、在德南鄉間，我都曾見到這樣的景象：一家三口或四口，或一人一本書，或大人在為孩子讀書。即使是兩、三歲的孩子，也一臉專注。在德國人的生活中，陪子閱讀是極為重要的生活內容。從幼兒時代開始，日常和睡前的親子閱讀便是父母必做之事，以培養孩子的閱讀習慣。資料統計，**德國有八一%的家庭每天陪子女閱讀**。

另有資料顯示，德國幼兒園一般不讓孩子提前學算術和字母，但是一進入小學，老師就會督促家長協

▲ 德國人「無處不讀書」，街頭隨處可見讀書的人。

助孩子們展開閱讀，一年級是每次十分鐘，讀什麼都可以，只要孩子讀出聲音即可。每次孩子讀好，家長簽字，累積到十次，孩子就可以到老師那裡選一個小禮物，所以小朋友閱讀的積極性很高。

德國小學生每天上課時間並不多，通常中午或者下午兩點左右就放學。剩下的課餘時間，很多孩子會在圖書館度過，圖書館也會為孩子們舉辦各種朗讀活動。到了中學，老師布置的主題作業則基本與閱讀有關。

針對小學生，學校和老師們也想了很多方法鼓勵閱讀，例如一年級有班級讀書夜，孩子們帶著睡袋和自己喜歡的書到教室裡過夜，老師會選一本書給大家讀，孩子們也可以自己講書的內容。宣導閱讀的並不僅僅是學校。德國的公共場所常常可以看到兒童閱讀區，甚至餐廳、診所裡都會有。人們會闢一個安靜角落，放置圖書、畫筆和紙張等，孩子在等待時也可以讀書、畫畫。

據說幾乎每個德國家庭都有書櫥、書架，也是或擺放在客廳，或擺放在書房。但德國人顯然比荷蘭人喜歡拉窗簾，我只能偶然得見，但只要能看到室內，就能見到書櫥。對許多德國人來說，週末泡上一杯咖啡，坐在沙發上讀書，便是最好的消遣。

▲日漸式微的紙媒，在德國仍有相當大的市場。

有數據稱，德國家庭平均藏書近三百冊，人均百餘冊，以至於有「**一個家庭沒有書，等於一間房子沒有窗戶**」的說法。我自己藏書甚豐，原本對人均百餘冊這資料不屑一顧，但近年來曾有過出售舊物業的經歷，來看房的人，不管是老一輩還是雙雙大學畢業、工作也體面的小夫妻，居然都認為無須獨立書房，要將書房做成其他房間。這當然有家庭需要的因素，但容不下一個書房乃至書櫥，卻是許多華人家庭的現實。

許多人標榜自己從不讀書，甚至認為有手機已經足夠。老實說，我也並不高估閱讀的意義，畢竟在當下這個年代，獲取知識的管道比以前豐富得多，書籍早已不是知識的唯一來源，但閱讀的潛移默化作用依然無可取代。

如果你在德國的街區裡多走走，常可見到一個很像電話亭的小亭子，這便是德國社區裡常見的免費借書亭，專門放置二手書。人們可以將自己閒置的書放在這裡供他人閱讀，借閱和歸還全靠自覺。

然而，前兩年有個調查報告，稱德國年輕人的閱讀興趣正在下降，未來的德國人可能會越來越不愛讀書。這原本是世界性問題，可到了德國人這裡，得到的重視程度可不一般，一時間輿論和坊間都是憂心忡忡。德國國家電視臺特別做了一個專題影片，進行專題討論，還特別去學校、兒童圖書館和幼兒閱讀沙龍等地拍攝場景，分析現狀。

還有一個調查也讓德國人擔憂，即「八小時媒體時間」。調查顯示，德國人每天平均花在閱讀、收看和收聽各種媒體的時間為八小時。其中，電視仍然是媒體王者，占據了德國人「媒體時間」的三八％，一半以上的德國人聲稱無法忍受超過一週不看電視。

比電視更古老的電臺居然名列第二，占據三六％的份額。而網路的衝擊卻遠沒有想像中大，僅僅占八％，歐洲人不依賴網路的說法果然不假。

相比之下，德國人每年購買各種出版物的花費達人均三百七十五歐元，比保養汽車的花費（兩百四十一歐元）還高，但閱讀時間只占「媒體時間」的一一％，如果剔除報紙和雜誌的閱讀時間，僅計算讀書時間，就更為可憐——女性平均每天讀書時間只有三十三分鐘，而男性平均讀書時間只有十六分鐘。

平心而論，德國的書店密度，德國人在咖啡廳、公園和交通工具上的閱讀頻率，還有德國人家中的書櫥書架，都說明德國也許是這個世界上最愛閱讀的國家之一。

沒有什麼能阻擋德國人回家吃晚飯

歐洲人的家庭觀念比較強，別看餐廳、咖啡館裡總是坐滿了人，但那並不是他們的生活常態，大多數人還是會選擇回家吃飯。

德國人的家庭觀念似乎更重一些，在威瑪，我曾見過晚冬黃昏的住宅區，窗戶裡透出和暖燈光，主婦在窗前配餐；在施威林，我見到過公寓窗前的伴侶依偎著切起司；在不知名的德南小村，我見到人們在自家花園的草地上用餐，桌子上擺滿豐盛菜餚，見到我這個異鄉人經過，他們友善招手微笑……。

當然，德國人習慣在家吃晚飯，也有經濟因素。作為遊客，我一向認為德國是歐洲已開發國家裡消費水準最低的，一家三口在外用餐，一般只需兩個主菜（因為分量大，三個人吃兩個有時都嫌太飽），外加沙拉和飲料，一般都是三十歐元左右，非旅遊城市的話，二十歐元都可以拿下。如果是不太講究的德國人，吃一份僅有主菜的簡單晚餐，也就是七、八歐元而已。

▲回家吃晚飯，是德國人的一種儀式感。

但對德國人來說，外出吃飯的花費還是遠遠高於在家吃。畢竟超市和市場所售的食材，價格便宜到連我都恨不得全部搬回自己國家，可惜不能。

據說早期的德國家庭，主婦最重視的是午餐，晚餐反倒簡單，以冷食為主。但如今職業婦女已然普遍，大家中午都得外食，或者帶便當，午餐變得簡單，晚餐則豐盛起來。而且由於大家都要上班上學，**晚餐就成了家人最重要的相聚時光，充滿儀式感。**

對德國人而言，為了談生意而在晚餐時間應酬，其實是相當罕見的事情。有在德國工作的朋友告訴我，**德國雇主從來不會拉員工去應酬**，自己都雷打不動回家吃飯。而且，即使有時時間緊迫，晚餐非常簡單，哪怕只有麵包片配點醃黃瓜、鮪魚罐頭之類的，也得有一束鮮花和一支蠟燭擺在餐桌上。

早到，也是一種不守時

德國人不但出了名不愛遲到，就連早到了也得等到準時。

有一次，我們從威瑪開車前往符茲堡（Würzburg），途中心血來潮，拿某評分App看了半天，預訂了當地一家評價最高的餐廳。預訂時間是六點半，到了符茲堡後，隨便溜達了一下，大概六點出頭，就拿著地圖開始找預訂的餐廳。

畢竟人生地不熟，找來找去沒找到，只好求助於路人。剛巧路邊站著一對小情侶，手拉手聊著天，我們便湊過去問他們。他們看看地圖，又看看手機，將英文轉換為德文，想了幾秒鐘，一起擺出恍然大悟狀，手指背後，告訴我們就是這間。原來，餐廳名字很長，而且字體比較怪，我們沒認出來。他們還笑呵呵告訴我們，他們也預訂了這家餐廳。

致謝過後，我們便來到餐廳，跟服務生一說，便被帶到位子上。此時還不到六點半，不過在我們的固有認知裡，早到總比遲到好。可是那對小情侶仍然站在路邊，只是時不時看看錶。直到六點四十五分，他們才走到門口，跟服務生表示自己預訂了座位，然後便被帶到我們旁邊座位。

我覺得有趣，便問他們為何要等這麼久才進來，得到的答案居然是「我們的預訂時間就是六點四十五分，結果來早了，就等到預約時間再進來」。

在德國，我總能感受到德國人的守時。比如預訂酒店、餐廳，對方會反覆跟你確認抵達時間，**在酒店裡要個東西，櫃檯說三分鐘後送到，保證是不多不少三分鐘**。

有意思的是，因為守時，德國人對時間的判斷也頗準，我在向德國人問路時體會尤深。因為喜歡以腳步丈量城市的緣故，我很少在城市內乘坐交通工具，除非是巴黎那種不得不搭乘地鐵的大都市。所以，我問路時除了問怎麼走之外，也會問問需要多久。每逢此時，被問路的德國人都會沉吟一下，在心裡估算時間，給出的時間往往不是十分鐘、半小時、一小時之類的說法，而是七分鐘、十二分鐘之類。

據說德國人請客也會將約定時間精確到分鐘，而不像我們這樣不是整點就是半點。要想不遲到，那就得早出發，可萬一來早了怎麼辦？他們就會像餐廳門口那對小情侶一樣，在附近等到約定時間到了才進去。

不過，德國人的守時似乎也會受到歐洲整體慢節奏的影響。長居德國的朋友，就曾為德國人的辦事效率抓狂不已。比如辦理家中的 Wi-Fi 業務，電信公司的員工準時前來，不過事情沒做完，時間已到五點半，他就準時下班了，告知朋友提前預約幾天後的再次上門。看來，在歐洲的整體散漫之下，德國人也不能免俗（按：在亞洲許多地區，工時長是正常，而在歐洲，工時普遍較短。但較短的工作時間並不代表歐洲人不努力，他們只是更能劃分工作還有個人私生活）。

實用至上，百萬名車當皮卡車用

「在已開發國家，車只是代步工具，不是身分象徵」，這句話我們已經聽得太多，可老外究竟有多「不愛面子」，你得親身經歷才能真正體會。

在德國，好車隨處可見，賓士、BMW稀鬆平常。最刺眼的卻是街上常見的一景——小車後面拴著車廂滿街跑。這種車廂跟皮卡後面的貨箱差不多，大都是敞開式。它有兩個或四個輪子，與小車相連，在高速公路上也常看到。有些人用來載貨，有些人用來放自行車，我見過的最誇張的一幕，是一輛福斯拓瑞格（Touareg）拖著一節車廂，上面放著一艘小型遊艇！拖馬的也不少，馬被拴在車廂上，左顧右盼，怡然自得。

這種把私家車變成「自製皮卡」的派頭，在我們看來絕對是土得掉渣的行為，即使真的有此需要，面子上也放不下來，可在德國卻很尋常。而且，後面的車廂大同小異，前面的車子卻是蔚為大觀，有德國「國民車」福斯Golf、有廉價的日本車、有越野車，還有跑車……我見過的最昂貴的「自製皮卡」是一輛賓士S500，這款車型在中國售價高達兩百多萬（按：約新臺幣八百多萬元），即使在德國也屬豪華車系列，可車主卻滿不在乎的在後面拖上一個車廂，絲毫不覺得有損面子。

德國人講規矩，「車讓人」有前提

德國人一向講規矩，在他們的理解中，似乎沒有什麼可以凌駕於規矩之上。

在東方國家，人們探討交通問題時，常拿西方國家當正面教材。這原本沒有任何問題，因為人家確實值得我們學習。但有些以訛傳訛的觀點，反而會造成另一種錯誤。

我聽過最多的錯誤認知，是將禮讓凌駕於規則之上，比如「在國外都是車讓人」、「在外國開車就得互相禮讓」之類的說法。其實這些說法都很片面。「車讓人」一說，在美國確實存在，但在歐盟體系內，基本就得加上「人行道」這一前提。

換言之，你走人行道，車必須讓你。而在沒有人行道的擁擠鬧市、老城區的狹窄街道，或者如超市、醫院的門口，車子基本也會讓人。但在快速公路乃至高速公路上，如果

▲在已開發國家，車只是代步工具，不是身分象徵。

你隨意橫穿，那就等著被撞飛好了，因為沒有司機會認為這樣的路段會有行人突然躥出來，他們不會減速也來不及減速。對這一點執行最佳的當然是規則至上的德國，行人和車子各行其道，規規矩矩。而在一些歐洲國家，比如法國、荷蘭，你偶爾也會看到有人直接穿越馬路，但他們也只會選擇在確實無車的安全狀態下通過，不會與車爭道。

至於「在國外開車就得禮讓」，同樣是將禮讓置於規則之上，很容易出問題。我在中國開車時有個習慣，每當經過路口，都會下意識放慢速度，最低限度也是將腳放在煞車上隨時待命。這當然是個好習慣，因為在中國開車，你隨時會遇到看都不看就從岔路口拐出，甚至強行再變道的司機、隨時殺出來的電動自行車，還有不走人行道的行人，放慢速度、隨時煞車當然更為安全。

但海外自駕時，我會時刻提醒自己放棄這

▲「車讓人」有前提——行人也得守規矩，也得給司機留下煞車放慢速度的時間。

個好習慣，因為它隨時會釀成事故。從路權概念來說，直行車輛享有路權，岔路口車輛必須遵守路口的路權標誌，確保安全狀態下才能駛出。因為直行車輛只會毫無顧忌的全速前進，如果你在路口習慣性放慢速度，反而會讓後面的車輛猝不及防，造成追撞。所以，「車讓人」有前提——行人也得守規矩，也得給司機留下煞車放慢速度的時間。

允許酒駕，僅只一杯啤酒

有一回在德國中部的艾爾福特吃午餐，餐廳是一棟數百年的老建築，坐在室外，豔陽高照，使得晚冬不再有寒意。菜餚好吃，魚肉尤其鮮美，順便叫了一個冰淇淋甜品，杯子比那種大啤酒杯還高十公分，甜品堆得又比杯子更高，簡直超實惠。

如此愜意，是應當來一杯。在這裡喝什麼都得點單，我們猶豫了一陣，沒想好要喝什麼。本來傾向於啤酒，我們並不貪杯，每次只點一杯分飲，但因準備飯後溜達一陣，就前往另一個城市，酒後開車可不好。

服務生見我們猶豫，便力推啤酒，我們表示等下要開車，無法暢飲。服務生聽了，嘰哩呱啦外加手勢說了一大堆。畢竟是前東德地區的城市，民眾英語水準比起慕尼黑、法蘭克福這種大城市差得太遠，我們只聽得懂他說喝酒沒問題，不影響開車，但千萬別喝多。按照他比畫的手勢，是要我們只喝一杯。當然，為了安全起見，我們還是拒絕了他的好意。不過，德國真的可以酒後駕車？

趕緊拿出手機查了查資料。在德國，酒後駕車要被處以五百歐元的高額罰款，外加扣分，但酒後駕車的界定是指血液中酒精濃度低於〇．〇五％[12]，相當於一瓶啤酒。另外，二十一歲以下的駕駛者不允許任何酒駕行為，低於〇．〇五％也不行。

總體來說，德國的交通處罰政策相當嚴格。二〇一四年五月一日，德國開始執行新的處罰政策和積分體系，駕照總分改為八分制，被扣一至三分將被登記記錄；四至五分將被警告並自願參加學習班[13]，如果參加學習班可少扣一分；六至七分會被嚴重警告並自願參加學習班，不會因為參加學習班而減少扣分；八分直接吊銷駕照。

在具體處罰上，僅舉幾例：開車打手機，罰六十歐元扣一分，冬天不使用冬季輪胎，罰六十歐元扣一分，兒童不繫安全帶或不使用安全座椅，罰六十歐元扣一分，闖紅燈（紅燈亮後一秒），罰兩百歐元扣兩分，違反先行權，罰七十歐元扣一分，危險超車，罰一百歐元扣一分，酒駕（酒精含量超〇．〇五％），罰五百歐元扣一分，轉彎不回頭看行人或騎自行車者，罰七十歐元扣一分，另外在市區或郊區等超速，也將受到不同程度的罰款和扣分。部分違規還會遭到不同程度的禁駕（從一個月到三個月不等）。

如果是交通犯罪，將直接吊銷駕照。如果扣分後兩年內無再次扣分，可消除紀錄，交通犯罪行為記分五年後，也會自動消除紀錄。

12 依據臺灣道路交通安全規則第一百一十四條第二款規定，駕駛人「飲用酒類或其他類似物後，其吐氣所含酒精濃度達每公升〇．一五毫克，或血液中酒精濃度達〇．〇三％以上即為酒駕。

13 類似臺灣的「道路安全研習」。

值得一提的是，二〇一四年的新規在處罰力度上明顯大過以往，比如開車打手機的罰款就從四十歐元漲到六十歐元。德國這個自駕天堂，依託的不僅是性能出色的車輛和路況，也不僅是文明的社會基礎，而是有嚴格而健全的法規做保障。

為安全起見，汽車嚴禁使用防爆膜

買車貼個防爆膜在現在幾乎是標準配備，因此也帶動了不少下游廠商。不過在德國乃至歐洲，防爆膜不但不是標準配備，還是嚴禁使用的配備。所以，在德國開車，你可以清楚看到旁邊車輛裡面的情況，當然，反之亦然。

這當然會讓習慣了隱藏在防爆膜背後的我們有些不習慣。許多人喜歡防爆膜，「防爆」功能尚在其次，主要功能其實是防晒，尤其是女性開車怕晒，我甚至還見過戴袖套、戴口罩的女司機。再一個功能就是關乎隱私，說起「隱私」，有些人會壞壞的想到「車震」，其實這也只是隱私的一小部分。在治安並不太好的地方，被砸車窗竊取物品的事情時有發生。我有個朋友，過年時在車頭放了幾個紅包袋，其實純粹只是為了圖個吉利，裡面各放了人民幣五元（按：約新臺幣二十二元，人民幣與臺幣匯率約為一比四．三四元，後續若無特別註明幣別，皆指人民幣），結果也被砸了車窗。估計盜竊者打開紅包後會後悔吧。若有防爆膜，可以遮擋車內情況，反而相對安全。

在歐洲，其實也有砸車窗的風險警告。高傲的德國人認為自己地頭沒這事（事實上也確實沒有），但周邊國家會有，尤其是捷克和匈牙利。所以，如果在德國租車，但又要前往捷克和匈牙利這樣的國家，車型往往會受限制，豪華車型不予租賃，只能租普通車型。另外，保險的起賠額也會大大提高。租車公司還會提醒你，停車離開時，千萬不要在車內顯眼處留紙片之類的東西，免得被人誤以為是錢或支票。客觀來說，捷克和匈牙利的治安或許確實比不上德國，但也非常不錯，我幾度前往這兩個國家，都只感受到平和安逸，非常安全。只能說，這是因為德國人的高傲吧。

拋開砸車窗這事不說，最讓我們不習慣的應該是沒了防晒屏障。我倒不是怕皮膚晒黑，只是怕影響駕駛。歐洲的旅行旺季當然是夏季，天亮得早黑得晚，日照時間長達十五、十六個小時，溫度多半在攝氏二十多度，十分宜人，僅有南歐較熱。可夏季的陽光非常厲害，沒有防爆膜的遮擋，陽光過於刺眼，難免影響駕駛。所以，墨鏡才是司機的標準配備。我每次出遊前列物品清單，墨鏡都排名在前，僅次於護照、現金、信用卡等，堪稱必備神器。

為什麼德國嚴禁車窗貼防爆膜？因為一旦出現緊急事故，要便於員警迅速觀察到車內情況。這種事故也不僅限於交通事故，試想，如果有人停在路邊，在車內突發心臟病，沒有防爆膜，就很容易被發現，但如果有了防爆膜，屍體發臭了也沒人知道。這樣想來，德國人的一刀切[14]還是有合理性的。

14 指處理事情時不理會情況的差異，只用單一的辦法來解決。

地鐵不驗票，但沒有人逃票

記得頭一次搭乘德國地鐵時，在自動售票機那裡好一番折騰，後來終於在當地熱心人的幫助下完成。回來後想寫個心得，結果險些被嘲笑，因為總有那麼一些「逃票族」，出門旅行時想盡辦法逃票，德國完全無驗票、進出自由的地鐵系統，甚至被一些人稱為「逃票天堂」。

德國的地鐵站完全沒有閘口，火車站同樣如此。一座地鐵站往往有多個出入口，從馬路可以直達月臺。如果是城軌和地鐵互通的大站，即使分了幾層月臺，也是彼此直接互通而不需要任何檢查。

依我所見，在歐洲，越是經濟發達、社會安定的老牌強國，地鐵站的驗票環節就越鬆，甚至壓根沒有，如德國、比利時等都是如此，越是經濟相對較弱，近年來才加入歐盟陣營的國家，如匈牙利，地鐵驗票便越嚴格，甚至有專人把守，可見經濟發展與社會風氣的關係。

但要說德國地鐵無驗票完全是拜德國民眾的高素質所賜，那也是過譽，即使高素質占了絕大多數，但也無法確保沒有逃票，所以，德國人乃至歐洲人在這方面仍有制度約束，比如流動抽查，一旦發現有人逃票，就會開出高額罰單，一般都是票價的數十倍，如德國的罰款是四十歐元，比利時更高，為八十歐元，西班牙更是高達一百歐元。如果是第二次被抓到逃票，罰款則會翻倍，屢犯者還會收到法院傳票。更重要的是，這樣的劣跡會被記入個人誠信檔案，直接影響信貸、求職和各種福利申請。

與頗為簡陋的地鐵站一樣，德國地鐵也挺簡陋。人們上下車時需要按按鈕開門。這或許會讓我們不習慣，卻符合德國地鐵的實際情況——人少，有時一節車廂裡一個人都沒有，根本無須開門，所以按鈕開門更為合理。

也正因為人少，所以你平時乘坐的德國地鐵，即使是同一網絡、同一條路線的車，車廂長度也大有可能不一樣，因為德國人會根據高峰和空閒時段安排車廂。也正因此，德國地鐵車廂每節都是獨立的，而且均可雙頭駕駛。

德國人逆天了，看看他們的停車場

這兩年，網路上經常流傳一篇文章，標題不一，意思大概是「德國人逆天了，看看他們的停車場」。文章內容是一個筒狀高樓式立體停車場，車位全部懸空，極具科幻感，用兩個機械吊臂將車子吊上空中車位。很多人為之驚嘆，感嘆德國人逆天的同時，也痛斥自己所在城市的落後。

但這顯然是誤會——德國的停車場也是路邊停車位、露天停車場、地下停車場和立體停車場這幾樣。文章裡那個立體停車場也不是民用停車場，而是位於德國沃爾夫斯堡（Autostadt）的福斯總部倉庫，只是用於存放新車，而且車子都已被預訂，最多兩週就會發貨。不然的話，憑那兩個吊臂一上一下，一天能停多少輛車（影片參見第八十九頁右圖 QR Code）？

這座停車場有兩棟二十三層四十二公尺高的立體停車場，外形是辦公大樓造型，內部卻被隔成一層層一個個車位（參見下圖），每棟樓可存放五百輛汽車。它曾憑藉出色的科技感，在湯姆・克魯斯（Tom Cruise）主演的電影《不可能的任務：鬼影行動》（*Mission: Impossible – Ghost Protocol*）中出鏡。

沃爾夫斯堡即狼堡。一九三八年七月一日，在希特勒（Adolf Hitler）的授意下，福斯汽車公司（Volkswagen）成立，並在名為「狼堡」的城堡外建立了一座新城市，也就是廠址所在。一九九〇年代，福斯汽車公司在工廠旁建立了「汽車之城」主題公園兼博物館。這兩棟立體停車場，堪稱現場最搶眼的建築之一。

不過，德國確實是最早開發立體停車

▲ 福斯汽車總部立體停車場，樓高 20 層，可同時停放 400 輛車。

場，也最早將之用於使用的國家，畢竟立體停車場可以充分利用城市空間。

在德國僅次於法蘭克福和慕尼黑的第三大機場——杜塞道夫機場（Flughafen Düsseldor），可以看到機器人停車系統。只要司機將車子放在入口指定區域，停車機器人就會將車子停好（影片參見下面左圖 QR Code）。它主要是透過系統檢測車輛長度，然後透過叉架將車子抬起，放在它認為最合適的地方，全部過程自動完成，無須人力。如果想取車走人，則可以透過手機App確認車輛狀況和取車時間，機器人會自動將車子移動到出口附近，方便車主快速取車回家。

如此一來，人們就省去了一層一層找車位的時間，要知道，在車輛極多的德國，在多層停車場裡出出入入、上上下下找車位可不是件簡單的事，花時間不說，路也窄。

但這種機器人停車場眼下當然無法普及，畢竟價格擺在那裡，一小時四至五歐元的價格雖然也不能說貴到離譜，但比起普通停車場畢竟已經翻倍。尤其是對我這種過境遊客來說，最多只會專程前往觀摩一下。

另一種電子化倒是常備，那就是智慧停車疏導系統。其實在中

◀為方便旅客趕時間，杜塞道夫機場提供機器人 Ray 來幫你停車！

◀Discovery HD 福斯汽車總部立體停車場。

國的一些大城市，還有珠三角、長三角的一些富庶小城，市區裡也已安裝了不少類似系統，雖遠未普及，但中心城區或繁忙地帶已逐漸鋪設。系統將透過電腦控制周邊停車場，透過感應儀器觀測汽車進出情況，在街邊的指示牌上顯示剩餘停車位數量，供車主參考。在德國乃至歐洲其他已開發國家，這一系統的普及率已經極高，覆蓋各個街區。

停車場裡最方便的位子，一定留給殘障人士

自駕旅行的人都知道，在歐洲租車不貴，高速公路收費也便宜，德國等國家乾脆免費，但停車則比較麻煩。

歐洲的老城市普遍路窄，雖然走在老街上宛若置身童話世界，可要找個停車位真心不易。而且，路邊停車位比較複雜，有些是限時段收費、有些是限時段免費、有些是限時段可以停車，還有些是住戶專用停車位。另外，路邊車位週末免費，但專用車位不在此列。

如此複雜，別說我這種異國遊客，就算是本地人也未必能搞得清楚。在德國這種非英語國家，當然更麻煩一些，畢竟看不懂，有時只能靠猜。好在**德國人普遍嚴謹又熱心，既容得你犯錯，也會很友善的給你講解**。

有一次我在德南城市雷根斯堡的一個小停車場停車，停好了正準備走，一個大叔笑嘻嘻跑來，告訴我這個位置不能停，我順著他的手指一看，才發現車位前有個牌子，剛

好被樹蔭遮住一半，所以未留意到——這是一個工程車車位。大叔很熱心，還告訴我他正準備開車走，要我停他的位置。

這類停車場和路邊停車位，有時也會有免費時段，比如僅工作日的早上八點到晚上八點收費，每晚八點到次日早上八點，以及週末都可免費。這跟停車區域的繁忙程度有關，如果是車流量極大的路段，很可能沒有免費時段，甚至還有停車時間限制，如果是比較冷清的路段，甚至還可以全天免費隨意停放。

還有一次，我前往德西城市美因茲（Mainz），入城後經過幾個街區，清一色的三層左右的洋房住宅，顏色、外觀各異，門前有花園，人行道外有停車位，再以花壇與馬路相隔。行道樹十分茂密，落葉紛紛，十分漂亮。看了看導航，此處距離目的地僅數百公尺，便打算在這裡停車。誰知剛停好車，對面大樓裡便跑出一位阿姨，指指點點說了一大堆，原來這條街上的車位都是住戶專用。然後她向我指路，告訴我向河邊開，會有幾個大型的地下停車場。

後來我就明白了，如果路邊停車位附近的指示牌寫著「Bewohner mit Parkausweis」或者「Bewohner Frei」，就意味著此處僅限該區域內的居民停車。據說，德國社區居民只要有車有駕照，就可以申請停車證，停車證數量按實際擁有車輛發放。一輛車每年的停車費都是象徵性收取，不過幾歐元。如果你所住社區不幸車多車位少，政府就有可能把你攆到附近的商用停車場，比如商場地下停車場之類，但你不用擔心這些地方相對較高的停車費，因為政府會掏錢幫你。

對遊客來說，路邊停車還有預估時間的問題。路邊停車位都需要先在停車收費馬表交費，一般以小時或半小時為單位，自己預估停車時間，然後交錢，將票據放在擋風玻璃處即可。

只是，有時只是路過某個城市，或者吃頓飯就走、或者只是在市中心隨意逛逛、或者只是為了去看一座教堂，將時間預估太多當然是浪費，但預估太少就有超時吃罰單的危險，畢竟時間不受自己控制，比如吃飯時餐廳上菜太慢、事先並不知道要去的景點需要漫長的全程導覽等，都是不可控因素。

也有一些時候，原本只是打算路過一瞥的小城，以為停上兩個小時就已足夠，誰知驚喜連連，來了就不想走，決定消磨一天，這種情況下就得狂奔跑回停車處再交錢買票，延長停車時間。至於眼看停車時間已到，大步流星甚至一路小跑的趕向停車位，引來慢悠悠的歐洲人側目，我也有過不少次。

露天停車場的情況也一樣，都是要在停車收費馬表處先預估時間交費，但停車場畢竟大，比路邊更容易找到停車位。其實更好的選擇是大型的地下停車場和立體停車場。入場時先取卡或取票，出場前在自動繳費機處刷卡刷票，按照提示的繳費金額塞入紙幣和硬幣即可。既然是停多久花多少錢，自然不存在預估時間的問題。所以我總會優先選擇這樣的停車場，只是花費會稍高一點。

有一點需要注意，不管什麼樣的停車場，最方便停放的一定是殘障人士車位，至於路邊停車位，最靠近繳費機的也是殘障人士車位，沒有殘障人士車輛證明，可千萬不要停上去。

常見有人吐槽德國停車貴，比如「停了兩個小時就收了我七歐元」、「一個小時居然兩歐元」之類。其實跟花〇．五歐元上廁所一樣，很多人嫌停車貴，是以自己國家的人均收入作為參照，但停車主體畢竟不是我們這種自駕遊客，而是當地人，以德國人每月平均三千多歐元的收入，停車費並不貴，何況平時主要使用的還是住戶專用停車位，更是便宜。

更重要的是，放眼歐洲已開發國家，德國的停車費簡直是業內良心，大城市的路邊停車位、露天停車場，大都是每小時一至兩歐元，小城市普遍在每小時一歐元，大城市大商場的地下停車場每小時在兩歐元左右，小城市則是一至兩歐元之間。

▲在某些停車場，殘障人士車位是距離廁所最近的。

大商場地下停車場全日停會有封頂價，一般在二十歐元上下。如果是專屬的地下停車場或者立體停車場，價錢會比商場低一些，我見過最貴的也不到二十歐元。當然，也有一些城市相對比較貴，停車費可能會達到每小時三歐元。

如果你覺得這個價格太高，那請你看看隔壁荷蘭的數據：在阿姆斯特丹（Amsterdam）停車，路邊車位基本上每小時四至五歐元，而且基本不可能找到空位，所以大商場的地下停車場是最佳選擇，但停車出來要走很遠不說，停車費也很嚇人，如果選擇過夜的全日停，市中心隨時可達五十歐元。當然，荷蘭停車貴是有意而為之，一方面是為了環保，另一方面是為了解決市內擁塞。阿姆斯特丹郊區還建了八座大型立體停車場，收費低廉，單日在十幾歐元左右，並且跟電車系統接駁，完全可以選擇在這些立體停車場停好車，然後再轉乘電車進入市內。

其實德國也有這樣的停車場，它們都在城市周邊公共交通站點周邊，方便人們停車後可以直接搭乘公共交通。價格方面非常低廉，最貴的為每小時兩歐元，便宜的每小時〇．五歐元，甚至免費，慕尼黑便是免費，但不能過夜。另外，在小城鎮裡常常可以找到免費停車位甚至停車場，畢竟地方大人又少，隨便一塊空地都可以被當地人當成停車場使用。

不管怎麼說，**在歐洲已開發國家之中，德國停車是最便宜的**，而且停車場多，停車最容易。

開車必備小物——時鐘撥盤

在德國，常常可以看到限時免費停車的路邊停車位。碰上這種停車位，你就心裡偷笑著吧，因為你可以享受免費停車兩小時的待遇。但是且慢，這種停車位又沒停車收費馬表，怎樣才能讓交警知道你的停車時間沒超過兩小時？這時就需要一個德國人必備的工具了——紙質的時鐘撥盤。停車時，就把時鐘指標撥到停車時間，兩小時內趕回來即可。交警如果路過，就會看一眼，超過兩小時則開罰單。

記得第一次去德國自駕時，租車公司忘記在車上配備這東西，我又缺乏經驗，沒有主動索取。結果跑到班貝格市，在山頂一個教堂門前的停車位糾結了一番。本來我還不知道這是限時免費車位，下車後還到處找停車收費馬表，卻遍尋不獲，問了路人才知道。班貝格極美，一河兩岸被稱作「小威尼斯」，環山而建的宮殿、教堂和民宅更是精美，到處都是蜿蜒曲折的石板路，堪稱我最愛的德國城市。但這裡停車也不太方便，好不容易找到車位，還能免費停上兩小時，卻沒有時鐘撥盤（見下頁左圖），怎麼辦？

後來我們想出一個主意，拿了張白紙，在上面畫了一個時鐘，時針指向停車時間。然後在紙上用英文寫了一段話，意思大概是「我們是來自中國的遊客，因為沒有經驗，租車時沒有拿時鐘撥盤，所以自己畫了一個代替，還請見諒」。我們在附近逛了兩小時後回到這裡，準備開車前往山下。我們並未見到罰單，也不知道交警來過沒，如果來過，看到我們這張自製時鐘，不知有沒有哈哈一笑。

後來就有經驗了，每次取車時必先檢查有無此物。但畢竟是遊客，有時候用起來就會鬧笑話。

有次在德西小城特里爾，我將車停在一個限時免費兩小時的車位處，這排車位貼近一個街心公園，古樹參天，靠近著名的尼格拉城門（Porta Nigra，又稱黑城門）。兩小時後，眼看著限免時間快到，我沿著當地最旺的商業大街一路小跑，衝回來準備把車移走。結果旁邊一個大叔探著腦袋看了看我放在擋風玻璃前的撥盤，先是豎豎大拇指，對守規矩的我表示贊許，隨後又嘰哩呱啦說了一大堆。

弄了半天我才搞清楚他在說什麼，原來，他告訴我，今天是週末，這裡全天免費停車，根本不需要放這個撥盤，更不需要趕回來取車！而我作為一個天天都在路上享受假期的遊客，恰好壓根就沒週末的概念！

用這個東西，其實也需要高度自覺，切勿有貪小便宜的心理，比如故意把時鐘向後撥一點，延後自己的停車時間，就有失誠信。我還見過有攻略說，如果你就在附近遊玩，那別怕辛苦，臨近兩小時就回來一趟，把時

▲左圖為手動時鐘撥盤，用來顯示停車的時間，如果忘了，就只能留字條。

鐘撥到最新時間，就可以再停兩小時。這種鑽漏洞的做法，其實德國人基本是不會做也不屑做的。

關於撥盤，還有一件小事，並非發生在我身上，但也讓我印象深刻。我的一位朋友，某年夏天全家赴歐自駕，在德國德勒斯登碰上了限時免費停車位。她們那次是第一次歐洲自駕，同樣缺乏經驗，租車時也沒要時鐘撥盤，結果碰上了一位正準備開車離開的好心人，不但為她們講解，還把自己的撥盤直接送給了她們，祝她們旅途愉快。

大學生福利多，公車、火車免費搭

去歐洲旅行，很多人會選擇歐鐵和廉航組合的方式。相比之下，歐洲的航空公司票價便宜，一般都是幾十歐元，還經常會有二十多歐元的超低價機票可搶。但對遊客來說，即使飛行時間只需一個小時，搭乘航班前前後後也需要花上大半天，一點也不划算。所以，歐鐵是相對主流的選擇。

德國的鐵路狀況在歐盟內部也算數一數二，不過價格也不低。這當然跟營運成本有關，因為乘坐的人太少了。我曾坐過兩、三次德國火車，一節車廂裡往往只有寥寥數人，有一次甚至還包了整節車廂。坐火車的人之所以少，是因為德國高速公路實在太發達，大多數國內目的地乃至周邊國家的目的地都可以開車抵達，路上累了，每隔十幾二十公里就有服務區，大的服務區更是可以一站式解決吃飯睡覺等問題。費用也相對低廉，畢竟除了油費就沒有其他費用。火車作為基礎設施，必須要營運，但乘坐的人少，就只能透過提高票價來維持成本，這就是德國鐵路的現狀。

當然，德國火車的貴，主要體現在單程票價上，單次行程的百公里均價幾乎達到二十歐元，比高鐵貴多了。不過說實話，不僅是火車，地鐵等市內交通，單程票也是最貴的。德國提供了多種組合選擇，比如邦票，即只在本邦使用。這種邦票不但有單人票，還有多人票，有一天票，也有三天票，可以在期限內任意乘坐邦內火車和城市公共交通，如果坐得多，買邦票絕對是首選。

當然，熟悉日本的人都知道，在這種模式上，日本人玩得最出神入化，德國人還真不算什麼，這也跟德國人並不太依賴鐵路有關。

還有一個好選擇是長途巴士。歐洲國家的大型巴士配備普遍不錯，好一點的汽車公司，車上會採用航空商務艙式座椅，影音設備齊全，還有小型咖啡廳，幾個小時的車程一點也不嫌累。價格方面，比火車便宜，甚至比中國長途大型巴士便宜，至於車上配備和衛生更是天地之別。

值得一提的是，在德國，針對大學生的交通優惠力度極大。比如乘坐當地市內公共交通是免費的，邦內火車多半也會免費。

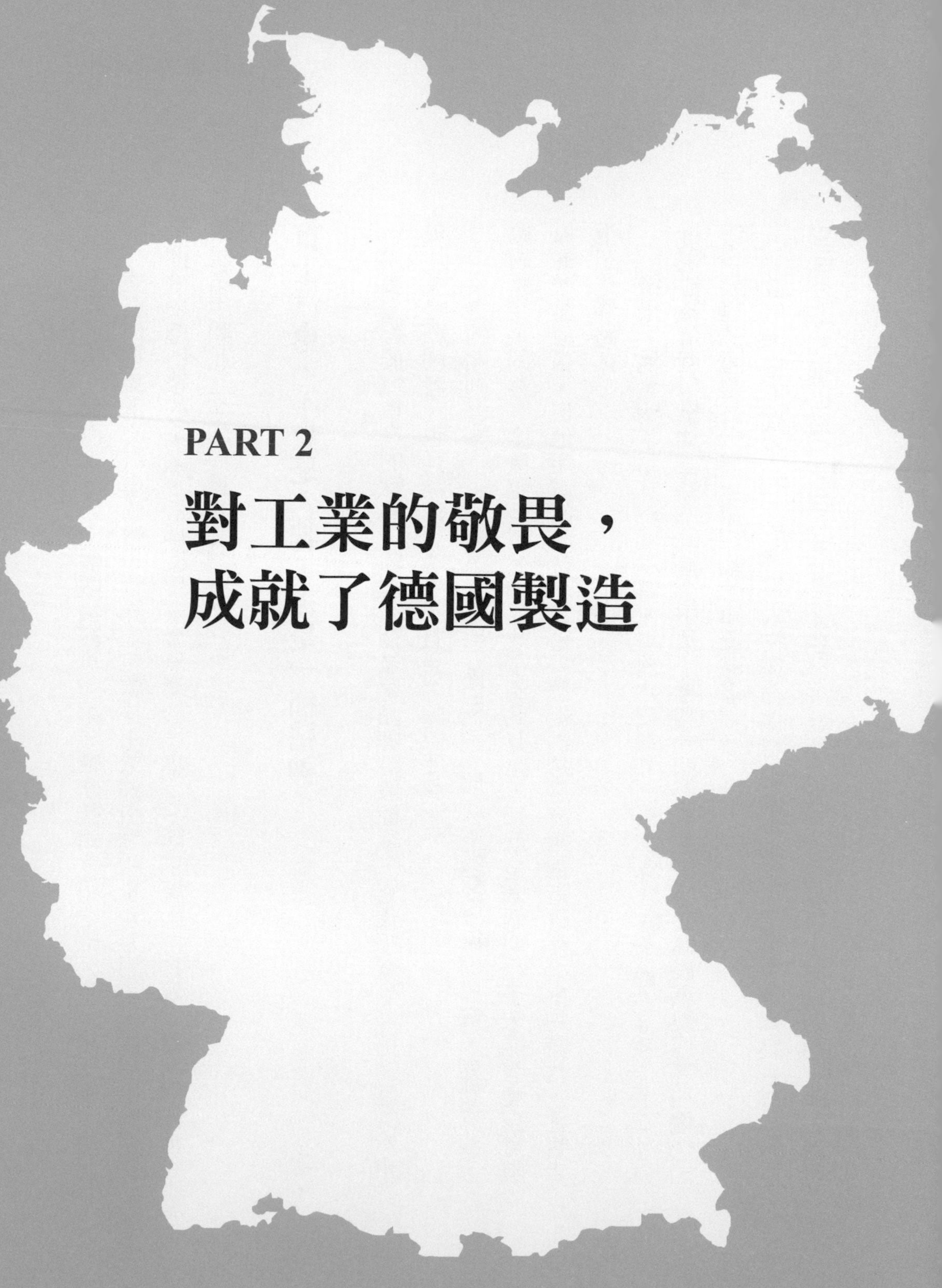

PART 2
對工業的敬畏，成就了德國製造

世界上第一輛汽車、第一輛四輪汽車、第一輛摩托車、第一輛公車、第一輛卡車、第一款現代意義上的汽車底盤、世界上首款採用柴油引擎的量產乘用車、世界上首個採用機械增壓引擎的車系、最早使用安全氣囊的汽車……除了賓士博物館，還有哪家博物館能集中如此之多的「世界第一」？

賓士汽車，不只是名牌，更是一種精神

賓士對於汽車業的意義，絕非一個豪華品牌這般簡單，它幾乎就是一部完整的汽車史，既是開創者，也是潮流引導者，且至今屹立不倒。

賓士的開創者是卡爾．賓士（Karl Benz），他幼年喪父，年少清貧，克勤克儉，做過學徒，創業一度瀕臨破產。如果故事到此為止，那就是一個窮小子未能改變自身階層的悲劇故事。但他所處的時代，正是一個提倡透過發明創造改變人生的時代，他也走上了這條路。

後來，他發明了單缸汽油引擎，並將之安裝在三輪車架上。一八八五年一月二十九日，他為這個引擎加三輪車的組合申請了專利，即世界上第一個「汽車製造專利權」，這一天也被認定為世界上第一輛汽車誕生之日。

當然，賓士汽車史上的關鍵人物並非僅有卡爾．賓士，還有戴姆勒（Gottlieb Daimler）和邁巴赫（Wilhelm Maybach）。一八八五年，也就是卡爾發明第一輛三輪汽

車的那一年，戴姆勒發明了第一輛四輪汽車。這兩個相隔不到百里的發明家，此前從未謀面，此後的人生裡也未謀面，但正是他們，合力催生了那個幾乎代表了汽車發展史的名字——戴姆勒－賓士（Daimler-Benz AG）。

一八九〇年，戴姆勒引擎公司（Daimler-Motoren-Gesellschaft，簡稱DMG）成立，邁巴赫設計了第一具四缸引擎。後來，邁巴赫選擇離開，並與兒子一起創建了另一個傳奇品牌——邁巴赫（Maybach）。一九二四年，卡爾．賓士的汽車公司（Benz & Cie.）與戴姆勒汽車公司合併。不過在剛合併的前兩年，是以共同管銷的方式銷售兩個不同品牌的車子，直到一九二六年時兩品牌正式合併，即戴姆勒－賓士。此時已經八十二歲高齡的卡爾．賓士親眼見證了這個德國汽車巨頭的成立。可惜的是，戴姆勒已經去世，兩位地理位置上極為相近的汽車業先驅終究緣慳一面。

賓士擁有的並不僅僅是世界上第一輛汽車，在整個汽車史上，它的地位都舉足輕重。所以，暢遊賓士博物館，即使只是單一品牌，仍像歷經百年一般，能夠深刻感受到汽車生活的種種變遷。

梅賽德斯－賓士博物館（Mercedes-Benz Museum）的歷史最早可以追溯至一九二三年。一九六一年，戴姆勒－賓士公司建了一座更大的博物館，並用以慶祝公司成立七十五週年。一九八六年，為慶祝公司成立一百週年，博物館再次擴建。

但我們現在看到的賓士博物館，其實已非這座一再擴建的老館。二〇〇六年五月，為了記錄一百二十年的光榮和夢想，梅賽德斯－賓士公司（Mercedes-Benz）將汽車博物館遷移到斯圖加特這個賓士品牌的誕生地。這座建築面積達一萬六千五百平方公尺（按：約四千九百九十一．二五坪，一平方公尺等於〇．三〇二五坪）的博物館，涵蓋了賓士品牌的發展歷程，共收藏了一百六十輛各個時期的賓士車型，其中有一百五十四輛是原件。

我去過許多汽車博物館，每個都主打名車，自然各擅勝場。但這也容易流入一個怪圈：汽車博物館越來越像一個汽車展廳，而非博物館。相比之下，賓士博物館也許是各大汽車品牌博物館裡最不像展廳的，也是最有情懷的那個。畢竟，作為汽車業先驅，賓士有講不完的故事，講不完的輝煌（影片參見下圖 QR Code）。

博物館的設計本身就是藝術。它出自著名的荷蘭 UN Studio 公司之手，外部極富金屬質感，內部則以兩條圍繞中庭螺旋攀升的坡道銜接起各個空間。

這個雙螺旋結構，構成了兩條參觀路線，一條是傳奇路線，展示不同年代的車型，一條是收藏路線，展示賓士品牌的多樣性。參觀者並不是從一樓開始參觀，而是先乘坐電梯上八樓，再一路向下。這種流線設計引起了建築界的一股風潮，如今你在世界各地的不同展覽館都可以看到類似設計。

有意思的是，因為雙螺旋設計，參觀者可以自由切換兩個區域。而且，不同展館的採光都有講究，如傳奇路線的空間都採用人工照

◀賓士汽車博物館導覽介紹。

明，光影中可見歷史；收藏路線的展館則有一大圈玻璃窗圍繞，採自然光，車輛在光影中流動，讓人更能接受它們在現實中的種種作用。

更有意思的是，展廳入口的第一個陳列品不是車，而是一匹馬。賓士的意思大概是「不忘初心」，可據說中國人更喜歡將之理解為「馬上有車」。其實，它是威廉二世的座駕。

要說賓士博物館的鎮館之寶，當然是位於「傳奇1」展廳裡的「世界第一輛汽車」。那份世界上第一張汽車專利說明書，也被視為汽車的「出生證明」。

也是在「傳奇1」展廳裡，還有戴姆勒和邁巴赫於一八八五年一起設計的直立式單缸引擎，由於其外觀的原因被形象的稱為「老爺鐘」，其結構輕巧，很適合安裝在汽車上。這款引擎最先被安裝在雙輪車上，這便是世界上第一輛摩托車（參見右圖）。不過，博物館裡這輛車並非原車，而是一九〇五年製造的樣車，原車在一九〇三年於火災中被燒毀。這也是博物館的一百五十輛展車中，僅有的幾輛非原車之一。

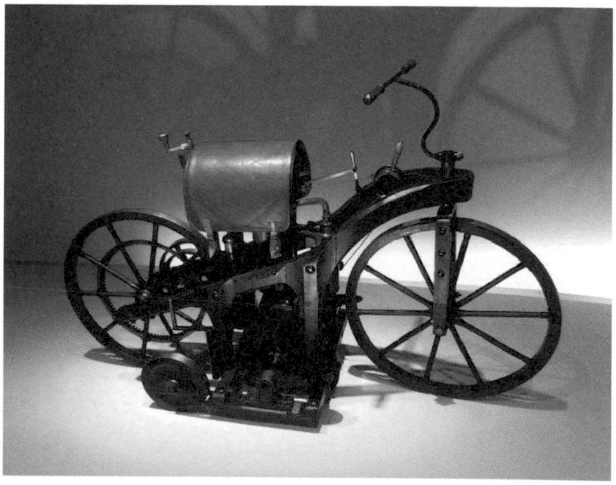
▲世界上第一輛摩托車——騎式雙輪車。

作為汽車業先驅，素未謀面的卡爾和戴姆勒就像在競爭一般，你方唱罷我登場，輪番製造著「世界第一」。

一八八九年，戴姆勒在巴黎博覽會上展示了一款四輪汽車，展示了大量新技術，包括雙缸引擎、四速齒輪傳動裝置和帶轉向桿的前輪轉向等。

一八九五年，賓士汽車生產出了 Omnibus，配備汽油引擎，並在一些市鎮間提供營運服務，這就是最早的公車。

世界上第一款卡車則由戴姆勒在一八九六年製造，並銷往英國，德國第一個卡車客戶用這款車運送啤酒。「傳奇 1」展廳裡這輛卡車於一八九八年生產，也是目前世界上現存的最古老的卡車。

館內一輛雙層巴士極為引人注目，幾乎每個參觀者都會在它面前流連並留影。這是一輛一九〇四年開始在倫敦投放使用的雙層巴士，搭載排量為五．三公升的四缸引擎，引擎最高轉速每分鐘一千兩百轉，最大輸出功率為二十一千瓦，最高時速只有每小時二十公里，可容納乘客三十四人。最吸引人的是車尾的螺旋梯，極具美感。

說到巴士，另一輛紅色車身且圖案斑斕的巴士也很引人注目，它是賓士為阿根廷布宜諾斯艾利斯（Buenos Aires）設計的公車。一九四〇年生產的 O2600 為藍色車身，看起來笨笨的，十分樸實，實際上可是從一九三〇年代一直走紅到四〇年代的巴士車型，是當年的豪華大型巴士。

最早的機動消防車也是賓士出品，展廳裡那輛一九一二年的消防車，搭載四缸引擎，最高時速四十公里，以當時的情況而言，確實是可以「火速馳援」的消防車。

「傳奇2」展廳所展示的「梅賽德斯－品牌誕生」時代，從一九〇〇年到「一戰」爆發前的一九一四年，正是汽車工業大發展的時期，梅賽德斯品牌就誕生於這一時代。其實很多人都曾困惑，既然賓士的發明者是卡爾，既然早期賓士三巨頭是卡爾、戴姆勒和邁巴赫，既然戴姆勒公司與賓士公司於一九二六年合併成為戴姆勒－賓士汽車公司，那為什麼如今我們所熟知的賓士品牌居然叫「梅賽德斯－賓士」呢？

這要從一位奧地利商人講起。賓士汽車面世後，一位名叫艾米爾．傑林克（Emil Jellinek）的奧地利商人為參加比賽，從賓士公司訂購汽車。當時，艾米爾剛有了一個女兒，取名梅賽德斯．傑林克（Mercedes Jellinek），Mercedes 來自於西班牙文，原意為「優雅」的意思，也就是 Mercedes-Benz 前半部「梅賽德斯」的由來。

這位酷愛賽車的商人，在以梅賽德斯命名的汽車（Mercedes Simplex 35 HP）贏取比賽後，也意識到車子的商業潛力，不僅又訂購了一批車，還獲得了該車型在一些國家的經銷權。後來，戴姆勒也同意建立「梅賽德斯」品牌，並於一九〇〇年正式作為商標註冊。

梅賽德斯 Simplex 具備了現代汽車的雛形。它的四缸引擎直接固定在鑄造車身上，前面是更高效的蜂巢式散熱鰭片。四檔變速器，斜置式方向盤，四個專用凸輪負責點火，直接在燃燒室中工作，這套點火裝置與火星塞功能一樣。

博物館展出的梅賽德斯 Simplex 於一九〇二年生產，是迄今仍存的最古老的梅賽德斯汽車。這款車大量使用銅製材料，在汽車量產後已經無法見到，但在汽車產量極低的當年，生產者的考量更重質感。

此外，還有一輛展車也屬於傑林克一家，它是一九〇四年出產的 60PS。這款車型於一九〇三年面世，是梅賽德斯當時的頂級車型，在賽車場上也獲得了成功。傑林克家的這一輛仍然屬於女兒，有著舒適的旅行版車身。

在這個展廳裡，賓士還展示了第一輛現代意義上的汽車的底盤，前置後驅、承載式車身、鋼板彈簧懸架、橡膠輪胎和方向盤轉向等技術，如今看來尋常，可在當時卻具有劃時代意義。

在「傳奇 3」展廳裡，主要展示採用柴油引擎和增壓引擎的車型。「一戰」後，戴姆勒公司開發了 10/40 PS 和 6/25 PS 兩款車型，它們是世界上最早採用機械增壓引擎的車系，可以為引擎提供更大的進氣量以提高動力。一九三八年出品的 260D 則是世界上首款採用柴油引擎的量產乘用車，有著很好的燃油經濟性。

「二戰」後的汽車產業迎來了史上最為迅速的發展期，賓士更是如此。一九五一年，梅賽德斯－賓士 300S 作為頂級運動車型推向市場，該車採用雙門敞篷設計，時速可達一百七十五公里。

賓士 300 SL 可以看作賓士 SL 級的鼻祖，它採用獨特的管狀結構車身，重量超輕，為賓士在「二戰」後贏得了多個賽事的獎盃。

展廳裡這輛 300 SL Coupe，誕生於一九五五年，是 300 SL 系列裡最搶眼的一款車

▲ Mercedes-Benz 300 SL，擁有獨特的鷗翼門設計。

▲ 1934 年 Mercedes-Benz W25。

▲ 1985 Mercedes-Benz 300TD。

型。它搭載六缸三公升引擎，最高時速兩百五十公里。

當然，最搶眼的還是它獨特的鷗翼門設計（參見第一〇七頁上圖）。不過，這個車門設計本是無奈之舉。當時，設計師發現專為此車設計的管狀結構使得車身兩側布滿管道，車門無法平開，只能向上開啟，誰知這一設計卻成為引領潮流的指標。

「傳奇5」展廳所展示的一九六〇至一九八二年代，是汽車產業的另一個新時期，開始更加注重安全和環保，賓士依然是引領潮流者。被譽為汽車安全領域三大配備的安全帶、防鎖死煞車系統（Anti-Lock Brake System，簡稱ABS）和安全氣囊，有兩個在這一時期被開發出來並廣泛應用。賓士在一九七八年研發應用於民用轎車的ABS系統，在一九八一年成為世界上第一個為車輛裝上安全氣囊的廠家。此外，安全帶收緊裝置和潰縮式安全車體結構等也都由賓士發明。

「傳奇6」展廳裡最讓我感動的不是那些豪華跑車，而是一輛毫不起眼的 300TD（參見第一〇七頁右下圖）。一九七七年，賓士推出首款旅行車，這款一九八五年出產的 300TD 是旅行車中的經典。如今在歐洲，高速公路上跑得最多的便是旅行車，也正是它的問世，標誌著人類汽車生活的一大轉變——不再只是單純的工作需要或家庭需要，而是延伸到對生活的享受。

許多人最喜歡賽車，賓士博物館裡當然少不了賽車。一九二八年的SSK雖然年頭久遠，卻聲名顯赫。在賓士譜系裡，有S級（運動版）、SS級（超級運動）和SSK級（超級短軸距版）。在那個年代裡，三大系列都是賓士的形象保證，SSK系列更是在多項大賽中奪冠。

不過說起賓士賽車，「銀箭」（Silver Arrow）系列才是真正的傳奇。

「銀箭」系列始於 W25 賽車，一九三四年，這款車參加德國 G P（Gran Prix）賽事，由於當年新規定：要求參賽車輛在扣除輪胎、汽油、機油與冷卻水之後，總重量不得超過七百五十公斤，W2 恰好超重一些。於是車隊經理在比賽前一晚要求技師將 W25 鋁合金車體上的白色漆全部刮除以減輕重量，從而順利獲取參賽資格並最終奪冠，也因此得名「銀箭」（參見第一〇七頁左下圖）。

在我最尊敬的歷史人物中，教宗若望保祿二世（Pope Saint John Paul II the Great）無疑可以排在前三。也正因此，我在一輛其貌不揚的越野車前流連許久。它原本是一輛敞篷越野車，但敞篷部分加裝了一個高高的玻璃罩子，裡面有一個加高的獨立座位，顯得挺滑稽。可是，就是它，曾經陪伴「史上走過最多國家的教宗」若望保祿二世走遍各地。這款車於一九八〇年教宗造訪德國時使用。一九八一年，因為一樁未遂的刺殺事件，這輛車加裝了防彈玻璃罩。

一九五〇年代的賓士夢幻車型 190 SL 則是明星們的最愛，貓王也是其擁有者之一。另一輛讓我流連許久的是一輛外表平庸的德國三色旗大型巴士，它是一九七四年世界盃的西德隊專用大型巴士，貝肯鮑爾（Beckenbauer）與「轟炸機」穆勒（Gerd Mueller）領銜的那支西德隊最終奪冠。

不過要說展館裡最早交付使用的名人車，當屬戴姆勒於一八九二年生產的一款車型。在眾多名人座駕中，它顯然是最古老的那個。那年，摩洛哥蘇丹向戴姆勒訂購此車，他既是第一個購買戴姆勒汽車的人，也是第一個購買汽車的君主。

一九〇一年，正當歐洲人為了汽車夢想而努力時，袁世凱也從香港買入一輛賓士汽車，獻給慈禧太后。但車子送進皇宮後，大臣們紛紛上奏章勸慈禧不要乘坐，以免破壞祖宗之法，中了洋人邪氣。慈禧倒是心癢癢，打算坐坐「洋車」，開開眼界。可是，當她看到司機坐在自己的前面，而且與自己平起平坐時，又認為有辱自己身分，命令司機跪下開車。可人跪著當然無法開車，慈禧便放棄了乘車想法，繼續坐轎子去了。

如果卡爾、戴姆勒和邁巴赫生在那個時代的中國，又會怎樣？

好的工人比機器更可靠，德國工業的根基

去德國旅行，大多數人都不會錯過斯圖加特，原因很簡單，德國汽車工業冠絕全球，賓士、BMW、保時捷、福斯，哪個不是赫赫有名？斯圖加特更是一個厲害地方，同時擁有兩大汽車品牌——賓士和保時捷。

相較於堪稱一部汽車文化史的賓士博物館，保時捷博物館（Porsche Museum）在文化意味上差了一點，更像一個汽車展館。但大家都會原諒這種差別，為什麼？因為它是保時捷嘛！「保時

▲保時捷博物館導覽介紹。

捷」這三個字就代表拉風的跑車，去保時捷博物館，不就是看車展嗎？

如果查過原址，就會知道這個博物館對德國汽車工業的意義。一九三八年，保時捷設計工作室正式遷回了這裡。此後，大量經典車型在這裡誕生。

德國的汽車博物館向來以具設計感的外形著稱。由維也納建築家德魯根・梅斯爾（Delugan Meissl）設計的保時捷博物館，以三個V形立柱為基礎，採用大膽的鋼結構，看上去彷彿懸浮在空中，跨度達六十公尺。據說，這樣的設計展示了保時捷的開放性（影片參見右頁QR Code）。

在我們印象中，保時捷以跑車著稱，而跑車又很容易被人與競速聯繫在一起。但事實上，保時捷在很長一段時間裡都是對一級方程式賽車（Formula One，簡稱F1）最冷淡的跑車品牌。即使在旗下車型奪得首個F1錦標賽冠軍後，保時捷仍未熱衷於競速。相反，它倒是將在F1賽事中獲取的空氣動力學經驗，用於其後研發的量產車型上。也正因此，有人曾說：

▲左圖為保時捷製機動消防車，右圖為曳引機。

「同為世界跑車界不可多得的駿馬，法拉利和保時捷的取向完全不同。法拉利是公馬，保時捷是母馬。法拉利從賽道到公路，保時捷從公路到賽道。」

換言之，**保時捷**身上有著濃郁的德國氣質，**更偏重實用性**。它在量產車界的表現，其實超出了競速領域的表現。這個細節不起眼，但很重要。

在保時捷博物館裡，可以看到這樣一組資料：組裝一輛新車只需要九小時，但檢測和調試需要五天，出廠則需要幾個月。據說，購買一輛保時捷，從下訂到提車，最少也要三個月，某些高配車型甚至需要提前一年預訂。保時捷工廠目前約有七千五百名組裝工人，另有大約六千五百名研發和服務人員，看起來比例有些奇怪。但保時捷要做的恰恰是著重研發，不在產量上擴張。

資料顯示，保時捷除玻璃和引擎外，其他部件均為手工組裝。之所以有兩樣例外，是因為擋風玻璃過於沉重，機器人操作更精準嚴實，引擎擰螺絲也很費力，同樣由機器代勞。以德國人的性子，如果不是因為特殊原因，想必他們連玻璃和引擎也不會放過。這個生產模式已經維持了許多年，**在保時捷看來，好的工人比機器更加可靠**。

作為世界級品牌，保時捷的產值卻低得可憐。在其他車企動輒千億產值的當下，保時捷的年產值還不到三百億。原因很簡單，保時捷的斯圖加特工廠並不大。而且，雖然保時捷在德國其他城市也有工廠，但它的引擎製造和整車組裝，都固定在斯圖加特的總工廠完成。因此，保時捷每天的產量不過區區兩百輛，年產不足六萬輛。

換言之，如果以一般車企的規模和產能衡量，保時捷簡直不像世界級企業，而是仍維持著手工作坊的型態。但正是這樣的保時捷，才屹立不倒，成為高口碑的象徵。而保時捷工廠裡那些幾十年如一日的老技工，得到的社會尊重與薪水待遇，更是遠遠超過一般白領。

保時捷確實代表著**德國式家族企業的模式：不盲目擴張，精益求精，強調技工的作用，強調技工的以老帶新。這些家族企業確實很像手工作坊，卻是德國工業的根基。**

博格瓦德，曾與保時捷比肩，卻破產收場

這幾年，博格瓦德（Borgward，中國稱寶沃）這個品牌在中國市場也算有些名氣。不過許多人對這個品牌的「性質」摸不清，它到底是德國的百年品牌，還是中國的自主品牌？答案很簡單，博格瓦德是德國老字號，但已停產數十年，現在中國市場上所看到的博格瓦德，其實是北汽福田（簡稱福田汽車）買的殼，至於車子本身，就是福田的國產車型。當然，北汽福田透過注資，將博格瓦德的總部設在德國斯圖加特，但它在德國並沒有工廠。換言之，目前在德國，你看不到重生的博格瓦德。

但這不代表德國人不知道博格瓦德。記得有一次，在德國不萊梅（Bremen）附近的高速公路上休息，小孩看到服務區的遊樂設施就不想走，我們只好坐在露天的長椅上等待。旁邊一個德國大叔也在休息，對我們的東方面孔相當好奇，很友善的攀談，可惜我與他的英文水準半斤八兩，基本無法溝通。

雞同鴨講了半天，我突然想起一個男人酷愛的話題——車。那時是二〇一六年，正是 Borgward BX7 亮相車展的當口，不萊梅，不就是博格瓦德的老家嗎？大叔年紀挺大，說不定小時候還見過真正的博格瓦德呢！於是我拿出手機，搜出一張博格瓦德標誌給他看。

他一看，立刻亮出一個德國人表示贊許的招牌動作——豎起大拇指。德語夾雜英語外加手勢，他告訴我，他知道博格瓦德，那是他父親曾經開過的車，自己小時候，家裡還有博格瓦德呢，一直用到他長大後。然後他示意我在手機上多找幾張博格瓦德的車型圖片，當我指尖滑到一張 Hansa 2400 時，他豎起大拇指，說這個他家曾經有過。指尖再滑幾下，他又指著圖片裡的 Isabella 豎起大拇指，說這個他家也曾有過。

看來大叔小時候家裡條件還不錯呢，之所以說「小時候家裡還不錯」，是因為他家裡曾有過的兩輛博格瓦德，這兩輛當年可都是好車，甚至是豪車。

一九五二年，博格瓦德推出了 Hansa 2400。

▲ 德國首款自動變速箱豪華轎車——Borgward Hansa 2400。

當時的汽車仍是手排車的天下，以創新為己任的博格瓦德則認為豪華車應該使用自動變速箱。於是，它在 Hansa 2400 車型上嘗試使用三檔自動變速箱，這也是德國歷史上第一款使用自動變速箱的車型。

從汽車歷史上來看，這款車自然有劃時代的意義。但問題是，自動變速箱當時還是個新鮮玩意，也意味著高昂的成本，所以這款車的價格也相當可觀，因此銷量欠佳。大叔家裡能買得起這個，還真是「豪門」。至於另一輛 Isabella，則是典型的德國中產家庭用車。這一系列全球累計銷售超過二十萬輛，是汽車史上偉大車型之一。那位德國大叔說自家擁有的，則是誕生於一九五四年的 Isabella TS，也就是旅行版，算是中產家庭第二輛車的首選，在德國乃至全世界都曾掀起過風潮。

博格瓦德的創辦者是卡爾・博格瓦德（Carl F. W. Borgward），他於一九一九年在不萊梅建廠，是德國汽車工業奠基人之一。博格瓦德最早以三輪車起家，一九三四年研發出搭載一・一公升四缸引擎的 Hansa 1100，這也是博格瓦德首款四輪車。

一九五二年，博格瓦德就已嘗試缸內直噴技術，但搭載該技術的車型 GP700 Sport 只生產了二十五臺。畢竟，直至今日，這一技術仍然先進。

在鼎盛時期，博格瓦德作為德國最大的汽車出口商，出口量占德國汽車的六三・五％，銷售遍及歐洲、北美、南美、非洲和亞洲。

一九六〇年，博格瓦德 P100 誕生，採用二・三公升直列六缸引擎，前雙叉臂和後擺動軸的懸掛形式，還是德國最早應用空氣懸掛的車型。但也就是在這款車型上市不久後的一九六一年，不萊梅政府對博格瓦德實施強制破產，這也成了德國工業史上的一宗懸案。

當時，博格瓦德旗下 Lloyd 和 Goliath 兩個子品牌連年虧損，但 Isabella 勢頭極佳，公司盈利不低，因此破產成了一個謎。

按照主流說法，博格瓦德的破產確實跟自身的經營有關。當時，賓士和福斯等德國汽車品牌都將利潤擺在第一位，也重視成本控制。但博格瓦德仍沉迷於技術開發與性能提高，卻因此忽視了成本控制。另外，過分強調性能，也使得量產車的品質難以確保。

也有人認為，博格瓦德一直以來都抗拒銀行，完全以自有資金發展，因此觸怒了銀行。至於博格瓦德破產的直接原因，正是因為國際訂單突然取消，引發的流動資金突然短缺。此時，銀行與不萊梅政府聯手給了博格瓦德致命一擊，曾承諾對博格瓦德提供貸款支持的不萊梅政府，突然宣布組成中立會計審核小組，對博格瓦德展開調查，並強制其破產。

而在德國報章中，關於博格瓦德破產的最著名論斷是：博格瓦德破產絕對可以寫進德國經濟史。博格瓦德創始人對自身技術的過於篤信，和對流動資金的不重視，在某一特殊事件的催動下，最終給了別人可乘之機。

作為博格瓦德當年的重要對手，ＢＭＷ在這件事中的角色，也是謎案中的重要疑點，至今也沒有定論。因為當不萊梅政府取得博格瓦德的控制權後，立刻聘請ＢＭＷ董事會成員對博格瓦德進行破產清算。此外，博格瓦德研發團隊成員大都流向賓士和

BMW公司。BMW 1500 和 1800 更是在博格瓦德破產後迅速推出，憑藉「博格瓦德式」的時尚風格在市場上走紅，成為博格瓦德破產案的最大贏家。

也正因此，許多人都認為博格瓦德破產是不萊梅政府和BMW的合謀。博格瓦德後人聲稱不再與不萊梅政府有任何來往，不使用BMW汽車，似乎也不是無緣無故。

之所以要把**博格瓦德**的故事搬出來，是因為它似乎**代表了一類德國企業：家族式、不喜歡貸款、不喜歡資本運作、專注於技術**。博格瓦德的結局是不幸的，但大多數同類德國企業，卻能夠熬過風雨，成為德國經濟的根基。

個性化廚房，德國人想出來的

有一年在斯圖加特，偶遇一家櫥櫃專賣店。大大的落地玻璃櫥窗，裡面就擺著一套櫥櫃，招牌也十分簡潔。探頭往店裡一看，也就擺了五、六套櫥櫃，特別高冷。抬頭一看，哇，是Poggenpohl[1]，說什麼也要進去看看！

Poggenpohl 就是博多寶，德國最頂級的櫥櫃品牌。之所以要進去看看，不是因為我想買（我根本買不起），而是因為在北上廣[2]見到的博多寶專賣店，比這裡還要高

1 受新冠狀病毒在全世界大流行的影響，Poggenpohl於二〇二〇年四月向德國比勒費爾德（Bielefeld）地方法院申請破產，並且已得到批准。

2 指北京、上海、廣州與深圳，同為中國一線城市。

冷，連參觀都要預約！沒錯，博多寶就是傳說中的一套櫥櫃幾百萬元的奢侈品牌。

西方櫥櫃的發展，與西方建築和藝術風格的發展息息相關。比如十三世紀，因為哥德式建築的發展，廚房也得到靈感，強調局部雕琢所構成的整體感。十四世紀開始，巴洛克風格的細節化影響了整個歐洲大陸，廚房裡也出現了各種鍍金把手和考究搭配。文藝復興時期的藝術使得廚房色彩和裝飾更具個性和夢幻感，所謂的歐式廚房藝術格調就此形成。

比較特殊的是一八七一年普法戰爭（Franco-Prussian War）結束到「一戰」爆發的四十多年間，因為難得的和平，許多歐洲知識分子甚至認為這是最好的時光，而未來將更加美好。這種浪漫與幻想的態度，也深刻影響了藝術，新藝術運動在此時興起，人們憧憬未來但又懷舊，既享受工業化成果，又不希望工業化破壞舊有的藝術格調。廚房也在這個過程中變得更先進也更重裝飾。

「一戰」打破了對未來的幻想，加劇了人們對工業化的擔憂。這種矛盾作用於廚房領域，就變成了一場廚房改革，現代廚房就此誕生。

主導現代廚房革命的是德國人，他們將「一戰」後德國的主流思想融入設計理念，提出「廚房設計是為了大眾」。民族主義的盛行，使得這一說法變成了「廚房要為德意志民族創造更好的條件」。

眾所周知，高漲的民族主義催生了「二戰」，將世界帶入災難。但德國人對廚房的改革理念，最終得以成為現代文明的一部分。比如德國藝術和建築學校包浩斯

（Staatliches Bauhaus）首任校長、建築大師華特．葛羅培斯（Walter Gropius）的那句「我的設計要讓德國的每個家庭都能享受六個小時的日照」，就堪稱廚房「棄暗投明」的先聲。

德國人崇尚的大量生產、理性簡潔的設計理念，在「二戰」後漸漸因為德國工業的崛起、精益求精的態度，成為櫥櫃界的一種範本。

到了一九八〇年代，歐洲的廚房設計師們開始思考產品與使用者之間的關係，個性化廚房的理念開始出現。電腦的普及則使得設計製圖的時間大大縮短，效果大大提升。因此，歐洲櫥櫃廠商開始開發自有設計軟體平臺，追求高效、準確和個性。

在這個過程中，德國人貢獻最大。

一八九二年，一位德國木業工人創立了一家名為 Poggenpohl 的家具公司，也就是大名鼎鼎的博多寶。博多寶被視

▲ 1892 年時期的博多寶櫥櫃。

為世界上最優秀的櫥櫃生產商，是許多國家皇室、總統和富豪的固定選擇，前美國總統柯林頓（Bill Clinton）和前英格蘭足球代表隊隊長貝克漢（David Beckham）都是其擁躉。早年上海豪宅標竿湯臣一品用的也是博多寶，如今的城市頂級豪宅，使用博多寶的比例也相當高。

創立於一九四九年的 Bulthaup 品牌，中文譯作布爾托。它以簡約線條、精緻做工聞名。這也是受包浩斯極簡美學影響最深的櫥櫃奢侈品牌，它從不做古典風格的櫥櫃，堅持只做現代風格。儘管一套櫥櫃售價高達新臺幣百萬甚至千萬元，但僅僅在白金漢宮，英國女王伊莉莎白二世（Elizabeth II）就擁有八套布爾托櫥櫃。布爾托在一九八四年創造了世界上第一個中島[3]廚房，改寫行業歷史。一九八九年，它又發明了廚房工作長凳。

據說，**世界上有四個最頂級的櫥櫃品牌**，除了來自德國的博多寶和來自德國的布爾托之外，還有兩個是誰？一個是來自德國的西曼帝克（SieMatic），一個是來自德國的勞斯（Leicht）。**你沒看錯，它們四個都來自德國**。

西曼帝克創建於一九二九年，致力於頂級櫥櫃的研發與生產，梵蒂岡教宗、普丁（Vladimir Putin）、凡賽斯（Versace）、巴菲特（Warren Buffett）、舒馬克（Michael Schumacher）和比爾·蓋茲（Bill Gates），都是其忠實擁躉。有意思的是，擁有八套布爾托的英國女王伊莉莎白二世，也擁有一套西曼帝克，反正我想像不到她老人家要這麼多廚房做什麼，正應了那句話——有錢人的世界你無法想像。

勞斯的創建時間比西曼帝克早一年，是獲得世界級工業設計大獎最多的頂級櫥櫃品牌。它可算是四大頂級品牌中最為個性化的一個，而且熱衷引導流行趨勢，以造就「生活家」為己任。

有意思的是，四大品牌都曾被稱作「櫥櫃界的勞斯萊斯」，能不能換個有想像力的詞呢？

除此之外，還有一些品牌等級略低，但也是不折不扣的奢侈品牌。比如起源於德國，現在變成德義混血的拉丘娜（Rational），一九二九年創辦的德國寶德曼（Bauformat）。

比較值得一提的是艾諾（ALNO），這個德國品牌一度占據德國櫥櫃市場總份額的三六%。我們都知道，**德國製造業雖然發達，還擁有一千多個隱形冠軍企業，但大多數埋頭苦幹的家族企業，不喜歡上市**，很多世界級奢侈品牌到現在仍未上市。

至於設計師，頂級櫥櫃品牌選擇的都是頂級設計師。而且，櫥櫃有特殊性，它的原材料需求較大，訂製生產對手工要求更高，所以材料成本和加工成本比其他奢侈品更高。櫥櫃又是典型大件商品，原裝進口的物流成本也更高。這都使得頂級櫥櫃在中國的價格居高不下。

櫥櫃的價值，還有五金的因素。頂級櫥櫃的五金合作商當然也是頂級的，如勞斯就

3 指配置在廚房中心，櫃體四面都不靠牆，就像一座海上的島嶼，故稱為中島。

和奧地利著名五金品牌GRASS合作，採用全新一體回吸阻尼鉸鏈，有別於市場上常見的外掛回吸鉸鏈，在開門時力道柔和、回彈力均勻，能夠在門板負重十幾公斤的情況下連續開合十幾萬次而保證門板不下沉。博多寶則採用德國著名五金品牌百隆（blum）的鉸鏈與內置隱藏式靜音滑軌，哪怕是一．八公尺長的抽屜裝滿物品也只需輕輕一推即可還原。

許多中國產櫥櫃喜歡標榜智慧化，但所謂智慧化，往往是視聽或上網設備。其實這種設置相當無趣，一個煲著劇刷著朋友圈的人，能專心做菜嗎？如果是一個專心於烹飪的人，又何需這些無用設備？

相較之下，中國櫥櫃廠商真的應該跟國外頂級櫥櫃製造商學習。後者也標榜智慧化，但強調的是服務於廚房功能，比如碰觸式自動抽屜門和燈光系統等。博多寶最頂級的保時捷設計廚房，就有獨一無二的內嵌式門板，外觀無把手，配以電力操控的開關裝置，門板瞬間開合。勞斯的櫥櫃則配置各種電控系統，如觸碰電控門、觸碰電控抽屜和觸碰電控上翻門。

廚電設計，簡約重於華麗

櫥櫃只是廚房的第一步，下一步還得買廚電。那麼，什麼品牌、價位為何的廚電能配得上幾百萬的櫥櫃？答案是嘉格納（Gaggenau）、美諾（Miele）和斯麥格（Smeg）

之類的品牌，花費大概是幾十萬到一百萬元。其中，嘉格納和美諾都是德國品牌。

什麼是廚電？顧名思義，就是用於廚房的電器。人類進入電氣化時代後，各種電器相繼發明，其中相當大一部分用於廚房，比如電冰箱、抽油煙機、洗碗機、微波爐，乃至煮蛋器、優酪乳機、麵包機、咖啡機……。

嘉格納有多厲害？它是德國唯一進入奢侈品行列的廚電品牌，也是公認的世界最頂級廚電品牌。這個品牌創立於一六八一年，誕生在德國黑森林地區。最早的嘉格納其實是一家鐵製品工廠，創始人威廉溫巴登（Ludwig Wilhelm）總督的初衷是希望透過善用當地礦藏資

▲《寄生上流》裡的朴社長也是嘉格納的愛用者。
（https://www.gaggenau.com.tw/appliances/ovens/200-series#anc-8537191）

源，增加貧困農民的收入。

一七五八年，安東・莫布納家族入主嘉格納，業務逐漸擴張。不過在此後的一百多年間，它始終以一家鐵製品工廠的面貌存於世間。

一八七三年，嘉格納再次易主。法蘭克福商人蜜雪兒・福錄爾西姆買下了它。

一八七九年，福錄爾西姆在一次商品交易會上遇見了年輕爐灶專家泰多爾・貝爾格曼，嘉格納的廚房事業就此開啟。

貝爾格曼熱衷機械，他加盟後最初負責自行車和爐具等領域的新產品研發。一八八八年，在其掌控下，嘉格納鐵製品公司變成一家合資控股公司，主營自行車和烤箱。有意思的是，將嘉格納引入廚房領域的貝爾格曼幾年後就功成身退，於一八九三年成立了自己的貝爾格曼工業工廠，一九〇五年該工廠被擴充為南德意集團TÜV（Technischer Überwachungs-Verein）。一九〇七年，它被另一家工廠收購。收購方Benz & Cie 後來和另一家名為DMG的公司合併，就成了我們熟知的戴姆勒・賓士。

一九三一年，封・布蘭奎特（Von Blanquet）家族開始經營嘉格納，並將重心從爐灶過渡到廚電，使嘉格納成為工業時代的佼佼者。一九六一年，首批鑲嵌著「嘉格納」標誌的產品行銷歐洲市場，成為現代廚電工業的先行者之一。

如今，嘉格納的產品涵蓋了烤箱、蒸烤爐、微波烤箱、咖啡機、爐具、抽油煙機、冰箱、酒櫃、洗碗機等各種領域。舒馬克、德國歷任總統，乃至姚明和章子怡，都是嘉格納的忠實用戶。在全球眾多頂級酒店中，嘉格納也是等級的象徵。

雖然是幾十萬乃至上百萬一套的奢侈品牌，但嘉格納的設計風格並不華麗，而是充滿著德國式的簡約。更重要的是，嘉格納有著與智慧時代的許多企業截然不同的理念。比如許多企業提及智慧化，主打的都是「讓做飯越來越簡單」。但嘉格納從不把「簡單」當成方向，從未開發過自動烹飪程式與系統。它追求的是「配合」——配合那些花心思在廚房烹飪的人，讓他們獲得更好的烹飪體驗，幫助他們做出更美味的食物。

尤其是個性化選擇，不管你是偏重何種風格、喜歡哪類嘗試的烹飪者，都能在嘉格納這裡找到對應操作。至於簡單，為什麼要把烹飪這樣有情趣的事情變簡單？當然，嘉格納也會追求簡單，但這種簡單絕不是讓烹飪變簡單，而是將一些枯燥工序變得簡單，讓人擁有更多時間去烹飪。比如嘉格納產品系列中資歷最久的烤箱，其智慧化的最直觀體現就是烤箱控制螢幕並非獨立區塊，而是內嵌於烤箱門上。這種開創式設計的最大用途，就是增加了烤箱的內部空間。至於「簡單」，最重要的設計就是自動清潔系統，用過烤箱的人都知道，清潔才是苦差事。

嘉格納的冰箱很有意思，與一般家庭使用冰箱的簡單分層不同，嘉格納冰箱實現了「小氣候」微控，可以針對不同的食物，提供不同的保鮮溫度。而且，它採用完全嵌入式設計，與櫥櫃融為一體。

創建於一八九九年的德國美諾是全球頂級電器製造商。它在廚電領域的地位雖然比不上嘉格納，但同樣非常厲害，一臺冰箱賣個人民幣兩、三萬元也是常態。不過總體看來，在價格上，它還是比嘉格納低了一截。

這是一個家族企業，產品涵蓋洗衣機、吸塵器和廚電等。一九〇一年就造出了木桶洗衣機，一九一四年生產出有電動馬達的洗衣機，一九二九年生產出電動洗碗機，一九五六年生產出全自動化洗衣機，一九六六年生產出電控滾筒式乾衣機，一九九九年生產出嵌入式膠囊咖啡機……。美諾是廚電行業內唯一以二十年使用壽命為測試標準設計生產的製造商，也是返修率最低的品牌之一。從產品風格來看，美諾同樣走德式工業的簡約風，也更適合開放式廚房。

刀具的工序，起碼有四十多道

德國刀具出名，這事大家都知道，許多人去旅行，都會帶一套回來。那麼，去哪裡買刀呢？專供遊客購買的紀念品商店肯定有，如果你不想跟遊客湊熱鬧，可以選擇百貨公司。

德國與日本堪稱全球最強調細分市場的國家。即使是不起眼的刀具，也變成了一門產業。也正是因為市場的細分，使得市場上的刀具在品類上覆蓋極廣，在品質上也精益求精。

一般來說，德國刀具的工序起碼有四十多道，保持刀刃持久鋒利並與人體工程學的完美結合。如著名的雙人牌（Zwilling）就一直在研究鋼材材料加工的最佳方式，一九九二年，雙人牌開發出一種改變刀具生產標準的工藝，即燒結[4]金屬合成工藝。該工藝能將三種不同功用的鋼材料完美的結合在同一把刀上，使刀的品質有了決定性提高。雙人牌還開發出獨一無二的塗層技術，開創切削技術的新紀元。該工藝在攝氏兩千度高溫下以超音速將硬金屬粒噴塗在刀刃上，使刀刃鋒利無比，且日後無須磨刃。

在科技發展迅猛的今天，如雙人牌等刀具大牌企業，刀具製作的很多步驟均由機器人精準智慧控制，但最後一道工序——開刃，卻始終由技師手工完成。

另一個總有人擔綱的工序則是品質檢驗。品管人員都是摸熟了刀的人，檢驗過程就像藝術，摸完刀柄摸刀背，摸完刀背摸刀刃，一把刀在品管人員手中上下翻飛。即使閉著眼睛，他們也能找出特別小的瑕疵。

德國人對刀具的推銷恰恰與《水滸傳》中的楊志相反，除了強調品質，強調每個產品在該領域的實用性之外，也強調極致工藝帶來的美感。德國刀具的顏值也是出了名的，隨便一款拿出來都是工藝品的架勢。而且，你購買漂亮的刀具，商家總會附送相應的專用皮套，皮套上往往有漂亮雕花，甚至具備收藏價值。

說起德國刀具，位於德國杜塞道夫以東的索林根（Solingen）不可不提。早在中世紀，它即以製作刀劍而聞名。當時，有位名叫格拉芬（Grafing）的軍人，偶然發現索林根附近的山區有稀有金屬礦藏，均為鍛造不銹鋼的主要成分（他發現的其實就是鉻、錳、鎳等物質）。有了製刀劍的技術和煉製不銹鋼的技術後，索林根便成了著名的刀劍

4　將由粉末加壓成形的型胚，加熱到熔點以下的適當溫度，使相鄰粉末相互擴散而生固態結合的程序。

產地。如今，索林根更是世界聞名的「刀具之城」（City of Blades）。

為何有此稱號？因為你最熟悉的那些世界頂級刀具品牌，如雙人牌、博克（Böker）、三叉牌（Wusthof）、菲力克斯（Felix）等，都誕生於德國索林根這座小城。到了近代，德國製造漸漸成為工業神話，索林根也從古老刀劍作坊之城，逐漸轉變為名副其實的現代「刀具之城」。

德國刀具作為德國工業的象徵之一，不但品質好，店面選址也極具匠心。除了我們熟知的百貨公司和大型超市，還有各大品牌的專賣店之外，你還可以在商店街上看到專門的德國刀具主題店——當遊客們成堆前往百貨公司時，你可以尋找這樣的主題店，跟當地人一樣選購刀具。

這種主題店的設置與我們熟悉的模式完全不同，它並不按照刀的用途分類，而是強調「刀」這一商品本身。換言之，不管你想買什麼品牌的刀、什麼類型的刀，這裡都提供一站式服務。

這是一種顛覆式的理念，我們平時去買菜刀，會去超市的廚具專櫃，想買指甲刀，會去日用品專櫃。可在德國，你會在同一家店裡看到各種用途的刀具。有野外用刀，如開山刀、瑞士軍刀等，有烹飪類，還有居家類。

每個門類又分許多小類，以前網路上有個文章，專門介紹德國廚房用刀的細分程度，讓人嘆為觀止，比如切青菜的、削馬鈴薯的、切起司的、切肉的、殺魚的、去魚鱗的、剔骨的……各司其職。就連切個番茄，德國家庭也會有一把專用刀，這種刀的刀刃呈波浪狀，不但能切皮，還能流暢切割番茄片，且不會擠壓汁液，分叉的刀尖還能將切好的番茄片挑起。

即使打理花園的園藝刀具，也有修剪細枝、切花、剪粗枝等幾十種。至於品牌，從國際大品牌到本地小品牌，一一涵蓋。

當地人如果想購買刀具，直接走入這樣的刀具主題店，即可享受有求必應的購物體驗。所以，這類刀具店一般都位於最繁榮活絡的商店街上。

在這樣的刀具主題店裡，除少數特價商品外，大多數商品都價格不菲，一把刀要價上千歐元的，也不在少數。即使是數百歐元一套的刀具，在大多數中國人看來都顯得昂貴，畢竟許多中國家庭對刀具的概念，還是兩把菜刀一把水果刀和幾把剪刀。但內行的人都知道，德國刀具物超所值。

▲德國廚房用刀的細分成度，讓人嘆為止，就連切割番茄，也有專用刀（圖中的刀具為三叉牌）。

慢工出細活，六個月產一支

小城格拉蘇蒂（Glashütte）就像其他德國小城那般，沉靜雅致。如今，小城也僅有兩千多名居民，卻是德國製錶業的中心。車子一進小城，就可看到別緻的市徽——兩個槌子加一個銀質日晷。前者代表採礦業，後者意味著時間，當然代表鐘錶行業。

早年的格拉蘇蒂因為擁有銀礦，一度成為礦業重鎮。但銀礦枯竭後，格拉蘇蒂漸漸沒落，加上農作物歉收，更加凋敝。

▲格拉蘇蒂市徽。

一八四五年十二月七日，費爾迪南多．阿道夫．朗格（Ferdinand Adolph Lange）在格拉蘇蒂創立朗格（A. Lange & Söhne）鐘錶作坊，開啟了格拉蘇蒂的製錶史。值得一提的是，此時的阿道夫．朗格已經擁有了製錶大師的頭銜，作為德勒斯登人，他在這個曾經的薩克森公國首府擁有足夠的地位和資源，但他卻將鐘錶作坊設在了相對窮困的厄爾士山區（Erzgebirge），多少有點「扶貧」的意思。

儘管在最初，由於當地人對製錶缺乏興趣，朗格的鐘錶作坊一度無法招攬足夠的學徒，但朗格仍然堅持了下來。他還開創了製錶業的流水線，細化製錶過程，劃定各環節工種，大大降低了人工誤差。一八四八年，阿道夫．朗格還成了格拉蘇蒂鎮鎮長，致力於小城的基礎建設和民眾權利。

說來也很有意思，薩克森公國當年可是絕對的異類。這一帶原本礦藏豐富，極利於發展採礦業。可薩克森宮廷崇尚藝術的開明風氣，卻把德勒斯登變成了一座藝術之城。也正因為藝術的高度發達，德勒斯登聚集了大量手工藝人，不但製造藝術品，還將藝術細胞用於其他手工行業，比如製錶。在朗格的時代，薩克森公國早已煙消雲散，可藝術傳統仍是匠人的堅持。

他對品質的孜孜以求，使自家的錶很快在德國打出名堂。一八七五年，阿道夫·朗格逝世，兩個兒子承繼父業。一八九八年，威廉二世（Kaiser Wilhelm II）專程在朗格訂製了一個懷錶，作為出訪鄂圖曼帝國（Ottoman）時贈送給阿卜杜勒·哈米德二世（Abdul Hamid II）的禮物。

「一戰」的炮火沒有擊垮朗格。但到了「二戰」，朗格最終沒有支撐下來。就在「二戰」結束前一天，蘇軍的轟炸使得朗格錶廠的主要車間變成一片廢墟。

事情並未到此結束，蘇聯軍人常常闖入朗格家中，持槍威脅阿道夫·朗格的曾孫瓦爾特·朗格（Walter Lange），向其索要手錶。瓦爾特·朗格忍辱負重，多次與蘇軍協商，最終重開朗格錶廠。可好景不長，一九四八年，東德政府要求朗格錶廠加入所謂的東德自由貿易聯合會，朗格拒絕加入，結果錶廠被蘇軍沒收，並禁止朗格家族的人再次踏入錶廠，一百零二年的朗格歷史宣告終結。

這一年，瓦爾特·朗格才二十四歲，他甚至一度被發配到山裡採礦。於是他選擇流亡西德，與故鄉就此隔絕。三年後，包括朗格錶廠在內的格拉蘇蒂鎮七家製錶企業，被東德政權合併為格拉蘇蒂人民錶廠（VEB Glashütter Uhrenbetriebe），百年老字號連商標都化為烏有。

一九九〇年，柏林牆倒塌，兩德統一，瓦爾特·朗格回到格拉蘇蒂鎮。他重新註冊登記了朗格錶的傳統商標，開始投入生產，闊別世界四十多年的品牌宣告回歸。一九九四年十月二十五日，重生的第一批朗格錶在德勒斯登展出，再次震撼國際製錶業。也正是這四款腕錶，奠定了朗格品牌五大系列、七十餘款腕錶的格局。此後，所有的朗格官方產品宣傳圖片上，雙字大日曆窗永遠都定格為「二十五」。這一年，瓦爾特．朗格已經六十六歲，但屬於他的重生才剛剛開始。

二〇一八年富藝斯（Phillips）鐘錶拍賣會上，一枚精鋼錶殼的朗格腕錶以五百四十萬美元（按：約新臺幣一億五千兩百二十五萬三千元，美元與新臺幣的匯率約為一比二十八．一九五元）的價格成交，創下朗格腕錶拍賣歷史上的最高紀錄。這款手錶是為了紀念瓦爾特．朗格而設計，後者於二〇一七年去世。

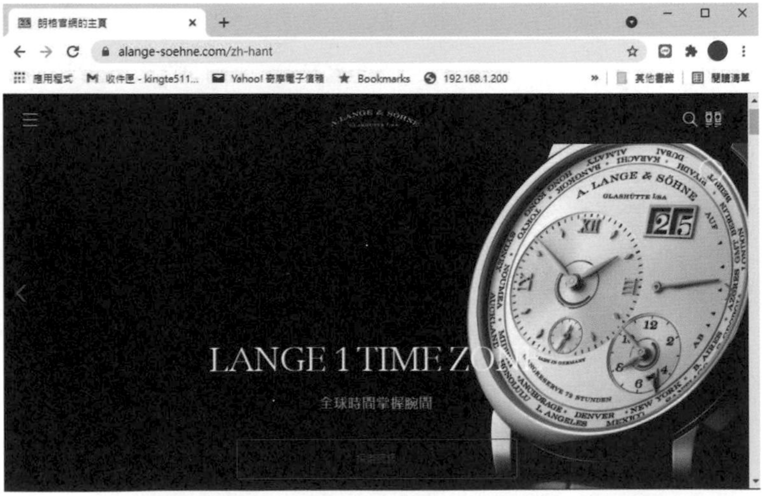

▲朗格官方產品宣傳圖片上，雙字大日曆窗永遠都定格為「25」。（https://www.alange-soehne.com/zh-hant）。

朗格創造了德國製錶業的幾大傳統特色，如四分之三夾板、黃金套筒（Gold

Chaton）、鵝頸式微調等。

四分之三夾板是創始人費爾迪南多．阿道夫．朗格的標誌性設計，體積增大的四分之三夾板可容納輪系的各個心軸，從而使所有齒輪穩定連接。比起以數個橋板構成的傳統結構，四分之三夾板大大改善了機芯的穩定性。此外，四分之三夾板降低了齒輪的軸距公差，也讓機芯更抗汙。時至今日，這依然是朗格最重要的傳統元素之一，而且也成了德系錶的標誌性元素。

黃金套筒是朗格機芯的另一個傳統元素之一，起初使用黃金套筒是為了方便更換損壞的寶石軸承，而不必改變機芯夾板的孔徑。此後，寶石軸承已標準化，黃金套筒的關鍵功能不復存在，但作為顯示工藝水準和尊貴血統的象徵得以沿用。

手工雕花擺輪夾板也是朗格絕不會放棄的工藝，其刻畫深淺與線條曲度的變化不一而足，令每個擺輪夾板都自成一格。因此，即使經過一段時日之後，朗格雕刻大師仍能根據擺輪夾板的裝飾，輕易認出作品是出自哪位同事之手。

二〇〇〇年，朗格被歷峰集團（Richemont）收購，此後不斷推出高端複雜功能機芯，如超長三十一天動力、貓頭鷹式跳字[5]、芝麻鏈[6]等都是業內創舉。

朗格多年來堅持只做貴金屬機械腕錶，品質無可挑剔，但價格也居高不下。十幾萬

5　以跳字顯示小時與分鐘。

6　一種動力傳輸結構，透過細小如芝麻的鏈結系統，讓機芯的動力傳輸更為平均、穩定，進而達成走時精準的目的。

元是入門，幾十萬和過百萬才值得一提，幾百萬的錶也不罕見。

那麼，朗格為什麼貴？

是設計溢價？並非如此。相較於百達翡麗（Patek Philippe）和江詩丹頓（Vacheron Constantin）等瑞士高級手錶的華麗風格，朗格是典型的德系審美，風格簡約洗練。是宣傳溢價？也不是。朗格曾公開宣稱不會找任何明星代言，因為壓根不需要。這一方面體現了朗格的品牌自信，另一方面也意味著朗格相較於其他大品牌，少了一筆很重要的支出。

朗格的貴首先體現在技術專利上，大量業內創舉自然會抬高價格。另外，它也有自己的嚴苛標準，比如只做頂級品質機械錶，只採用貴金屬製錶，旗下每個家族錶款均採用獨立自產機芯。另外，朗格嚴格要求每枚機芯都要拆裝兩次才能出廠，第一次要完成各種測試，保證手錶品質，合格後拆開，再用藍鋼螺絲重新組裝出廠。藍鋼螺絲也很值得一提，即將螺絲用攝氏三百度高溫處理後，使得精鋼表面有一層超薄的藍色亮層，可高度防蝕，這也是傳承了一百五十年的工藝。

人力成本和稀缺性也很關鍵。朗格的每個鐘錶師都至少需要學習三到七年後方可參與鐘錶製作，通常每支錶的製作時間最少要六個月。所以，朗格名氣雖大，產量卻極低，幾乎是所有腕錶大牌裡最低的，每年只生產五千支。如果你對這個數字沒有概念，那看看其他品牌就明白了：百達翡麗的年產量是五萬支，勞力士則是一百萬支。

這是一種**德國人特有的堅持，不為時代所動搖**。

一七九五年，瑞士鐘錶大師路易·寶璣（Abraham-Louis Breguet）發明了一種鐘錶調速裝置。以校正地心引力對鐘錶機件造成的誤差，這就是我們熟知的陀飛輪。陀飛輪（Tourbillon）幾乎代表著機械領域的最高水準，方寸之間的組合極其複雜，而且始終處於運動狀態，體現著工業之美。自誕生後，這一裝置經歷了無數匠人的完善和改進，衍生出了無數產品。

到了今天，陀飛輪已經不是頂級機械腕錶唯一減少誤差的工具，但仍是炫技的最佳舞臺。尤其是朗格，始終堅持這一傳統功能的打磨，絕不使之可有可無。這也體現了德國人的一種脾性，朗格的崛起和重生，都與這執著脾性有關。鐘錶這個強調機械工藝的行業，與德國人的嚴謹、堅持和傳統，簡直是天作之合。

從品牌力來說，朗格並不占優勢，四十多年的空白期絕對是一種傷害。能夠重新崛起，朗格依靠的就是堅持。

一個旅行箱卻有兩百個零件

在德國，我曾兩次遇見日默瓦（RIMOWA）專賣店。一家在慕尼黑，一家在其大本營科隆，還是旗艦店。

在慕尼黑看到日默瓦專賣店時，正值中國某明星八卦事件，「吃瓜群眾」都認識了日默瓦這個牌子。日默瓦上娛樂新聞和時尚雜誌的機會比很多明星還多。當你在機場遇見明星，七、八成機會還能一起見到日默瓦的行李箱。

日默瓦的最大賣點就是材質，旗下行李箱均使用鋁鎂合金，和高科技聚碳酸酯（ＰＣ）材料打造，並且是少數仍然在德國進行製作工序的行李箱企業之一。每個日默瓦行李箱由兩百多個零部件經過九十道工序組裝而成，大多數採用手工完成。原材料方面，除了ＹＫＫ拉鍊來自日本，其他零件都來自德國和義大利的高品質供應商。

一八九八年，日默瓦工廠在科隆誕生，同年生產出第一個行李箱。直到一九〇〇年，日默瓦的行李箱還是木製，但已十分注重輕量化設計。沒過幾年，日默瓦的大型衣櫃和行李箱就已打入德國上流社會。到了一九二〇年代，它已成為世界級品牌。

「二戰」期間，科隆在盟軍空襲下被夷平，唯一倖免的是建築瑰寶科隆大教堂。日默瓦的工廠也毀於一旦，各種生產原料，如皮革、木頭和布料都被燒得一乾二淨。但公司掌舵者卻意外發現，所有原料中唯一倖存的是鋁片，因此萌發了製作鋁製行李箱的念頭。為了讓行李箱更堅韌，他還創造性的添加了鎂，於是便有了鋁鎂合金材料。

此外，他在德國一款運輸機上找到靈感，將飛機表面的溝槽設計應用於行李箱，使得行李箱可以在輕量化的同時保持穩定。一九五〇年，日默瓦生產了第一個箱面設有凹凸紋路的鋁鎂材質行李箱，日默瓦行李箱就此脫胎換骨，成為旅行家們的最愛。

一九七六年，日默瓦推出首個防水行李箱，可以有效保護各種專業器材，成為影視工作者、專業攝影師和新聞記者幾大群體的最愛。也正因為防水功能，它也成為影視劇寵兒，頻頻成為道具。日默瓦也是全球首個採用ＰＣ材料製作行李箱的品牌，即使全球品牌此後一窩蜂使用ＰＣ材料，但品質仍無法與日默瓦競爭。

進入二十一世紀，日默瓦從辦公室座椅輪子處得到靈感，設計了更為靈活和精巧的滾珠軸承，也設計了第一個四輪行李箱。此外，旗下 TANGO 系列更因出色的內袋設計、掛衣箱設計等，被譽為「行李箱裡的衣櫃」。

二〇一一年的 Salsa Air 系列成為日默瓦史上最輕巧的系列。二〇一四年，日默瓦推出全新聚碳酸酯材質 BOSSA NOVA 系列。

日默瓦最出名的有三大系列。Classic Flight 是最輕便的鋁鎂合金箱。皮質手柄和復古設計都是賣點，不過只有兩輪版，內飾也很簡單。Topas 系列最為經典，四輪設計，內有兩個可調節隔層，保證東西整整齊齊。還有 Topas

▲在科隆旗艦店的博物館裡的部分收藏。

Titanium系列，全系鈦色，定價昂貴。

日默瓦能成為行李箱界的勞斯萊斯，品質只是一方面，跨界行銷和無孔不入的置入，也是其一大法寶。

在《駭客任務》（*The Matrix*）、《蜘蛛人》（*Spider-Man*）、《史密斯任務》（*Mr.&Mrs. Smith*）「００７系列」等經典大片中，人們都能看到日默瓦的存在，每年超過十部好萊塢電影中會出現日默瓦的鏡頭。在《不可能的任務：鬼影行動》（*Mission:Impossible-Ghost Protocol*）中，湯姆・克魯斯要奪取一個裝有引爆核彈裝置的銀色日默瓦手提箱。這個箱子經過多次摔打、高空墜落和激烈槍戰後仍完好無損。中國片也少不了日默瓦的存在，比如《非誠勿擾》。《人再囧途之泰囧》當中，徐崢抱著的那個行李箱，正是日默瓦。

這幾年明星參加綜藝節目盛行，日默瓦也隨之出鏡，在《爸爸去哪兒》裡幾乎是標準配備，《花兒與少年》裡，明星們也有默契的拉著日默瓦亮相。不過最誇張的還是濱崎步，據說她在臺灣開演唱會的時候，團隊帶了一百三十多個行李箱和化妝箱，全部都是日默瓦。

還有德國國家足球隊，日默瓦曾五次贊助德國國家隊踏上世界盃征程，箱身上會有球員的專屬球衣號碼。

二〇一六年，日默瓦被ＬＶＭＨ集團（Moët Hennessy-Louis Vuitton，LVMH Group，酩悅・軒尼詩－路易・威登集團）以八億歐元收購，開啟潮流化策略，與芬迪

（Fendi）、Supreme 和 Off-White 等品牌聯名跨界合作，掀起熱潮。

日默瓦的置入雖然頻繁，但據說從未投入什麼費用，只是每次提供幾個行李箱供劇組免費使用，用完還得歸還，因為要放在日默瓦的科隆旗艦店二樓的博物館裡收藏（參見第一百三十七頁）。我在科隆時有幸在博物館裡逛一圈，看到了不少電影裡的「舊相識」。

不過最讓我有所觸動的，還是日默瓦在智慧化時代的探索與務實。隨著智慧化時代的到來，行李箱也不能免俗。但從目前來看，邁出最堅實一步的只有日默瓦。

二〇一六年，日默瓦率先與漢莎航空（Lufthansa）合作，推出電子標籤，啟動智慧化行李箱方案，再次開創先河。基於這一系統，即使旅行者在家裡或路上，也可使用航空公司Ａｐｐ，輕鬆完成托運程序。電子資料模組所顯示的行李箱資料，無論大小和外觀均與目前使用的紙製行李牌完全一樣，當中包括歐盟海關要求的綠色條紋，而且，這些資料不會因為受潮、高溫、嚴寒、撞擊和震盪而受損，也不會意外撕裂脫落，更能保障行李安全。

相較於日默瓦，其他的智慧化操作基本只算噱頭。二〇一六年後，陸續有行李箱置入了ＵＳＢ對外充電和騎行功能。但說實話，在行李箱裡置入一個行動電源，效果未必比我們自己隨身帶個行動電源更好。還有所謂的「無人駕駛時代自己會走的行李箱」，能以十一公里的時速在人流密集處緊跟主人，萬向輪可以讓它正常走、原地轉，甚至趴著走。

但對使用者來說，他們可能更在意的是箱體是否牢固，箱身是否耐磨。過多的電子設備置入，其實反而增加了損壞風險。

行李箱未來會變成什麼樣子，我們很難想像，也許它真的會變成一個移動的機器人。但在當下，我們關注的依然不是那些噱頭，而是智慧化能否服務於我們的旅程，日默瓦的探索顯然帶有德國式的務實態度。

堅持品質的精緻主義：對泰迪熊「施酷刑」

如今前往德國烏姆，多半是為了那座世界第二高的哥德式教堂，或者去感受一下愛因斯坦（Albert Einstein）的誕生之地。很多人並不知道，這一帶原來是德國泰迪熊大本營。就在距離烏姆不遠的小鎮基根（Giengen），有一座二〇〇五年落成的泰迪熊博物館（Steiff museum）。

在基根尋找泰迪熊博物館十分容易，只需要跟著馬路上的熊腳印走，就可以找到位於史泰福（Steiff）廠區內的博物館。

博物館的設計很有意思，先是講述史泰福公司創辦者瑪格麗特（Margarete Steiff）的故事，你還可以見到瑪格麗特當年做的第一個絨毛玩偶——絨毛大象（參見左頁圖）。然後大家就要隨著一個小女孩和一隻小熊周遊世界，尋找三千隻失蹤的泰迪熊。最後你會發現，原來這三千隻泰迪熊已經散落在世界各地，陪伴著孩子成長。

一百多年來，史泰福就是這樣，靠著絨毛玩偶成為世界頂級品牌。十幾年前，英國佳士得拍賣行（Christie's）曾以十九萬三千四百七十七美元拍出一樣東西，競價成功者是一位韓國商人。

這個拍賣價在佳士得拍賣行算不上什麼，但這樣東西足以讓我們驚詫。它是一個由德國史泰福公司於一九〇八年生產、身穿路易威登牌（Louis Vuitton，LV）短大衣的泰迪熊公仔。

一個九十多歲的絨毛玩偶，居然能賣十九萬三千四百七十七美元？你沒看錯。生產歷史已有一百多年的泰迪熊，是收藏界的寵兒。這個十九萬三千四百七十七美元的一九〇八版泰迪熊創下了絨毛玩偶拍賣價世界紀錄，但這個紀錄絕不會是頂峰。

倫敦佳士得拍賣行每兩年都會舉辦一次泰迪熊拍賣活動，各種古董泰迪熊總能引發爭搶。比如二〇〇〇年，一隻為紀念鐵達尼號（RMS Titanic）沉沒而製作的「哀悼小熊」，當年限

▲ Margarete 創作的大象玩偶。

▲ 泰迪熊博物館導覽。

量生產六百隻，最終拍賣價是九萬一千七百五十英鎊。（按：約新臺幣三百五十六萬四千四百八十八元，英鎊與新臺幣的匯率約為一比三十八．八五元）

別以為只有古董熊才值錢，泰迪熊堪稱絨毛玩偶界的勞斯萊斯，精品售價可達數十萬元一個，比如德國史泰福公司推出的一百二十五週年限量版黃金泰迪熊，全球限量一百二十五隻，嘴巴由純金打造，毛皮用金線縫製，眼睛以藍寶石鑲嵌而成，虹膜則由二十顆細小鑽石精心編織。售價達到了八．五萬美元。

世界上生產泰迪熊的品牌很多，其中不乏有品質的頂級品牌，比如德國史泰福公司。世界上還有不少泰迪熊博物館，英國彼得斯菲爾德（Petersfield）早在一九八四年就建立了世界上第一座泰迪熊博物館，向我們訴說著它的魔力。在歐美，無數孩子從一出生就有泰迪熊的陪伴，它會成為家庭的一員，有些「老熊」甚至陪伴、撫慰過幾代人的童年。當然，因為價格高昂，市場需求大，衍生商品又多，它還是世界上創造利潤最多的卡通形象。

泰迪熊的英文是Teddy Bear，不過按照美國說法，它應該叫羅斯福熊。至於泰迪，它正是羅斯福總統的小名。

這位羅斯福總統不是人們熟知的「二戰」期間那位富蘭克林．羅斯福（Franklin Delano Roosevelt），而是其遠房堂哥西奧多．羅斯福（Theodore Roosevelt），美國第二十六位總統。相較於自己的遠房堂弟，西奧多．羅斯福似乎不為大多數中國人所熟知，但四十二歲成為美國總統的他，是當時美國歷史上最年輕的在任總統，也被視為美國歷史上最偉大的總統之一。一九〇〇年，他當選副總統，一九〇一年，時任美國總統麥金利（William Mckinley）被無政府主義者刺殺身亡，他繼任為總統。

一九〇六年，他因調停日俄戰爭（Russo-Japanese War）而獲得諾貝爾和平獎，成為第一個獲此獎項的美國人。在任期內，他還建立公平交易法案，推動勞工與資本家和解。對外奉行門羅主義[7]（Monroe Doctrine），實行擴張政策。

一九〇二年，喜歡打獵的西奧多・羅斯福在密西西比一帶狩獵，卻一直未有斬獲。於是，助手捉住了一隻路易斯安那小黑熊，將之打傷敲暈，讓羅斯福射殺，但羅斯福拒絕了。

《華盛頓郵報》（*The Washington Post*）漫畫編輯貝里曼（Clifford K. Berryman）迅速以頭版漫畫形式記錄此事。在漫畫裡，小熊坐在地上，羅斯福拿著槍，背對著小熊，做著拒絕殺死獵物的手勢。

▲貝里曼的漫畫。

7 發表於一八二三年，表明美利堅合眾國當時的觀點，即歐洲列強不應再殖民美洲，或涉足美國與墨西哥等美洲國家之主權相關事務。

紐約雜貨鋪商人米德姆老夫婦（Morris & Rose Michtom）有感於此，縫製了一隻小熊玩偶，並徵得羅斯福總統的同意，取名為泰迪。這隻小熊從此一炮而紅，甚至還成了羅斯福競選和連任的吉祥物。米德姆老夫婦也因此創辦了創意玩具公司。

不過也有人聲稱，這個溫情故事只說了一半。據說西奧多．羅斯福在拒絕射殺小熊後，轉頭跟助手說：「解決牠的痛苦。」於是助手立刻一刀切開了受傷小熊的喉管。之後，西奧多．羅斯福還在營地裡吃了幾天熊肉。

但不管傳說真假，泰迪熊都登上了歷史舞臺，成為一代代人的寵兒。跟芭比娃娃、樂高這些品牌不同，泰迪熊一直都不是獨立品牌，它屬於全世界。在美國「出生」的泰迪熊，此後衍生出了大量品牌，不過全球公認的最佳泰迪熊屬於德國，尤其是史泰福公司。

史泰福公司生產的「金耳扣泰迪熊」被視作德國工藝的代表，也是德國最著名的品牌之一，目前已經行銷了一百一十三年之久。大概在一九三〇年，史泰福在原有基礎上改變了泰迪熊的外形，讓小熊的臉變得更圓，胖胖的手腳和身體更像人類嬰兒。

史泰福公司的另一個創舉是，將泰迪熊從單純的男孩世界裡帶出來，進行了針對女孩的設計，最早的粉紅色「泰迪．玫瑰」改寫了泰迪熊的歷史。

其實史泰福公司最早做的可不是泰迪熊。史泰福的品牌故事十分勵志，它的創始人瑪格麗特．史泰福是小兒麻痺症患者，只能長期使用輪椅，僅有右手臂可以活動。她依靠恆心和毅力，居然成了遠近聞名的裁縫。一八七九年，她縫製的小象絨毛玩偶大受朋友歡迎，於是開始嘗試系列玩偶的製作。不過此時她設計的熊玩偶形象並不是太討好，更像狗和熊的合體。

一九〇二年，也就是羅斯福熊誕生的那年，史泰福手工作坊也造出了第一隻手腳關節可以活動的絨毛熊玩偶，並且在一九〇三年的萊比錫玩具博覽會上獲得了來自美國的訂單，訂單量為三千隻。史泰福公司為了能在美國順利註冊專利，還研發了一種會使小熊發聲的傾斜式發聲器，順利申請到了專利。

一九〇五年，瑪格麗特．史泰福的侄子理查．史泰福（Richard Steiff）作為設計師，設計了有可愛表情、圓臉、尖吻、繡線鼻、身材圓潤的小熊形象，並順利投入量產。美國人很快接納了它，並將之歸入泰迪熊行列，理查也因此成為史上最著名的泰迪熊設計師。到了一九〇七年，史泰福早已從小作坊變成大公司，擁有兩千多名員工，生產的泰迪熊行銷世界。

此後，又陸續有不同的工廠加入泰迪熊的製造行列中，泰迪熊並未成為一個專屬商

▲史泰福的第一隻泰迪熊 55 PB（55 指的是泰迪熊的大小，P 指的是長絨毛，B 則是可動）復刻版。

標，而是一個普通的玩具形象，並由此衍生出故事書、兒歌和卡通影片等。

當然，也曾有人試圖定義泰迪熊，認為只有一九〇三年到一九一二年間製造出來的才是真正的泰迪熊。但這種定義顯然是無意義的，「泰迪熊」在很多地方幾乎已經成為所有絨毛熊玩偶的統稱。

德國可不僅有史泰福，還有百年歷史的赫曼（Hermann）。一九一〇年，赫曼的創始人約翰・赫曼（Johann Hermann）開始製作玩具熊。這個品牌的最大特點是在泰迪熊體內放置了多個連接的塑膠體，就如人的骨骼一般，可以讓泰迪熊的四肢活動更自如。它堅持以傳統手工和舊式材質造熊，熱衷用捲曲的安哥拉羊毛，填充物採用木屑細刨花，外形復古簡單。只做高價泰迪熊，沒有中低端產品，但價錢卻比史泰福划算得多，是收藏界的重要選擇。赫曼最著名的產品當屬頭戴獵鹿帽、身穿花呢（Tweed）外套的夏洛克・福爾摩斯泰迪熊。

與史泰福和赫曼並稱為「泰迪熊三巨頭」的凱夢絲（Clemens）同樣來自德國。高檔泰迪熊的材料選用高級安哥拉羊毛，低端產品選用高檔長毛絨。凱夢絲最看重個性化設計，喜愛迎合潮流。

從目前國際市場的狀況來看，無論是新品市場還是收藏界，德國三巨頭的泰迪熊都比其他國家的貴上一截，是當之無愧的泰迪熊界翹楚。

中國作為世界工廠，當然和泰迪熊有關係，而且關係非常大——**世界上有一半的泰迪熊產於中國，然後出口**。一般來說，**出口歐洲的產品要比出口美國的品質更佳**，這是因為歐洲的安全環境品質標準比美國高。

早在二〇〇四年，史泰福就在中國開設了工廠。要知道，德國品牌一向崇尚工藝，並不輕易在海外設廠，許多百年品牌甚至時至今日仍只在德國本土生產。史泰福這樣做，一是因為在德國本土要實現龐大產量，確實力不從心，另外，德國的高工資也是一大障礙。所以，為降低成本，史泰福將部分低價產品的生產線遷至中國。借助中國的低廉成本，史泰福可以將低端泰迪熊的價格下探到十四．九五歐元，如果在歐洲生產，這個數字將是五十歐元起。

但僅僅數年，史泰福就宣告離開中國。當時，「美泰玩具召回事件」[8]爆發，全球最大的玩具製造商美泰公司（Mattel）三次召回在中國生產的部分產品，損失一．一億美元。史泰福對中國製造的安全性產生了顧慮，因為這事關百年品牌的榮譽。

史泰福更看重的是產品品質。每隻史泰福的泰迪熊都會分為三十五個部分生產，八〇%的工作由手工完成。當時，史泰福公司派出三百名培訓人員來中國，手把手教中國工人如何進行生產。但這個高成本動作沒有收到效果，相較於德國工廠的工人往往做上一輩子的習慣，中國員工在培訓完成後常常選擇回老家開山寨作坊，或者跳槽到其他工廠。工人的流失也使得產品品質不佳，常常無法通過品質檢測。

8 二〇〇七年八月十四日，美國玩具商美泰公司因油漆鉛超標問題，和磁鐵易被兒童吞食隱患，召回近一千九百萬件中國產玩具。這是美泰歷史上召回數量最大的一次。

史泰福對品質的要求在行業內是出了名的，品管人員會對小熊「施以酷刑」，包括用火燎、用水泡、扭脖子、用牙咬、揪毛、灑腐蝕性液體等。只有通過這些檢驗，才能戴上史泰福特有的金耳扣。但中國工廠出產的泰迪熊，出現了五官不正、關節不暢或者開線等狀況，一下線就被淘汰。而且因為淘汰數量多，不但不能降低成本，還讓史泰福焦頭爛額。

換成十幾年前，如果你身邊有人說要收藏泰迪熊，你多半只能表示尊重其選擇，因為大多數人都無法理解這玩意兒有什麼好收藏的。但現在情況就不同了，在網路和資訊開放的影響下，加上日本和韓國收藏者的示範作用，中國也有不少人開始收藏泰迪熊。

在全世界範圍內，泰迪熊收藏者數不勝數。這門因熱愛而產生的生意有多好做？

泰迪熊的收藏價值，與情懷有關，與商品品質有關，更與廠商的行銷模式有關。新貨最貴、也最有收藏價值的史泰福，一直以三種標籤著稱。正版的史泰福泰迪熊，左耳上都會有一個標籤。標籤分為三種，黃底紅字為經典款泰迪熊，基本的泰迪熊產品；白底黑字為複刻版，是用仿古（十九世紀末至二十世紀初）的技術與材料製作出來的泰迪熊；白底紅字為限量款，因某些節日、人物或知名設計師而設計的泰迪熊。

史泰福的限量版品類極多，各有名頭。最值得一提的是，它的跨界行銷之廣，在全球頂級品牌中都數得著。與它合作過的品牌數不勝數，從頂級鐘錶、珠寶首飾、汽車，到知名餐飲集團都有。甚至有人說，只要你在搜尋引擎裡輸入一個大品牌再加上史泰福，肯定會有聯名限量版。比如一九九九年，它和瑞士三角巧克力合作設計了拿著巧克力的泰迪熊，二〇〇〇年與賓士攜手推出泰迪熊賽車組。

與其他品牌合作是商業行為，更讓泰迪熊變得「高大上」[9]的是文化上的限量版。史泰福各地的代理商都可以根據當地情況申請製作特殊的限量版。比如一九九七年香港回歸版、一九九九年維也納兒童合唱團五百週年紀念版，還有各個國家的週年紀念版等。包括兩德統一、歐盟成立等歷史性事件，泰迪熊都有相應的紀念限量版。

影視劇也是泰迪熊「出沒」之地。在電影《星際爭霸戰》（*Star Trek*）中，小女孩帶著泰迪熊登上企業號星艦，之後的故事告訴我們，即使人類進入太空時代，得以面對浩瀚宇宙，仍需要小熊的撫慰。在韓劇《宮》裡，泰迪熊是重要背景道具之一，不少韓劇迷正是因此愛上泰迪熊。最值得一提的當然是《熊麻吉》（*Ted*）電影，那隻又賤又色的泰迪熊足夠顛覆也足夠爆笑。

這些帶著白底紅字標籤的限量版，紅字上會標明這款熊的名稱、年分和發行數量。當然，限量版的種類太多，對收藏者來說也是個麻煩。因為雖然史泰福限量版泰迪熊的拍賣價格平均達到數千英鎊，但有些限量版的升值前景並不會太好，如果是以升值為收藏目的，就得三思而後行。當然，如果純粹是因為喜歡而收藏，那就可以無視。

史泰福還有許多名頭，比如每年都會針對會員設計一、兩款限年不限量的產品，在不同地區有不同款式，只有會員才能購買，大大提高了品牌忠誠度。此外，還有所謂的

9 高端、大氣、上檔次。

「地區發行熊」，即針對不同地區的文化、風情設計的熊款，也只在當地銷售。

時至今日，泰迪熊早已不是簡單的玩具，而是一種文化。當一種文化達到極致時，帶來的經濟效益也會無限大。

在歐美，嬰兒出生後的第一份禮物往往是泰迪熊，人們堅信孩子有了泰迪熊的陪伴就不會孤單。所以，泰迪熊是許多人的第一個朋友，甚至是童年最深刻的記憶。

二〇一三年，在一次英國老人的聚會中，一位老人拿出了一隻泰迪熊，告訴大家這隻泰迪熊已經陪伴了她整整八十年。

據說，**在德國的救護車裡，永遠會放一隻泰迪熊**，送給那些發生意外需要被救護的孩子，這些熊由一個民間組織提供。美國也曾有團體發起「泰迪熊員警」活動，號召捐贈各種泰迪熊玩具，用於安慰災難、事故和案件現場的孩子。實例顯示，對那些在嚴重案件和事故中失去親人的孩子來說，**讓他抱著一隻泰迪熊，比安慰話語更有用**。

手工精製，德國製造的靈魂

歐洲許多城市都有玩具博物館，比如慕尼黑和布拉格，而且地段極佳，慕尼黑的在瑪利亞廣場旁，布拉格的則在城堡山上，都是必經之地。不過這些玩具博物館似乎是連鎖，每間都差不多，只選一家看看即可。倒是紐倫堡（Nuremberg）的玩具博物館貨真價實，因為紐倫堡曾是世界知名的「玩具之都」。

在手工業時代和早期工業化時代，紐倫堡的玩具產業相當驚人，也催生了紐倫堡國際玩具交易會（Spielwarenmesse）的誕生。儘管如今紐倫堡的玩具業已經不復當年之勇，但這個一年一度的展會，時至今日仍是世界上最大的玩具展。另外，德國玩具檢測中心也在紐倫堡，這個機構負責測試各種玩具的安全性。

值得一提的是，玩具並不是當年紐倫堡唯一的工業強項。從福爾特（Fürth）到紐倫堡的鐵路，正是德國史上第一條鐵路，從此開啟了德國的工業化進程。紐倫堡也因此成為德國工業的起點，西門子就是在紐倫堡誕生的。

早年的紐倫堡人率先用錫和鐵製造玩具，創造了一個個微縮世界。一九七一年，紐倫堡玩具博物館（Spielzeugmuseum Nürnberg）在老城中心落成，最重要的歷史收藏品就是鐵皮玩具，最早的可以追溯到中世紀。最經典的藏品當屬製造於一九一〇年的雙層旋轉木馬，裡面還有音樂盒。據說，這款玩具的拍賣價早已是天文數字。

一九三〇年代前後，紐倫堡玩具產業達到巔峰狀態，代表著世界鐵皮玩具的最高水準。以德國人精益求精的態度，達到這一境界確實不難想像。但在「二戰」後，美國和日本的玩具工業迅速崛起，更重要的是材料的變化，各種新型塑膠取代鐵皮，成為玩具的通用材料。紐倫堡玩具業的榮光，就這樣慢慢褪去。

但在紐倫堡，許多人仍然固守著昔日的手工作坊精神，製造著一個又一個精緻的鐵皮玩具。在老城的工匠廣場上，就有不少玩具小店和攤位，販售著各種小玩具，呼喚著你的回憶。

▲手工製作的精美與誠意，使得紐倫堡的玩具成了鐵皮玩具最高水準的代表。

如今，鐵皮玩具在網路上可是許多人的專寵，價格高昂。紐倫堡的玩具代表著鐵皮玩具的最高水準，在價格上當然也不例外。相較於工業化時代的流水線產品，這些鐵皮玩具代表著另一種理念。其實，德國的兩千多個世界級品牌中，不少仍然固守傳統精細手工製作的路子，體現著德國製造的靈魂，也是產量少、品質好、利潤高的最佳範例。

偏執狂才有的精緻和美感

如果想以一個遊客的身分近距離感受德國工業文明，最好的選擇應該是位於慕尼黑的德意志博物館（Deutsches Museum），逛這所博物館簡直是一站式的超級體驗。

在這裡，你可以感受到德國工業文明，也能體會到德國精神。要走馬看花走一圈，其實非常不容易，令人感到震撼的交通設備館和飛行器館都在郊區，前者在巴伐利亞公園（Bavariapark）旁，後者更遠，距離市區有十幾公里。這座世界上規模最大的自然科學和工業技術博物館，僅主館就擁有超過五萬平方公尺的五十個展區，被視為工科生的天堂，也是孩子們的科普樂園。

旅行攻略裡介紹的博物館島（Museumsinsel），其實是主館區，主館坐落在慕尼黑市伊薩爾河（Isar）中一個小島上，是一棟古典主義建築。展館為四層口字形，內院還有藏書六十餘萬冊的圖書館和科技史研究所。

如果展館的面積與數量、圖書館的藏書量還不能讓你感覺震撼，那麼，另一個數字也許很重要：德意志博物館是世界上最早的科技博物館之一，創辦於一九〇三年六月二十八日。德國作為工業革命的後起之秀，此時已經有了以博物館記錄科學、普及科學的意識，而且一上來便是大手筆。當然，博物館的籌建工作因為「一戰」的緣故推遲，實際建成開放的時間是一九二五年。「二戰」期間，博物館又遭遇嚴重破壞，藏品僅餘五分之一，直到一九四八年才重新開放。

博物館所在的小島，在中世紀曾是伐運木材之地，但因為每逢洪水，小島都會被淹沒，島上便一直沒有建築物。直到一七七二年，島上修建了伊薩爾兵營（Alte Isarkaserne）。一八八九年洪水後又重建建築，並增建防洪設施。博物館開設後，該島的名字也由煤炭島更名為博物館島。

僅僅是主館，已可讓人消磨大半日時間，涵蓋了物理、化學、農業、資源、礦業、冶金、金屬加工、動力機械、汽車、鐵道、隧道工程、公路與橋梁、水利、電力、通信、船舶、航空和宇宙飛行、化工、玻璃工藝、紡織、計量、樂器、攝影和印刷等眾多領域。即使您只挑自己感興趣的看，也得走斷腿。

如果按照館方推薦，復原的伽利略實驗室、第一和第二次世界大戰時德國發明的潛水艇和火箭、模擬地下礦井，以及樂器等都是推薦項目。另外，相較於各種工科生都未必能看明白的精密機械，汽車、鐵路、船舶和飛機展廳則是人最多的地方。

德國人的嚴謹態度，決定了這個博物館絕不可能是「鬧著玩」或是小打小鬧的狀態。這一點在飛機和船舶這樣的展館裡體現最為明顯，德國人甚至直接把船和飛機搬進了展館（參見第一百五十七頁）。

一進展館，便可見到一艘巨大的木質帆船，船艙有剖面，可以展示大航海時代的水手生活。其他十餘艘船艦中，一條拖輪也相當矚目，同樣以剖面呈現。而在航空館裡，各式各樣的飛機林立於展廳。三層的展廳裡，有一層是民用航空飛機、直升機和飛機引擎等，另外兩層有各種原始飛行器、早期的飛機、軍用飛機和導彈等。

但更能體現德國精緻工藝的，是我壓根看不懂的機械儀器。德國人對機械和儀器可算是精益求精、極度痴迷，那些由眾多零件組成的複雜機械，散發著金屬質感和別緻美感，德國福斯汽車公司的一個機械手臂，便宛若變形金剛。引擎更是重中之重，從人力到水力，從蒸汽到油電，一代代不同設備和交通工具的引擎蔚然大觀，其中甚至還有火箭引擎。當然少不了的是德國最引以為傲的汽車引擎，比如ＢＭＷ的六缸引擎。

作為兩次世界大戰的參戰國，德國製造了無盡災難，好在「二戰」後已然深刻反思。不過德國的軍事實力，確實在兩次世界大戰中得到了極大體現，甚至出現了許多超前的航空科技，德意志博物館裡也有不少相關展示，頗得軍迷青睞。

如德國海軍第一艘潛艇Ｕ１的實物，便以剖面呈現。Ｕ１於一九〇六年服役，長四十二．三九公尺，寬三．八公尺，水上排水量兩百三十八噸，水下排水量兩百八十三噸，最大下潛深度三十公尺，裝配兩臺煤油引擎、兩臺馬達、雙槳推進，船員十二名，武器為三具四百五十公釐魚雷發射管。

在「二戰」後期，德國出於戰爭需要，創造的超前航空科技更多，如世界上第一種實用噴氣式戰鬥機 Me 262，第一種實用火箭戰鬥機 Me 163「彗星」，還有世界上第一種地對地巡航導彈 V-1、世界上第一種地對地彈道導彈 V-2、世界上最早的地對空導彈之一「萊茵女兒」、世界上第一種空對空導彈 X-4、世界上第一種空對地導彈 Hs293……。

它們在戰場上並未得到什麼使用機會，如今在博物館裡靜靜擺放，見證歷史。

值得一提的還有 VJ101 戰鬥機，它與「二戰」無關，而是一九六〇年代的產物。這款垂直起降戰鬥機，其設計指標到今天也無人企及。但它只能停留在實驗室和博物館裡，也是必然，因為當它滿載狀態垂直起飛時，翼尖的主引擎需要打開加力燃燒室向下噴氣。近攝氏兩千度的超音速射流極其嚴酷，能瞬間灼穿任何常見鋪層。場面雖然壯觀，但除了特製的高溫合金能夠在短時間內承受這種噴流以外，其他所有地表都會被瞬間鑿出兩個大坑，飛沙走

▲科技宅的天堂——德意志博物館。

▲德意志博物館導覽。

石就更是不在話下。

因而這也極大限制了該機的場地適應性。加之該機位於翼尖的四臺主引擎必須隨時協調工作，否則一旦有一臺出問題，飛機會瞬間快速滾轉傾覆，飛行員根本來不及跳傘逃生。另外，該機在懸停狀態的升力噴流柱設計對側風很敏感，猶如踩在馬戲團的大球上跳舞。因為這種種隱患，這架有史以來第一架能飛兩倍音速的垂直起降戰鬥機，就只能永遠的沉睡在博物館裡。

相較於實物，也有人更喜歡模型。**德國人對模型有著偏執狂一般的追求，有人甚至說德國人會將世間一切都做成精緻模型**。漢堡（Hamburg）的微縮景觀世界堪稱極致，德意志博物館也不例外。這裡的船舶、飛機等模型十分之多，而且極度精緻。

▲ 德國人真的把飛機都搬進博物館。

除了實物與模型外，館內對科技的詮釋也是亮點。從水車到風車、從蒸汽機到馬達、從渦輪增壓到齒輪傳動、從飛機到汽車，你可以見到眾多科技的運行原理演示。比如石油和天然氣展館，就詳細展示了石油開採、提煉和運輸的過程。在電力設備館裡，有電廠的微觀模型、發電設備、電力傳輸設備以及電力元件等。還有一些互動的實驗設備，比如絕緣實驗。

在機械工具展館裡，你可以看到最早的車床，也可以看到現代的數控機床。德國人連燈光問題都細緻的想到了，鏽跡斑斑的老機床配合昏暗燈光，彷彿工業化初期的作坊，現代機械設備則配合明亮燈光，象徵著科技的進步和生活的改變。而在數位科技方面，世界上最早的ＭＰ3，以及一九五五年的ＣＰＵ，都讓人感慨時光的變遷與科技的進步。

還有一些很有趣的展品，在別處很難見到，比如農業技術展館裡，便有古今麵包展。德國人甚至還做了一個模擬礦井。

在這裡，學生比遊客還要多。其實這也是歐洲博物館的常態，它們總是中小學生們的課堂延伸，大學生們進行調查研究的場所。德國強大的科技能力，普通民眾的出色動手能力和創造力，或許其實都與此有關。慕尼黑的孩子們當然是幸福的，他們從小便可以擁有這樣一個浩瀚的課堂，可以感受輝煌的人類科技文明成果，這對他們的發展會起到潛移默化的作用，將好奇心轉化為堅定的信念與夢想。這樣的博物館，當然堪稱一個國家產生夢想的搖籃。

德國貨竟有黑歷史

說到工匠精神，德國堪稱「正面典型」。在我們的生活中，以精細著稱的德國製造幾乎是無法避開的選擇。如今的德國工業，世界頂級品牌甚多。但在歷史上，它也曾走過彎路。

相較於英國和法國，德國工業化進程顯然要晚得多，前兩者完成工業革命時，後者還是一個農業國。進入工業化後，德國人開始步入我們十分熟悉的階段：山寨階段。儘管當時德國已是世界科學中心，卻不懂得該如何將大學裡的科學研究用於工業生產。於是他們偷學英法的技術，模仿英法的產品。但山寨很難確保品質，因此英國議會在一八八七年八月二十三日通過對《商標法》的修改，要求所有進入英國本土和殖民地市場的德國進口貨必須註明「德國製造」字樣。這可不是什麼正面的意思，而是一種侮辱，即告訴國人：這是德國貨，請小心！

這段屈辱的日子並不算長，知恥而後勇的德國人，終於在美國人那裡考察到了進步的奧祕。當時有許多美國人選擇到德國學習，但拿到學位回國後，往往不是去大專院校從事教學和研究工作，而是選擇創業。也正因此，當時的美國工業產品科技含金量最高。德國人認識到這一點後，開始大力促進應用科學的發展，充分利用基礎科學的雄厚根基，將之引入工業實踐，領導了「內燃機和電氣化革命」，使德國工業經濟獲得了跳躍式的發展。

此後的德國，在機械、汽車、化工、光學、電器以及廚房用具、體育用品等方面都製造出了品質最禁得起嚴格考驗的產品，「德國製造」一改以往的屈辱意味，成為品質的象徵。如今德國的著名品牌多於那個時代發端。

但相較於各種產品，更能讓我體會德國工匠精神的卻是一個景點——德國漢堡微縮景觀世界（Miniatur Wunderland GmbH，影片參見左頁圖 QR Code）。

漢堡微縮景觀世界是位於德國漢堡倉庫城的一處鐵路模型展覽中心，目前展覽面積達四千平方公尺，由雙胞胎兄弟格瑞特・布勞恩和弗瑞德里克・布勞恩（Gerrit and Frederik Braun）共同創建。它是世界上最大的數控鐵路模型，並因此進入《金氏世界紀錄大全》（*Guinness World Records*），而且，它的規模一直在擴大。

走進這裡，你唯一的情緒也許就是驚嘆。創建團隊已經在這裡花費了數十萬個小時以上的時間，他們的開放式工作場所就在展館內，你在欣賞成品的同時，也可以看到他們的工作狀態。

按照二〇二一年的資料，這裡的微縮景觀已有七大主題，包括哈茨山（Harz）、阿爾卑斯山（Alpen）、奧地利（Österreich）、漢堡、美國、斯堪地那維亞[10]（Scandinavia）和瑞士（Schweiz），縮放比例均為一比八十七。共有鐵軌約一萬五千公尺，火車約一萬五千個，模擬鐵路線九百三十條，五千座房屋和橋梁，近二十五萬棵樹木和二十五萬個單人雕像，還有近五十萬盞燈光，共有六十臺電腦在後臺指揮，控制火車運行和燈光等，每十五分鐘，展館內就會變換一次白天與黑夜。

我到訪這裡時，已是二〇一五年，主題自然有所增多，如巴伐利亞邦、德國中部等主題都是新增，數十萬個小場景栩栩如生。場景細緻到了什麼程度？你可以看到正在比賽的足球場，包括每個球員的動作、上萬名觀眾的不同表情和姿勢。你還可以看到賽馬場，馬匹的動作、騎師的手勢、觀眾的表情，甚至連賽馬場的草坪都做出了模擬效果！你還可以看到礦山和工地，大場景自然令人驚嘆，細節更是精益求精，比如礦山上的運礦卡車，不但各有職責，連車廂裡的灰塵都栩栩如生。

最吸引人的就屬微縮的漢堡克努芬恩機場（Knuffingen Airport），飛機起起落落，地勤人員十分忙碌，航站樓內燈火通明，機場外的計程車乖乖排隊等客，還有載到客人的計程車正在離開。

德國人的嚴謹、堅持和高超技術，在微縮景觀世界裡展露無遺。格瑞特·布勞恩和弗瑞德里克·布勞恩這對雙胞胎兄弟最初打造這裡時，只是出於興趣，但隨之便是多年的堅持。這不是工匠精神，又是什麼呢？

無論是微縮景觀世界，還是德國工業中的那些著名品牌，都體現了工匠精神的核心：精益求精。小到一把菜刀、一支鉛筆，大到汽車

◀德國漢堡微縮景觀世界導覽。

10 在地理上是指斯堪地那維亞半島，包括挪威和瑞典，文化與政治上則包含丹麥。這些國家互相視對方屬於斯堪地那維亞，雖然政治上彼此獨立，但共同的稱謂顯示了其文化、語言和歷史有深厚的淵源。

▲ 微縮景觀世界是德國工匠精神的頂級體現，這種近乎「變態」的精緻和嚴謹已成為德國人的名片。

和飛機，德國人都按照規範完成每道工序。工匠精神的另一個核心則是持之以恆。具備工匠精神的人，往往能隔絕外界紛擾，憑藉執著與專注向目標邁進，甘於為一項技藝的傳承和發展奉獻畢生精力。

有人認為，「工匠精神」雖好，但未必有效率。尤其是在快節奏的今天，「慢工出細活」甚至會被鄙夷。但漢堡的微縮景觀世界告訴我們，「工匠精神」並非沒有效率，因為創建者將這種精神貫穿十年甚至一生，在這樣的長時間區段裡，他會比只注重眼前利益的一般人收穫更多，這註定了他的生命是高效的。

金屬活字印刷，歐洲文明的發軔

德國是世界上大型書店密度最高的國家，也是世界上最喜歡閱讀的國家之一。就在美因茲市中心，我看到了當地最大的書店。因為是週末的緣故，書店裡人潮洶湧，但又十分安靜，人們在裡面挑書、看書。

這座城市與書香之間，有著極深的淵源，它甚至改變了整個歐洲的認知體系。這一切，只因古騰堡的存在。因為德國地名裡「堡」特別多，所以初聽「古騰堡」三個字，還以為是地名，後來才知道是人名。

古騰堡是美因茲人，生於一三九八年，去世於一四六八年。在他出生之前，中國的生產力和商業水準一直位居世界首位，金融業也強於當時仍受宗教觀念束縛的西歐，還擁有世界上最龐大的城市群，雖然小農經濟仍是主體，但商品經濟在某些歷史階段已相當活躍。在知識傳播方面，中國更是因為雕版技術的廣泛應用而遙遙領先。但正是古騰堡的發明，使得歐洲迅速發展，地理大發現、宗教改革和工業革命風起雲湧。中國則進步緩慢，最終被遠遠拋下。

這項發明是西方金屬活字印刷術。這一發明被視為奠定歐洲現代文明發展的基石、是宗教改革的先聲、是誘發工業革命的關鍵。美因茲的古騰堡博物館（Gutenberg Museum）就記錄著古騰堡的故事，以及其背後的印刷史。

說起活字印刷，小學生都知道這是中國四大發明之一，但有兩個事實必須釐清。

一是畢昇的活字印刷術雖遠遠早於古騰堡，但中國在此後六百多年裡並未大量使用，最常使用的仍是雕版印刷術。一般認為，畢昇於西元一〇四八年前後發明活字印刷術，一二九八年左右，元代的王禎創造木活字印刷術，一四九〇年，明代的華燧創造銅活字印刷術，但這些材質上的改變都未讓活字印刷術得到廣泛使用。直到一八三九年，西方鉛字印刷傳入，才真正取代雕版印刷。

二是目前並無文物證據證明中國的活字印刷曾傳入歐洲，中西方交流必經之地的阿拉伯國家，並未發現中國活字印刷西傳的痕跡。因此主流學界認為，中國和歐洲的活字印刷術分屬不同的獨立發明。

一九五〇、一九六〇年代，許多中國學者都喜歡引用兩段話，以此證明活字印刷、火藥和指南針這三大發明由中國傳入歐洲，但這是不折不扣的曲解。

一段話出自英國哲學家培根（Francis Bacon），他在《新工具》（*Novum Organum*）中寫道，印刷、火藥和指南針「這三種發明已經在世界範圍內把事物的全部面貌和情況都改變了」。另一段話出自馬克思（Karl Marx）：「火藥、指南針、印刷術——這是預告資產階級社會到來的三大發明。火藥把騎士階層炸得粉碎，指南針打開了世界市場並建立了殖民地，而印刷術則變成了新教的工具，總結來說變成科學復興的手段，變成對精神發展創造必要前提的最強大的槓桿。」

但不管是培根還是馬克思，在他們的著作中都未把這三大發明的專利權歸於中國人，原著的上下文都在談歐洲，未提及中國。

準確來說，古騰堡的發明是可以大規模使用的活字印刷機，同時將印刷變成了一個有機生產系統。他用鉛、鋅和其他金屬的合金製成活字，並改進油墨的性質，使其能牢牢的吸附在金屬活字之上。更重要的是，他完善了金屬活字印刷工藝，使之可以大規模生產。

古騰堡的發明是時勢所需。從中世紀晚期到十五世紀中葉，西歐地區的貿易、金融和城市化都有了長足進步，尤其是地中海沿岸的義大利和北海沿岸的漢薩同盟[11]，都出現了手工業、商業發達的城市群，溝通兩地交通的萊茵河流域也變得繁榮。

但與此同時，教會仍禁錮民眾思想，大學和圖書館雖已興起，但文盲率仍極高。傳

11　德意志北部沿海城市為保護其貿易利益而結成的商業同盟。

播學之父偉伯・施蘭姆（Wilbur Schramm）在《人類傳播史》（*The Story of Human Communication*）中寫道，在古騰堡印刷機發明前的一四五〇年，整個西歐只有幾萬本書，大部分是雕版或手抄本。

十五世紀一開始，德國市民階層開始要求打破教會階層對知識的壟斷。於是，便有了古騰堡的橫空出世。他的發明在歐洲迅速普及，僅僅五十年間，古騰堡金屬活字印刷機就為歐洲貢獻了三萬種新印刷物，共計一千兩百多萬份，大大加快了知識的流通，法國文學家維克多・雨果（Victor Hugo）就將之稱為「世界上最偉大的發明」。

古騰堡發明金屬活字印刷機後，最大的成就當屬印出約兩百部《聖經》。這些《聖經》使用華麗的哥特字體，大寫字母及標題都由彩色手繪裝飾，不同技工的裝飾方法各不相同，使得每一部都是獨一無二的精美工藝品。這些《聖經》有四十八部保存至今，包括二十部全本，古騰堡博物館裡也有一部。最為完整的三部則分別藏於美國國會圖書館、

▲《古騰堡聖經》為第一本活字印刷的聖經。印刷所使用的字體是華麗的哥特字體。

法國國家圖書館和英國大英博物館。

這種裝飾風格在早期書籍中時常可見，古騰堡博物館便有所展示。早期書籍多有留白，有些在段落之間，有些在頁面四周。這是因為當時書籍還是稀罕物，得留足地方給擁有者畫畫。貴族讀者會用蛋白黏貼金箔或植物，這種蛋白尤其適合羊皮紙書籍，可以長期保存。

而在古騰堡去世後，以金屬活字印刷術印出的不同語言的《聖經》，更是徹底改變了歐洲社會。

在此之前，羅馬教會一直是基督教世界的精神領袖，壟斷了對《聖經》的解釋權，並借這一權力聚斂財富。古騰堡印刷機終結了拉丁文作為《聖經》唯一書面用語的歷史，大量不同語言的《聖經》走入家庭，「繼承了中世紀教堂的角色，成為人們精神的載體」。

在古騰堡印刷術誕生前，轟轟烈烈的「胡斯宗教改革」被鎮壓，胡斯（Jan Hus）被燒死[12]。但在古騰堡印刷術誕生後，馬丁．路德創立新教，於一五一七年拉開宗教改革序幕，成功摧毀了天主教的精神獨裁。成功與失敗之間的差別就在於，馬丁．路德可以大量印刷出版宣傳新教的圖書、小冊子、傳單和海報，使得民眾可以告別愚昧。

12 胡斯是宗教改革的先驅，認為一切應該以《聖經》為唯一的依歸，否定教皇的權威性，更反對贖罪券，主張教友須餅酒兼領。天主教會視其為異端，將其開除教籍，繼而誘捕，以火刑處死。

宗教改革與工商業大發展息息相關，這是因為新教對工商業給予了充分的道德肯定。馬克斯・韋伯（Max Weber）在《新教倫理與資本主義精神》（*Die protestantische Ethik und der Geist des Kapitalismus*）中寫道，新教「具有把人們獲得財富的要求從傳統倫理中解放出來的心理功用。新教不僅把人們獲得財富的衝動合法化，而且把它直接視作上帝的旨意」。

技術上的跨越式進步，帶來的是巨大的市場和利潤。古騰堡去世後僅僅五十年左右，幾乎每個歐洲重要城鎮都出現了靠金屬活字印刷術經營的店鋪。學界普遍認為，世界上第一個有著明顯階級色彩的資本主義企業，就是採用金屬活字印刷術的印刷廠，法國年鑑學派大師費夫賀（Lucien Febvre）與馬爾坦（Henri-Jean Martin）在《印刷書的誕生》（*L'Apparition du livre*〔*The Coming of the Book*〕）一書中就詳細闡述了這一點。

歐洲廣告業也在金屬活字印刷術出現後發端，一四七三年，英國第一個出版人威廉・卡克斯頓（William Caxton）印刷了許多宣傳宗教內容的印刷廣告，張貼在倫敦街頭，這是西方最早的印刷廣告。一六二二年，英國人尼古拉斯・布朗和湯瑪斯・珂切爾創辦的第一份英文報紙《每週新聞》（*Weekly News*）在倫敦出版，當年曾刊出一則書籍廣告。

更重要的則是地理大發現引發的世界經濟變革。在古騰堡博物館，可以看到彩色印刷的歐洲和北非地圖。金屬活字印刷術誕生後，這樣的地圖和航海圖大大增加，帶有最初的全球化觀念。即使這些地圖不夠準確，卻為時人帶來了嶄新的地理觀念，促進了大航海時代的到來。

古騰堡印刷機打開了知識壁壘，為教育普及提供了足夠條件，也為近代公民社會的形成奠定了知識基礎。古騰堡印刷機帶來的大眾傳播時代，更改變了整個世界。從報紙到期刊，這些傳播媒介帶來了新的空間觀念，人們有了更廣闊的表達管道，得以參與到公共事務之中。

在後來的許多學術、紀實和文學著作中，印刷工業都是資本主義工業的典型。歐洲文化史專家羅伯特·達恩頓（Robert Darnton）的《屠貓記》（*The Great Cat Massacre*）中就重點提到印刷商和印刷工人。此外，在關於法國大革命、一八四八年德國革命和一九〇五年俄國革命的記載中，激進印刷商也都是典型。最有意思的是，不知是不是近水樓臺先得月的緣故，離圖書報刊比較近的印刷商，一直被歷史記錄者視為先進性代表，印刷工人更被視為工人階級中最具智慧的群體。

當古騰堡的金屬活字印刷術從歐洲傳至中國後，這種情況也得以延續。在中國的近現代化發展歷程中，繁榮富庶的「遠東第一大城市」上海是一個繞不過去的存在，而印刷業以及由此衍生的出版業又是上海工商業的真正核心。

正是印刷業，使得晚清民初的文人和商人這兩個原本互相輕視的群體結合了起來。從一八七六年到一九三七年，中國印刷業和出版業步入現代工業體系。在當時的棋盤街（今河南路）到四馬路（今福州路）的區域裡，集結了中國絕大多數出版商和重要媒體，還有大量書店。一九三〇年，印刷業成為中國工業投資的第三大形式，僅次於織錦業和製菸業。而且，從對社會的推動來看，印刷業遠超前兩者。

走在古騰堡博物館裡，思考著古騰堡與他之後的西方世界，很難不感慨於這樣一個事實：最早發明活字印刷術的中國，並沒有首先從中獲益，反倒是西方人，受益於古騰堡並迅速崛起，掌握了世界話語權，代表了人類近現代文明的演進。

德國人並沒有在這座博物館裡忘記中國的貢獻，在一個獨立的、以中國為主的東方展廳裡，有畢昇的雕像，還有兩個宋代活字印刷的圓盤形活字模——那是我們曾經擁有卻未曾珍惜的輝煌。

「德國製造」的文具小把戲

有次去德國，一位朋友請我帶一套輝柏嘉（Faber-Castell）的彩色鉛筆回來，說他畫畫要用。我說鉛筆這東西哪裡沒得賣，他說那可不一樣。我又說這年頭直接海淘[13]多方便，他說品類太多，海淘選擇太少。

後來我去文具店一看，果不其然，德國人連做個鉛筆，都能做出花來。

輝柏嘉是德國第一文具品牌，是已有兩百多年歷史的老企業，號稱「鉛筆之王」。

一六六二年，世界上第一家鉛筆廠——施德樓（Staedtler）鉛筆廠在德國紐倫堡成立。在一七六一年將硫黃、銻和松香等物質摻入石墨，造出鉛筆雛形的法伯爾（Kasper

13 在海外網站上購物。

Faber），也擁有自己的法伯爾・卡斯特鉛筆廠，同樣於紐倫堡創建。

它們之所以都誕生在紐倫堡，是因為紐倫堡是中世紀歐洲最重要的貿易中心之一。紐倫堡的製筆商人最初去英國布洛迪爾山谷一帶購買高價石墨，後來則在紐倫堡當地開採品質較差的石墨。但採用本地石墨所製出的鉛筆，品質也過不了關。

真正讓德國鉛筆成為歐洲第一的，還是同樣創建於紐倫堡的輝柏嘉品牌。這個至今已有兩百五十年歷史的鉛筆品牌，除了常規用筆外，最令人驚嘆的就是不同系列的彩色鉛筆。無論是紅盒的兒童級、藍盒的學院級還是綠盒的專業級，抑或是水性色鉛筆還是油性色鉛筆，都經得起考驗。

輝柏嘉始創於一七六一年，是歐洲最古老的工業企業之一，從一家小作坊成長為跨國企業，是目前世界上最大的鉛筆製造商，目前年銷售額超過六億歐元。

輝柏嘉走高端路線，因此被稱為「鉛筆貴族」。比如伯

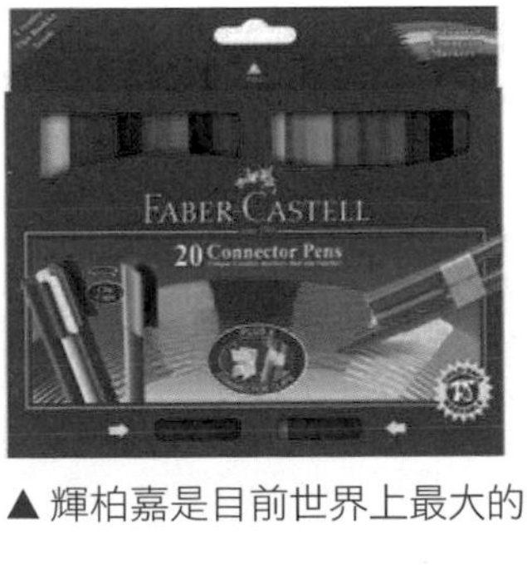

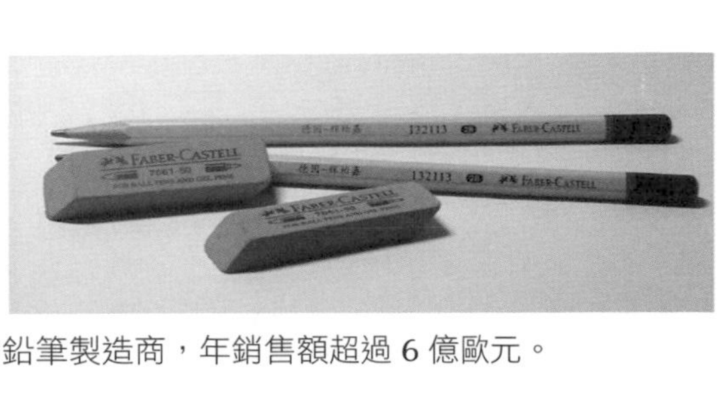

▲輝柏嘉是目前世界上最大的鉛筆製造商，年銷售額超過 6 億歐元。

爵系列，把製作小提琴和鋼琴的木材用到了筆桿上。二〇〇〇年，保時捷還跨界 Faber-Castell，共同生產保時捷精品 TEC-FLEX 筆，筆桿採用編織方法。

在誕生後的數十年裡，輝柏嘉都還是一個小小的家庭作坊式企業，甚至還沒有「輝柏嘉」這個品牌。它的轉捩點在一八四〇年，當時，這個家族企業已經傳到了第四代，繼承人是 Lother Von Faber。當時僅二十二歲的他，銳意進取，希望自家的鉛筆能成為歐洲最優質的鉛筆。他掌舵第二年，就創造性的把公司名字刻在鉛筆上，首次將品牌概念帶入鉛筆製造業。於是，輝柏嘉品牌應運而生。

他還改變了鉛筆傳統的圓柱外形，推出了六角鉛筆，可以讓鉛筆不再那麼容易滾下桌子。他是第一個將鉛筆生產標準化，並帶頭向德國國民議會呼籲制定商標保護法，該法令於一八七五年生效。也是在那期間，輝柏嘉獲得了西伯利亞石墨礦的獨家採礦權。

在「一戰」爆發前，輝柏嘉最擅長製造的產品便已是瞄準藝術家、設計師、建築師和工程師等高端群體的高價位鉛筆，銷量不大但利潤極高。不過，真正讓輝柏嘉徹底走上高端路線的，是第八代掌門人安頓伯爵（Count Anton-Wolfgang von Faber-Castell）。他為了證明自家的鉛筆有多麼結實，曾把木製鉛筆從自家城堡的塔樓摔到石質地面的庭院裡。這位掌門人於一九七八年接管家族企業。他原本是個銀行家，起初拒絕接管家族生意。但後來，他發現家中有一支從古董商那裡買來的輝柏嘉鉛筆，它是一八九〇年或一八九五年製造的，雖然過了很多年，但仍書寫流暢。安頓伯爵感慨之下，決定重振輝柏嘉。

那時的輝柏嘉，除鉛筆外，還生產鋼筆、蠟筆、藝術和繪畫用品、橡皮擦和削鉛筆機（Pencil sharpener）等文具。但面對電子化的衝擊，企業正面臨困境。於是，安頓伯爵調整思路，決心把日常用品變成奢侈品。針對藝術家的彩色鉛筆、售價達數千美元的鋼筆，就此一一誕生。當鉛筆的生產方式逐漸從手工過渡到機器時，輝柏嘉卻在一九九三年開設了前文提到的伯爵系列，全手工打造。

二〇一一年，輝柏嘉迎來兩百五十週年大慶，推出了筆蓋和筆夾以鉑金製作、末端還鑲嵌三顆美鑽的鉛筆，限量發行九十九支，每支售價十二萬七千五百港幣（按：約新臺幣四十八萬九千六百元，二〇一一年港幣與新臺幣的匯率約為一比三．八四元）。

目前的輝柏嘉，連廠房都如童話世界，與他們生產出來的彩色鉛筆相得益彰。在安頓伯爵看來，「德國製造」和其背後精益求精的精神，才是輝柏嘉最大的競爭力。

輝柏嘉最令人稱道的是社會責任感。作為鉛筆製造商，輝柏嘉需要用到大量木材。為了環保，輝柏嘉擁有自己的木材種植園來供應木料，以避免砍伐熱帶雨林的樹木。而且，輝柏嘉在種植園裡每砍一棵樹，都會種回一棵新樹。

曾經有人質疑過德國鉛筆產業的家族化問題，認為清一色的家族企業會影響創新。畢竟，輝柏嘉、施德樓、思筆樂（Stabilo）和凌美（LAMY）等鉛筆業四大巨頭都是家族企業，而且除了凌美位於海德堡（Heidelberg）之外，另外三家都在紐倫堡。但事實卻非如此，儘管數位化時代使得人們用筆的機率大大下降，但因為走高端路線，這幾家大品牌的銷售額仍然在持續增長。

小香腸也有生產標準流程

再也沒有哪個民族，能像德國人這般熱愛香腸。在德國任何城市的市集裡轉轉，都能見到各式各樣的香腸。去餐廳吃飯，如果你實在不知道要吃什麼，在香腸那一欄裡隨便挑一款總不會錯。

據說，德國香腸的種類多達一千五百多種，德國人均每年消耗豬肉六十五公斤，所謂德國名菜多與豬肉有關，而香腸占比極高。將一種食物的種類發展至一千五百種，必然是熱愛與認真兼而有之。德國人的嚴謹用心，並不僅體現在工業上，也體現在日常餐桌上。

德國各地都有自己的特色香腸，其中柏林以咖哩香腸著稱。咖哩香腸的緣起有個故事，據說一位開小吃店的女士下樓時不小心摔倒，打翻了手上的番茄醬和咖哩粉，由於當時正是戰時，物資短缺，女士不願浪費，便拿來當成香腸的蘸醬，於是咖哩香腸就此誕生。

▲在德國，每個地方都有自己的招牌香腸餐。

▲在熱水中燙熟的白香腸。

不過我最喜歡的香腸，當屬巴伐利亞白香腸（Weißwurst）。它由小牛肉和醃豬肉製成，外觀呈白色，最常見的烹煮方法是在沸水中加熱大概十分鐘，並放置在一碗沸水中上菜，使之不會迅速冷卻（參見右頁右圖）。吃的時候得去掉腸衣，並搭配傳統的甜芥末醬。它的誕生也有故事，同樣也源自偶然。話說一八五七年，某餐館老闆準備煎香腸，但腸衣不夠，只能用豬腸來做腸衣。因為擔心又大又軟的豬腸被乾煎後會爆開，便採用水煮方式，結果大受歡迎。

似乎走在德國每個區域，都能見到不一樣的香腸。著名的圖林根香腸（Thüringer Bratwurst）以墨角蘭（marjoram）香料為特色，在圖林根邦（Freistaat Thüringen）首府艾爾福特，以及周邊的威瑪、耶拿（Jena）等城市，都可以吃到它。作為一個肝臟愛好者，卡塞爾（Kassel）的肝泥香腸，是我心中僅次於巴伐利亞白香腸的德國香腸，總能讓我想起香港鏞記的鴨潤腸和鵝潤腸（粵語稱「肝」為「潤」）。

如果去施瓦本（Swabia）地區，黑香腸也是一絕，百里香的味道十分濃郁。紐倫堡雖然也算是施瓦本地區，但細長的紐倫堡香腸別具一格，口感也獨特。

讓我印象最深的香腸，其實來自南部的千年古城雷根斯堡。這座城市有一座橫跨多瑙河的石橋，橋頭有一家小小的餐館，以香腸聞名。修建石橋時，這家香腸店便已存在，一度是工人們的飯堂。屈指一算，若四捨五入，稱其為千年老店也不為過。近千年的石橋，近千年的老店，就這樣彼此相伴，見證一段因堅持而悠長的歷史。

另一個著名品牌當屬紐倫堡香腸，即使在中國西餐廳也常見這一菜式，當然，選用的是罐頭香腸或國產貨。有紐倫堡香腸的常常是兒童餐，這也是因為紐倫堡香腸的特色——小，並且是燒烤的。小就容易入口，燒烤也是孩子喜歡的烹飪方式。紐倫堡香腸只有拇指大小，燒烤後非常香。關於這款香腸的誕生有個傳說，當年紐倫堡的監獄不允許探監者給犯人帶東西，有一位女士為了讓自己的親人在監獄中吃上香腸，就將香腸切得細細小小，從牢房鎖眼塞進去。後來，紐倫堡人紛紛仿效，就有了紐倫堡香腸。

另一種比較偏重市場的說法則是，早在一三一三年，紐倫堡人就已經開始煎烤香腸。十六世紀末，煎烤香腸因為價格太高而乏人問津，紐倫堡人就發明了又細又小的香腸，以求薄利多銷，大獲成功。

紐倫堡香腸不僅是食物，在某種意義上也可算是「德國製造」的代表。別看它只是這麼短短一條香腸，可也是德國式流程標準的體現。二〇〇三年八月，紐倫堡香腸得到了歐盟地理保護認證，只有在紐倫堡地區按照認證食譜製作的香腸，才能被稱為「正宗紐倫堡香腸」。至於吃法，倒是非常多樣。最傳統的當然是搭配酸菜或馬鈴薯沙拉。還有一種湯煮做法配麵包也是潮流。以白香腸著稱的慕尼黑，最著名的餐廳是皇家啤酒屋，烤豬腳好像比白香腸更出名。而在紐倫堡，紐倫堡香腸則是當之無愧的招牌。

擁有全球最知名聖誕廣場之一的紐倫堡，每逢聖誕期間都被稱作「一生必須要去的地方」。不過，非聖誕期間也可以來這裡感受一下廣場旁的玫瑰香腸屋。

玫瑰香腸屋是全球最大的香腸餐廳，可容納五百五十名客人同時用餐。一四八〇年，這家餐廳首次見於歷史記載，藝術大師阿爾布雷希特·杜勒（Albrecht Dürer）、德國詩人漢斯．薩克斯（Hans Sachs）等都是常客。

黑森林蛋糕，原料嚴格挑選，並受保護

喜歡吃甜品的人，沒有不知道黑森林蛋糕的。如果說香腸是德國菜的代表，那麼黑森林蛋糕就是德國甜品的代表。不過，如果你以為在德國任何餐廳都能吃到黑森林蛋糕，那就錯了。對嚴謹的德國人來說，**黑森林蛋糕的生產有著嚴格的標準和流程，而且受到保護。如果廚師並未按照標準執行，或者將其他原料製成的蛋糕命名為黑森林蛋糕，甚至會有關店風險**。所以許多餐廳認為自己無法達標，就選擇不做。

黑森林蛋糕跟德國西南部山區的黑森林有沒有關係？這個問題並無定論。有人認為黑森林蛋糕上的黑色巧克力碎片會讓人聯想到黑森林；也有人認為黑森林蛋糕的重要配料櫻桃酒是黑森林特產，因此而得名；更有一種說法，認為黑森林蛋糕並非源自黑森林，很可能是因為蛋糕的樣子酷似黑森林地區的民族服飾而得名，黑巧克力碎片像黑色外衣，白奶油像白襯衫，奶油上的櫻桃則讓人聯想到黑森林特有的白底紅珠大絨球帽，即傳說中的「洋蔥帽」（參見第一百七十八頁）。

我傾向於前兩種說法，因為在黑森林地區的餐廳裡，找到黑森林蛋糕的機率最大。在弗萊堡郊區紹因斯蘭山（Schauinsland）的山頂餐廳，黑森林蛋糕似乎就是首選。面對著漫山遍野的森林，點上一塊黑森林蛋糕，相得益彰。

黑森林蛋糕於一九三〇年代開始流行，時至今日已成為世界上最知名的甜點之一。但老實說，我們平時吃到的黑森林蛋糕，總帶著淡淡的防腐劑味道。這是因為大多數餐廳並未嚴格選用黑森林蛋糕所需要的原料，比如新鮮櫻桃變成了罐頭櫻桃。

黑森林蛋糕的精髓，就在於櫻桃。每年櫻桃豐收季，黑森林地區的主婦都會將櫻桃一顆顆塞入蛋糕的夾層，這是我們能看到的。還有看不到的：她們在打奶油時會加入大量櫻桃汁，製作蛋糕坯時也會在麵糊中加入大量櫻桃汁和櫻桃酒。有意思的是，當年德國曾有過消費者因黑森林蛋糕的櫻桃含量太少，而對店家提出控告的案例。德國政府因此做出相關規定：黑森林蛋糕的鮮奶油中，至少得含有八十克櫻桃汁。

▲黑森林蛋糕讓人聯想到黑森林地區特有的民族服飾洋蔥帽。

PART 3

是自由，也是限制——強盛大國背後的祕密

對垃圾分類問題談得最細的書，出自鄭華娟之手。這位創作了〈加州陽光〉、〈聰明糊塗心〉、《蒙娜麗莎的眼淚》、《太委屈》、《謝謝你曾經愛過我》和《箱子》等華語樂壇經典之作的音樂人，早於一九九三年遠嫁德國，寫了不少有關德國旅行、生活的書籍。

直到前幾年，鄭華娟還曾在書中寫道，因為德國過於細緻的垃圾分類和嚴格的執行時間，自己還經常鬧笑話犯錯誤。比如錯過了垃圾車，導致不能將廚餘送出家門，只能在家裡再放兩天。在她看來，德國移民面對的最大難題，就是搞清楚垃圾分類的規則。這事如果不能從小耳濡目染接受教育，半路出家會非常麻煩，但從這一點也能看出德國人的嚴謹與規範。

當精準成為一種習慣，就不覺麻煩

在德國，週末也要定鬧鐘按時起床，把垃圾桶放到外面等待清運車輛到來。每週收一次日常垃圾，每月收一次廢紙，每季度收一次舊家具、舊輪胎，具體日期都寫在垃圾清運時間表上。

德國人在倒垃圾方面不僅嚴謹，花費也相當大。生活垃圾需要一個垃圾桶，其他垃圾也需要分門別類。據說，每個德國人每年在垃圾方面的基本支出是五百歐元，這筆花費實在不菲。

德國人之所以自覺遵守垃圾處理原則，並甘願為之付出這筆錢，是因為多年一貫的環保思維已然根深蒂固。而且，未來只會更好，因為相較於「半路出家」的老一輩，如今的德國早已「從娃娃抓起」，小孩從幼兒園開始就被灌輸環保意識和垃圾分類知識。

其實，當年的德國也走了「先汙染後治理」的老路。一九七〇年代，德國發生了一系列環境災難，二氧化碳排放大幅增加，水域中的生物急劇減少，垃圾場周圍的土壤和地下水受到汙染，自然環境受到破壞，民眾深受其害。於是，當時的西德政府提出了一系列環境保護方面的法律和法規。

《垃圾處理法》是德國第一部環境保護法，隨後，各種相關的環保法律和法規相繼提出。到目前為止，全德國聯邦和各邦有關環保的法律、法規有八千多部，除了實施本國的法律法規外，德國還實施歐盟的有關法規四百多個。從一九七二年通過第一部環保法至今，德國已擁有世界上最完備、最詳細的環境保護法律體系。德國有關垃圾處理的核心法律是一九九四年頒布、一九九六年生效的《循環經濟法與廢棄物管理法》（*Closed Substance Cycle Waste Management Act*）。

德國人的環保意識經歷了從被動環保轉變為個人自覺的過程。雖然垃圾分類帶給居民許多麻煩，但多數德國人不但自己認真執行垃圾分類的規定，還自覺監督別人。德國有上千個環保組織，人員達到兩百萬左右，九〇％以上的成員都是義務兼職人員，他們無償為環保事業做了大量工作。

為了強制每個居民分類倒垃圾，德國政府制定了一套嚴格的處罰規定，並設有「環保員警」。一旦發現居民亂倒垃圾，就會發警告信，如發現居民不及時改正，會開罰單；再不改，收取垃圾的費用就會提升，從而加重整個社區住戶的垃圾處理費用，不僅會招來鄰居的譴責，甚至有可能被管理員趕出公寓。

在德國，日常垃圾一般分四到五類，然後再細分出至少六十二種生活垃圾。垃圾分為有機物（Bioabfall）、包裝袋（Verpackung）、紙（Papier）、玻璃（Glass）與其他諸如電池一類的特殊垃圾（Sonderabfall）。德國各聯邦採用不同顏色的垃圾桶進行垃圾分類。

比如藍色桶是紙類。廢紙在垃圾中占比很高，一般來說，除了自家有藍色桶之外，德國社區和街道也會分布定點的大鐵皮箱，用於放置廢紙類垃圾。德國人對廢紙的定義，包括了舊報紙、雜誌、複印紙、筆記本、硬紙板、包裝材料、食品包裝紙和披薩餅盒等。

看起來有點類似紙，但不屬於廢紙的也很多，如人造材料製作的塑膠鋁箔、聚苯乙烯泡沫塑料、有金屬和玻璃汙染的紙等。耐水性也是考量因素，因此羊皮紙、幻燈片、照片和那種包裝精美的小冊子，也不屬於廢紙類。包裝類垃圾有自己的指定垃圾桶，包括罐頭、飲料罐、鋁罐、複合材料（Composite Material）的飲料盒、真空包裝的牛奶盒等。此外，化妝品包裝袋、水果和蔬菜的填充發泡包裝等也屬此類。像牛奶盒，德國人都會將之壓扁後再丟棄，以節省空間。

棕色或綠色桶是專門裝有機物，包括食物殘渣、花園樹木剪下的殘枝、草坪割下來的草等。黃色桶主要是裝食品塑膠包裝、飲水瓶子、金屬易開罐、日常廢舊塑膠等。黑色桶是不包含有害物質的不可再生垃圾。

垃圾桶原則上都是滑蓋式設計，丟垃圾時須把蓋子向上打開，鬆手後蓋子會自動落下。如此設計的用意在於防雨水、蚊蟲入侵以及防異味散出。桶子下面都有便於垃圾清潔員推拉的輪子。

比如生活垃圾，

▲當垃圾精準分類成為習慣，也就不覺得麻煩。

德國人都會在收取的頭天晚上將圓形垃圾桶放在家門口的人行道上。我曾在清晨見到這樣的場景，只見大大小小的同色垃圾桶擺在人行道上。

垃圾桶的大小，是每個家庭根據自己的人口和垃圾數量來自行確定的，垃圾桶越大，價格就越高。尤其是不可回收垃圾所用的垃圾桶，按照一些城市的標準，最小的五十公升桶年費也高達九十六歐元，最大的兩百四十公升桶，年費達到四百六十歐元。這個費用包括一年清運十二次不可回收垃圾、二十六次生物垃圾和十三次廢紙的服務。如果需要增加清運次數，每次加收八歐元到三十八歐元不等。不可回收垃圾扔得越多，付的錢就越多。這是為了鼓勵居民們多進行分類，少產生垃圾。

也有特殊情況，比如家裡垃圾實在太多，最大的垃圾桶也放不下，那怎麼辦？就只能出動大的塑膠垃圾袋了。因為環保的緣故，這種垃圾袋非常貴，五歐元一個，而且是專用垃圾袋，如果你打算隨便找個袋子裝垃圾放在門口，肯定不會如願，因為垃圾車根本就不會收。

垃圾車收垃圾並不是隨便收的，特定的垃圾車於特定的日子，也許只會收某種類型的垃圾。比如有一次，我就看到一輛垃圾車，只收了綠色垃圾桶裡的垃圾，其他顏色的統統不管，便直接開走。

綠色垃圾桶裝的是有機垃圾類，有時棕色垃圾桶也屬此類。所謂有機垃圾，最主要的就是廚餘。一般來說，德國人不會每天都把廚餘垃圾放到社區垃圾桶裡，而是會在廚房裡放一個小垃圾桶，專門用來放置廚餘，滿了之後再拿出來倒。

有一次，我夜住海德堡老城，早上七點多出門閒逛。清晨的海德堡，清冷安靜，石板路上乾乾淨淨，偶有晨練者跑過。有個大叔一路跟我並排而行，手裡拎著袋子，我拎著相機邊走邊拍，他也優哉遊哉。我們就這樣走過了整條街，再拐個彎，步入一條狹窄的石板路，大叔停下腳步，在路口打開一個垃圾桶蓋子，把手裡的袋子放了進去。

走一整條馬路扔垃圾？剛才路上已經有垃圾桶，大叔為何捨近求遠？我一時好奇，打開垃圾桶看看，裡面乾乾淨淨，也無異味，袋口全部綁好。我打開一個袋子看看，裡面居然全是啤酒瓶，再打開一個，也是酒瓶。更有意思的是，我打開隔壁一個垃圾桶再看看，裡面居然都是透明無色的調味料瓶和果醬瓶子。

後來查了一下才知道，即使只是回收玻璃瓶，都有幾種不同的垃圾桶，而且垃圾桶的桶身上已經標明了顏色，如無色、綠色和棕色等。德國人民不但要按顏色分類，還不能將瓶蓋一起放進去，所以，我在垃圾桶裡看到的瓶子，都沒有瓶蓋。最重要的是，瓶子必須沖洗乾淨，裡面不能有殘留物。值得一提的是，玻璃瓶只能在白天扔，因為晚上會發出大聲響。

而且，這類垃圾箱僅僅收玻璃瓶，並不收其他玻璃垃圾和類玻璃垃圾。比如瓷器和陶器、打碎的碗和盤子等，就不能跟玻璃瓶一起扔。另外，燈泡、燈管也不行，玻璃門窗、汽車玻璃和鏡子等也不屬此類。

要扔這些廢舊玻璃，也得自己提著去特定地點扔掉。由於這類垃圾相對較少，垃圾桶也不會太密集，所以經常要自己開著車去扔垃圾。

所有你可以想到的，德國人都能回收

一般來說，礦泉水、可樂和啤酒等瓶子，付款時都包含了瓶子押金。喝完後，可以拿著空瓶回超市，超市會退還押金，一般為〇・二五歐元，如果是超過一・二五公升的大瓶子，可能達到〇・五歐元，累積下來也是不小的數目。要知道，德國人很少喝水，而是以飲料為主，啤酒更不必說，一輩子消耗的瓶瓶罐罐，估計是天文數字吧。

在其他國家旅行時，我也問了一下，都沒有類似的押金設置。後來查資料，發現德國是歐洲唯一實行塑膠瓶和易開罐回收押金制的國家。據說該法令在二〇〇三年剛實施時，曾遭遇食品工業團體的抵制，認為此舉影響銷量，並訴諸法庭，但這項長期有利的法令還是得以實施。目前，德國有十幾萬臺回收瓶子的機器，只要投入瓶子就能得到押金（參見左頁圖和 QR Code），避免瓶子的重複生產，可以循環利用。

在歐洲，公益回收已實施多年。在德國，舊衣物、書籍、鞋子和家用擺飾等都設有固定的大型回收桶，上面會標注為哪家慈善機構而設、聯絡電話、註冊號碼等以備查詢，不會導致捐贈變成一筆糊塗帳。教會也有指定的回收點。當然，在捐贈之前，必須把這些舊衣服、床單等洗乾淨。

有資料顯示，德國垃圾回收利用率高達八〇％，而且不僅限於生活垃圾。比如建築垃圾，從土石、瓦礫到鋼筋，德國人都會一一分類，回收利用。

綠色垃圾的利用也非常充分。德國人只要家裡有花園，都會在角落裡放上綠色垃圾桶，蔬菜、咖啡渣和果皮都可以扔進去發酵，然後作為綠色肥料使用。但別以為什麼都可以往裡丟，橘子皮和柚子皮不能丟，因為會導致土壤變酸，剩菜剩飯也不行，免得招惹老鼠，還有堅硬的果殼（如核桃）也不行，因為不會自行腐爛發酵。

如果是閒置的生活用品，可以拿到跳蚤市場販售。如果你留意德國報紙的分類廣告，會發現舊物轉讓或者轉贈類廣告不少，對德國人來說，這是很平常的事情。

像廢電池這種令環保人士頭痛的垃圾，在德國也有嚴格的回收規定。有一回，途經德國中部一個不知名小鎮的郊外超市，停車進去買了一堆果汁和零食，用於旅途補給。排隊買單時，看到收銀臺邊有個垃圾桶，裡面只有廢電池。剛好有人經過，從褲兜裡掏出幾顆舊電池扔進去，然後轉進超市，拿了兩排新電池，就跟在我後面等著排隊買單。

▲寶特瓶回收機，丟入可領錢。

◀德國如何回收瓶罐影片。

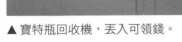

此外，如油漆、燈管、燈具、過期藥品、化學製品、農藥、廢舊溫度計、汽車保養製劑乃至酸鹼溶劑等，都屬於特殊垃圾類。這類帶有汙染物的特殊垃圾，不能隨便扔，必須致電垃圾回收部門，對方會在約定時間上門回收。廢電池相對簡單，沒這麼麻煩，畢竟電池用完，人們大多數都會買新的，所以超市裡便設置了回收桶。

如今，每家每戶都有大量電器，廢舊電器汙染也是各國的環保難題。德國人當然也有許多大型電器要扔，這些都需要提前報備，要自己送去垃圾回收站。電視、冰箱之類的大型電器，如果規格超標，有時還會被收取處理費用，在垃圾回收站的大門口有詳細的規格和價格表。

租客天堂，房東要加租，獲批才能執行

據我觀察，德國人乃至歐洲人的房子都不大，但統計資料顯示人均住房面積倒還不小，已經超過三十三平方公尺。

在城市裡，大致能看到兩種房子。一種是老城區的老房子，或者說修舊如舊的房子，保留舊有結構，有些屬於獨門獨戶，有些則住了幾戶。這類房子外觀好看，內部經過改造後也相當舒適。還有一種是新建公寓樓，有點類似中國的社區。但在歐洲，可別想看到那種動輒幾十棟高層建築的龐大社區，兩、三棟四、五層的小樓，其實就已經是一個社區。這類房子外觀普通，但內部都很新，也很適合人居住。

如果是中產階層，最好的選擇當然是郊區別墅。德國城市普遍很小，所謂郊區，距離主城區往往也不過十分鐘車程，甚至可以步行到達，以我們的眼光來看，壓根不算「郊」。再來就是農村的獨立院落，看起來也是豪宅的樣子（參見第一百九十頁），但在德國遍地都是，毫不稀奇。

也只有在郊區和農村，才會見到德國人蓋房子的情景。作為一個好奇的人，我見到類似場面，總會停車走過去看看。德國人蓋房子，地基打得牢靠，而且工地十分乾淨，與一般想像中的工地地面坑窪、塵土飛揚、髒到無法下腳相比，德國人的工地現場，條理分明，工具整整齊齊，工人有板有眼。

有人告訴我，德國人自己買地建房，花費也不算太大，而且土地所有權歸自己，算是一勞永逸。更便宜的辦法是租地建房，每年交點土地使用租金給國家或者開發商即可，這是德國政府對低收入階層的福利保障政策。

蓋房子之前，先幹活的其實是德國政府。因為政府要確保「三通一平」，即通水、通電、通路、地面平整。而且，室內節能、保溫、絕緣、防汙染等設備也要齊備。也正因為德國政府的工作做在前面，我們才會看到那麼多令我們豔羨的院落，不管在德國的哪個角落，它們的設施都是完善的。

按照官方的最新資料，德國房價最貴的城市是慕尼黑，其次是漢堡、法蘭克福、斯圖加特、杜塞道夫、科隆，柏林僅排名第七。即使是慕尼黑，平均房價也不過是每平方公尺五千歐元，漢堡、法蘭克福和斯圖加特的平均房價每平方公尺僅四千歐元左右，至

▲在德國，幾乎見不到包含幾十棟高樓建築的龐大社區。

▲即便是農村院落，也頗有豪宅的風範。

於柏林，平均房價則為每平方公尺兩千三百歐元。

換言之，在德國經濟最發達的城市，買一套地段普通，六、七十平方公尺的小房子，需要不到三十萬歐元。即使買兩、三百平方公尺的別墅，一百萬歐元以內也可以解決。而且，老外的別墅跟中國的社區式別墅不一樣，哪怕房子不大，花園也大到能跑馬，動輒幾畝地。

更重要的是，這價格是市中心價格。以德國的地理狀況和交通狀況，大多數人的居住選擇是幾萬到十萬人口的小城市。即使是發達大城市近郊的小城市，房價都明顯下降，每平方公尺兩、三千歐元的房子比比皆是。對比一下廣州旁邊的佛山，上海附近的蘇杭，你就明白德國人的房子有多便宜了。如果在前東德地區，很多城市的房價甚至會下探到一萬歐元左右。

有意思的是，德國有大量古堡、老宮殿和莊園，散落於不同區域和不同城市，有些還在密林或山中，就像英劇裡那般。這樣的大型房產也常常能見到出售資訊，面積一般都大到嚇死人，比如占地一、兩千畝，內有多棟大型建築，面積過萬平方公尺，但價格也就三、五百萬歐元。

有些市區內的老房子也會整棟出售，多半是舊時宮殿或官邸，幾千平方公尺，又位居市中心，也不過是三、四百萬歐元。這個整體價格當然很嚇人，但如果你想想人民幣幾千萬元在北上廣深能買什麼樣的豪宅，就明白差別了。更重要的是，你還要考慮中國人的平均收入與德國人的差距。換言之，人家收入比你高，房價卻不比你貴。

二〇一八年，德國房價出現飆漲，但即使如此，仍然不算高。前幾年，我看過一個資料，稱**只有不到五〇%的德國人擁有自己的房產**，換言之，起碼有一半德國人選擇租房居住。

德國人對房子沒有執念，當然也可以理解。德國有優厚的福利政策，教育和醫療都免費，從出生到死亡，樣樣都有保障。他們並不需要額外的安全感，所以大可將錢和精力用在其他地方上。從生活品質上來說，德國人有沒有屬於自己的房子，其實也沒什麼區別，許多人一輩子都在租房子，也沒有什麼不妥。

所以，在德國街頭看仲介廣告，租房廣告大大多於購屋。與房價一樣，租房價格也跟地方經濟息息相關。房價最貴的慕尼黑，租房價格也最貴，法蘭克福城市圈次之。

德國房價近年來有所上漲，租房價格也隨之走高。資料顯示，二〇〇二年，在慕尼黑市中心租個六、七十平方公尺的公寓，每月是一千三百歐元左右，前兩年在老市政廳一帶看廣告，每月一千八百歐元也不罕見，相當之高。不過這只是慕尼黑市中心的價格，據我觀察，作為租房價格最高的城市，相似面積的公寓，慕尼黑市區整體的平均月租金應該是一千兩百歐元左右。換言之，每平方公尺接近二十歐元。

前些日子讀到一個資料，印證了我的觀察。資料顯示，慕尼黑市中心的房租均價達到每平方公尺二十八歐元，全市的房租均價則接近每平方公尺二十歐元。排名第二的是杜塞道夫，第三為斯圖加特，平均每平方公尺的租金都是十五歐元到十六歐元之間。

但在其他一些大城市，尤其是前東德地區的大城市，租金幾乎是「斷崖式下跌」。

像萊比錫和德勒斯登，平均每平方公尺的租金都不到十歐元，換言之，租一個六十平方公尺的公寓，每月需要五、六百歐元。

中型城市的租金會更低，我在班貝格、科堡（Coburg）等城市觀察到的資料顯示，六、七十平方公尺的公寓，租金基本在兩、三百歐元。要知道，這些地方在德國也已算是大城市。如果是那種人口兩、三萬的小城，價格可以下探到每平方公尺三歐元左右。

至於首都柏林，西柏林地區的價格會高於東柏林，整體租金遠低於慕尼黑，高於德勒斯登，每平方公尺大概在十至十二歐元。

據說，在德國租房比較省心。想想也是，一來有規範，二來租房的群體特別大。德國《憲法》規定，**房東若非經過訴訟途徑，不得強迫房客搬出**，所以很多人會租一個房子過一輩子。德國的每座城鎮都有獨立機構，會根據房屋的地理位置、交通狀況、建築年分、品質及節能情況，規定房屋的基本租金範圍，這個範圍也受法律限制。所以，房東要加租，必須出示書面陳述，獲批之後才能執行。這樣一來，租屋者還能不省心嗎？

把有軌電車開進大街小巷，步行兩分鐘就能坐上車

傍晚走在弗萊堡老城，極其輕鬆愜意。一來小溪貫穿老城，流水潺潺，二來走在鋪滿鵝卵石圖案的路上，彷如探祕，十分有趣。更重要的是，都是徒步區，不用擔心汽車的問題。當然，有時聽到從遠處傳來的「鐺鐺」聲也要留心，因為那是電車來了。

德國大多數城市都有徒步區，但像弗萊堡老城這麼大的徒步區，還真是獨一無二。弗萊堡每條大街都有電車經過，不管你在老城區的哪個街巷，走出來兩分鐘就能坐上車。

早在一九六九年，這座城市就制訂了第一個「交通總規畫」，此後幾十年間，弗萊堡的公車路線、自行車專用道和徒步街區的擴建從未間斷過，弗萊堡也因此拿過「歐洲短距離交通獎」。

之所以要不斷擴建路網，是因為弗萊堡交通政策的首要目標便是盡量降低市區交通流量，因此必須保證機動車在城市周邊快速通過，盡量避開住宅區。另外，有軌電車的鋪設已經遍及全城，六五％的城

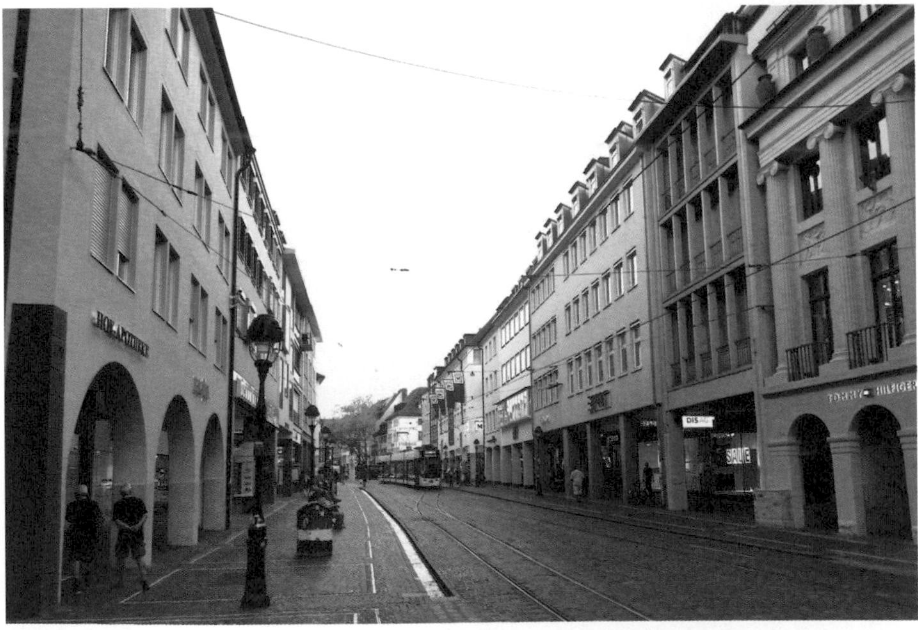

▲ 公共交通以外的機動車不能駛入弗萊堡老城，這裡成為最適合步行的城市之一。

市居民住在有軌電車沿線附近，出門即可乘車，十分方便。

有個資料值得一提，弗萊堡每千人擁有私家車四百二十三輛，這個數字放在中國十分驚人，但在一個家庭普遍擁有兩、三輛車的德國，卻相當之低。在德國十五萬以上人口的城市裡，弗萊堡的私家車擁有比例是最低的。

在弗萊堡，還有一個更觸動我的細節：在西方城市裡，大型超市位於城市郊區或者邊緣，是很普遍的現象，開著車去購物，也是歐美民眾習以為常之事。可是在弗萊堡，我入城時曾習慣性找超市，以求順便補給，卻沒碰上。倒是在老城閒晃時，常常可以看到各種超市，結果一路買個不停。

原來，弗萊堡在超市和商店的設置上也有規畫布局，只要是住宅區，就得保證居民能在步行距離內完成生活購物。反倒是歐美最常見的郊外大型超市，不在弗萊堡的規畫之內。這座環保之都的特別，由此可見一斑。

雪地開車不換輪胎，要罰

如果不是長住德國，僅僅是個遊客，即使來的次數再多，雪天開車的經驗也不會太豐富，大多數人甚至壓根為零。畢竟冬天是歐洲旅行淡季，一來雨雪天氣多，二來下午四、五點天就變黑，遊玩時間憑空比夏季少了一半，其實很不划算。

我的雪地開車經歷也不豐富，但總算有過，也見證過突如其來的寒流。印象最深的是從奧格斯堡前往菲森（Füssen）的路上。菲森小城的最知名景點當然是遊客必去的新天鵝堡，沿途基本沒走高速公路，而是普通公路。之前兩天，寒流突然來襲，氣溫驟降二十度，當日雖然氣溫大大回升，但也是零下幾度。道路兩旁積雪甚厚，嘗試走進去，直沒小腿肚。但行駛在兩車道的狹窄公路上，你壓根看不到路面積雪。

所以，這一趟旅途的駕駛感受就非常有趣：道路平坦，不但沒有積雪，甚至連水跡都很少看到，無須擔心溼滑難行。但另一方面，兩側建築和原野都被白雪覆蓋，遠方有一團團的白雲和延綿雪山，景致極美。

道路上為何沒有積雪？德國人是怎麼做到的？稍後見到的除雪車給了我一部分答案。除雪車的外形很像卡車，但車頭有個除雪器，行進速度相當快，所到之處，路面積雪瞬間消失。同時，除雪車還會將積雪噴到旁邊的卡車裡。兩相配合，路面會以超快速度被清理乾淨。

讓我驚詫的是除雪車的快速有效，駛過之處真的再無半點積雪，我不懂其科技原理，只能大感驚訝。據說，如果是高速公路出現這種情況，常常是幾輛甚至十幾輛除雪車集體出動，一下子就能讓道路通暢。

之所以說除雪車給了我「一部分答案」，是因為它僅是個表象，是德國在冰雪天氣甚至雪災面前那一整套防範機制的其中一環而已。

德國冬季常見冰雪天氣，雪災也頻頻發生。也正因此，德國在應對方面有著成熟的經驗和體系。資料顯示，早在一九九〇年代初，德國就已建立起完善的雪災預警和應對體系。聯邦和各邦都組建了雪災防治中心，由氣象、電力、交通等部門共同組成，對雪災及其他緊急情況進行預測和監控。此外，德國民間也有提供各類氣象服務、應急服務及掃雪服務的商業公司，可以在冰雪天氣時為民眾提供服務。

在這個應對體系中，交通方面絕對是重中之重。像德國這樣的汽車大國，人口僅僅八千兩百萬，私家車保有量竟然超過五千萬輛，一旦因暴雪出現交通擁塞，後果必然嚴重。因此，德國各邦都有大雪過後的道路清理工作法規。如柏林邦就在《道路清掃法》中將柏林市區及周邊鄉鎮上千條道路詳細編號，並按照重要程度和路面冰雪的危險程度分為三個等級，降雪後首先要清掃包括市區內的主幹道、十字路口、道路轉彎以及公共交通路線等最高等級道路，而非主幹道、公路輔路或連接鄉村的公路等可以延後清掃。

而在北萊茵－威斯特法倫邦（Nordrhein-Westfalen），各主要城市市區內有兩千兩百多條道路，另外還有兩萬餘公里的高速公路和鄉村公路。邦政府多年來制訂了詳盡的應急方案，下雪後這些道路都會及時得到清掃。根據應急方案，全邦每年冬天都需要有七百多輛掃雪車整裝待命，同時還有兩百一十個倉庫儲備了十二萬噸融雪鹽。

當然，除雪車可不是萬能的，遇上那種暴雪天氣，德國也會出現大雪封路的情況，處理速度也會慢一些。但根據德國的整套相關機制，對道路的處理有輕重緩急之分，優先確保高速公路和主幹道的清理，足以盡量降低影響。

在菲森，有一次我在路邊找地方停車，卻看到道路兩旁原先的畫線車位上豎著牌子，貌似是不允許停，而且整條路上確實沒有車輛停放。因為看不懂德語，只好求助路人。經過解釋才明白，德國交通法有相關規定，如果在大雪天氣，車主將車輛停靠在主要街道兩旁，一旦導致交通擁塞，就會面臨數百歐元的高額罰款，連拖車費用也得承擔。我吐吐舌頭，趕緊另尋車位。

除了及時清理積雪外，安全駕駛也是重中之重。在德國拿駕照，冬季開車是很重要的一個專案，訓練非常嚴格，包括實地冰上駕駛訓練、冰雪天煞車距離計算、識別道路冬天限速標誌等內容。

作為自駕遊客，我們當然無須考取德國駕照，但遇上冬季自駕，租車公司提供車輛給我們時，也會叮囑一番。要先跟我們確認已經換上了雪地輪胎，與普通輪胎相比，其紋路和厚度都有所不同，適合在雪地乃至結冰路面上行駛。

我查了一下德國相關法例，二〇一〇年十一月二十七日，德國聯邦參議院批准了一

▲大雪天氣放心出行，得益於德國成熟的雪災應對體系。

項新的交通條例：冬季路面結冰時，汽車駕駛人有義務更換使用雪地輪胎。如果因為未裝雪地輪胎而導致無法行駛，並引發交通擁塞，將被處以八十歐元罰款。一般來說，**雪地輪胎的更換週期遵循「ＯＯ」法則，即在十月（Oktober）和復活節（Ostern）之間的時間段使用**。

未安裝雪地輪胎，除了會被處以交通罰款外，保險理賠也會有困難。大多數德國車險都有一個條款，即汽車當前使用輪胎應符合天氣及道路狀況。不安裝雪地輪胎被視為投保人的嚴重過失，假如一個事故可以透過安裝雪地輪胎來避免的話，保險公司就有理由減少賠償。但假如裝了雪地輪胎還是不可避免，那保險公司就不能拒賠。

此外，車上還有急救包、手電筒等工具。如果我們事先提出申請，那麼租車公司還會提供一些急救藥品。租車公司職員還提醒我們，必須準備好衣服、毛毯，還有一些食物與水。

不過，職員最後也會開個玩笑，意思大概是「其實根本不需要跟你們遊客說這些了，你們把行李箱放在車上，那當然會有衣服和應急的小毛毯之類，至於吃喝，你們更不會停嘴啦！」

當然，德國人的裝備也不是萬能的，如果是極端的暴風雪天氣，德國也會出現公路擁塞現象。比如二〇一四年十二月底，因為寒流導致連續多日下大雪，部分道路簡直像滑冰場，斯圖加特附近的高速公路就出現了二十公里的車龍。但只要不是這種極端天氣，雪天的德國仍然駕駛無憂。

德國式的「各掃門前雪」

有一回，我在旅途中暫住德國科堡。早上閒著沒事，便出門溜達。酒店在山腳下，沿坡而上，便可抵達山頂上的城堡，這座城堡是德國第二大堡，雖然遊客不多，但名氣極大。山坡兩側及橫向延伸的巷弄都是民宅，一棟棟小別墅加上小院子，安靜悠然。

走在這樣的斜坡上，自然十分愜意。即使天氣寒冷，路上的積雪也能為這景致添色不少。不過讓我詫異的是，有不少人在掃雪，有老先生老太太，有大叔阿姨，還有少年與孩子。他們當然不是清潔工，有些人從家裡推門出來，有些人掃完了拿著工具便回家。裝備也很齊全，不但有雪鏟，甚至還有小型掃雪車。他們不僅掃自家院子，也會在人行道上鏟出一條通道，我所走的路，便是由他們合力除雪完成。

原來，這就是德國的「各掃門前雪」。

德國冬季多風雪天氣，大部分邦和城市都有除雪相關的法規。在十一月十五日到三月十五日的「冬季時間」裡，市區居民需要準備雪鏟、掃雪車以及沙土、鋸屑[1]、碎石子等材料，屋主或租住房屋的人有義務清掃房屋附近的人行道，否則將受到相應處罰。

對於人行道清掃的時間和方式，法律還有更為詳細的規定。比如在上下班高峰期開始之前，必須將自家房門前的積雪和冰打掃乾淨，並撒上沙子。在週日或節假日，可延後兩個小時清掃。掃出的人行道一般要有一．二公尺寬，以便足夠讓兩個迎面而行的人通過，當然，各個城市具體規定不同，如波昂就規定為一．五公尺寬，杜塞道夫則僅需一公尺寬。

法律甚至還規定，居民在清掃時只能使用掃雪工具，禁止使用融雪劑，以免對道路旁的青草和樹木造成傷害。如果路面出現結冰，還需撒上沙土或鋸屑[1]等。使用最多的則是顆粒較大的化雪鹽，這東西不需要民眾自己購買，當地市政部門會提供。我就在科堡的這片住宅區裡，看到一些放置在路邊的黃色箱子，裡面裝的便是化雪鹽。人們可以自行取用，下雪時撒在自家門口和路邊，可防止結冰。市政部門有專人負責管理這些箱子，隨時放置新鹽，整個冬天都不會空箱。

其實在科堡所見也揭開了我內心的一個謎團：原來這種黃色箱子是裝化雪鹽的！要知道，我第一次看到並打開這黃色箱子時，還以為它是垃圾桶呢，正打算把手裡的垃圾扔進去，才發現裡面有袋子，裝滿了白色顆粒。雖不知是做什麼用的，但總還是知道絕非垃圾桶，才沒鬧笑話。

如果自家門前的道路在規定的時間內沒有及時清掃，就將面臨少則幾十歐元、多則高達一萬歐元的罰款。如果屋主沒有掃雪而致使他人在自家門口摔倒，要負法律責任，並承擔受害者的醫療費用。

一般來說，掃雪的義務歸房屋擁有者。如果是獨棟別墅，那就得負責其門前和周圍的人行道清掃。如果是多家共住的房子，鄰里之間就要約定，如按次、按天，或者按星

1　鋸木材時落下的細末。

期輪流。如果雪非常大又下個不停，就得幾家人共同出力。

如果是租屋，房東可以把這個義務委託給房客，但必須在租屋合約中寫明。房客也可以預繳掃雪費用，房東會請冬季服務公司掃雪。房東也可以透過減少房租的方式讓某一家住戶來掃雪，這在有很多家庭共住的公寓房裡比較普遍。

既然是「各掃門前雪」，當然不會出現什麼「某某人起個大早清掃街上雪」的好人好事。掃雪者掃到自家與鄰居院牆時，便不再掃下去，鄰居同樣如此。老實說，我一向不相信被刻意宣傳的好人好事，「某某人起個大早清掃街上雪」這種事情如果被刻意宣傳，只能說明社會上大多數人都在等著占好人的便宜，反而說明社會風氣極差。相較之下，我更相信契約精神，就像德國這樣，各掃門前雪，但就這樣掃出一條乾淨的無障礙之路。

年輕時「儲蓄時間」，年老享受義工服務

德國的法定退休年齡為六十五歲，實際退休年齡為六十二歲，其實正好是精力充沛的時候。所以，德國人所說的養老，並非從退休開始。在歐洲已開發國家裡，德國物價相對最低，生活成本不高，加上養老金相對豐厚，因此老年人剛剛退休的日子，反而是人生中最滋潤放鬆的。在這段時間裡，他們沒有工作壓力，不需要照顧子女，更不用照顧孫輩，手裡又有錢，可以盡情享受、到處度假。

一般來說，**到了七十五歲左右，德國人才開始真正考慮養老問題**。也正因此，我在養老院裡見到的老人，其實都在七十歲以上。

而且，選擇到養老院養老的德國人其實並不算多。有資料顯示，這部分人僅占德國七十五歲以上人口的三三％。大多數人仍然選擇居家養老，依託周邊的養老機構，選擇各種上門護理服務。因為不跟子女生活在一起，德國老人也是「獨居老人」，但家庭關係其實並不淡漠。

當然，上門護理的費用相當高，如果是最高標準的全天候、非自理護理服務，每月可能高達一萬歐元，請得起的老人並不多。大家都還是選擇其他級別的護理，普遍在兩、三千歐元，依靠德國政府發放的養老補貼以及保險、積蓄等。另外，大多數居家養老者會在家中安裝緊急呼叫設備，直通救護中心或醫院。

也正因此，社區養老應運而生。它不同於老人自行在家養老，也不同於養老院養老，而是介於兩者之間。

它的模式非常簡單：老人無須離開自己熟悉的社區生活，可以保留自己的生活習慣、人際圈子，但仍然要搬離自己原先的住所，進入社區內的居家服務公寓。這種公寓採用無障礙化設計，還有許多老人專用的硬體設施。每天都會有護理人員上門進行護理，護理當然要收費，但也有免費的，比如年輕時可以參加「儲蓄時間」義工專案，老了就可免費享受義工服務。

在德國的養老體系裡，義工的角色十分吃重。如果沒有義工，單靠在職人員，養老體系其實根本無法運作。**年輕時做義工，年老享受義工服務**，如此代代相傳，也是德國一大特色。

養小不養老，老了有貼補

人在旅途，難免會碰上些窘事，而我遇上的最窘之事，發生在德西某個不知名的小城鎮。

那天，我打算從斯圖加特前往弗萊堡，因沿途景致美妙，所以開開停停，不知不覺就到了中午十二點半。兒子在後排說肚子已經咕咕叫，我看看時間，去目的地再吃飯就會很晚，不如就地解決。於是開車轉入所經的小城鎮。沒走多遠，便在路邊看到一棟房子，相當漂亮，一樓更是窗戶明亮，採光極佳，裡面顯然是咖啡廳，裝修典雅，許多人坐在裡面吃吃喝喝。最重要的是，它竟然有停車場，而且入口有免費字樣，這可是大好事，於是我立馬停車，興沖沖走進去。

結果，窘事發生了：所有人都望向我們，神情詫異。我心想德國人不至於這樣少見多怪啊，見到三張亞洲面孔就如此吃驚，但是且慢，為什麼這間咖啡廳裡全是老人？退後兩步，在門口好好看看，簡直無地自容，原來這裡是一間養老院，咖啡廳也是養老院裡的設施。我只能感慨：你修得這麼漂亮，就是用來騙我的嗎？

不過，這間漂亮的養老院也引發了我的興趣。要知道，德國的老齡化程度位列歐洲第一，在八千多萬人口中，六十五歲以上的老人高達二〇%以上，估計到二〇五〇年，德國一半以上人口將超過五十歲，三分之一以上人口超過六十歲，養老壓力極大。

而且，德國與東方社會不同，**有「養小不養老」的傳統，對孩子的撫養有法律和道義約束，但在贍養老人方面卻沒有相關約束**。老人退休後就得靠自己，或在家養老，或在養老院養老。

資料顯示，目前德國共有一．二四萬家養老機構，包括養老院、老年公寓、臨終關懷醫院等。其中一〇%為公立養老院，三六%為私人養老院，五四%為慈善組織所辦。

一般來說，養老院都建在環境幽靜的小城鎮中，臨近大城市的也建於郊區，以確保清新空氣和美麗景致。至於設施，據說我見到的這家僅僅是中等水準，但已遠勝醫院的VIP病房，房間裡的設施都非常人性化，親眼看見後，你必然會為德國人的細心而感到驚嘆。

比如，房門比一般家庭和酒店的門更寬，方便輪椅和床的出入。洗手間的空間比我們平時所見的歐洲洗手間要大一些，這是為了方便坐輪椅的老人出入和轉身。洗手檯下肯定沒有儲物櫃，而是選擇中空，因為要方便坐輪椅的老人洗手。不設置不方便老人進出的浴缸，只有淋浴，淋浴間和馬桶邊都有扶手。

房間設施齊全，但床邊空間挺大，這是為了方便床的隨時移動。每張床都可以自由調節，既可以橫向也可以縱向，最多可以讓護理人員三面進行護理操作。平時的話，床當然是靠牆擺放，會讓老人有安全感。窗戶普遍是落地窗，即使老人坐在輪椅上或是躺在床上，也可以看到外面。走廊的過道[2]全部鋪了地毯，也是為了減輕老人一旦摔倒的傷害。

從房間裡的設施，可以看出這是明顯的「老人房」，處處提供便利和人性化設施，但在戶外，我們看到的設施跟城市環境毫無區別，比如健身設施跟城市公園裡的基本一樣，花園也像公園，至於咖啡廳和餐廳就不用說了，要不我們最初也不會誤以為這是對外開放的餐廳，直接闖進去。這種做法，是為了讓老人有更加樂觀開放的心態，不覺得自己是老人，依然與社會接軌。可見無論是設施還是心理層面，德國的老人院都有一套標準。

養老院會為老人們提供三餐，並按照繳費等級進行不同護理。娛樂設施基本齊備，健身房和圖書館都是標準配備。

有意思的是，在德國養老院裡，如果老人行動不便，護士不被允許與其有身體接觸，換言之，不能直接用手扶或抬。

這個「傳說」我聽聞已久，但眼下才有機會目睹，雖然僅僅是目睹相關設備，比如專用的吊籃，可以將老人從輪椅吊到床上，可以吊入浴缸。之所以如此「麻煩」，是為了避免老人摔傷。

德國的養老院大部分交給市場。前些年，德國還通過新法律，明確規定各類型養老機構都要實行公司化登記，一律公司化營運。這種徹底的市場化操作，不但使得市場在競爭狀態下更有規範和透明，也催生了許多高端養老機構。

資料顯示，有一家凱維埃養老院，是一家全德連鎖的養老機構，目前有二十多個分院。其設施可以媲美五星級酒店：高級地毯、名貴壁畫、專門為老人設計的按摩沙發椅，還有笑容可掬的服務人員。

除三餐外，還有下午茶等。老人們可以每天去洗三溫暖、接受按摩，或者慢慢享受一杯免費葡萄酒。養老院還提供豐富多彩的活動：從名醫講座諮詢，到名廚現場獻藝；種類從專業人士的各類講座，到古典音樂家的現場演奏。如果老人手腳還靈活，甚至還有赴土耳其、西班牙等地的旅遊團可以報名參加。

當然啦，條件好價格自然高，傳說中每月要四、五千歐元以上的養老院就是這一品牌。能夠住進來的老人，當然需要雄厚財力。

我問工作人員，如果有些老人確實無法承擔養老院的費用，那怎麼辦？她們告訴我，教會等慈善機構所辦的養老院會便宜一些，但也需要兩千多歐元。其實即使收得多，養老院想維持運作也並非易事，畢竟成本擺在那裡。

其實德國政府已經做到了最好，無論是哪種養老機構，政府均提供相應的補助，而且補助按床位一次性發放，數字堪稱令人咋舌的天價：每個床位一萬六千歐元。

在德國養老，說容易也容易，說不容易也不容易。容易是因為人均收入高，社會體系相對完善，基本保障可以確保。還有很多針對老人的援助計畫，比如醫療照顧計畫，幫助支付保險外的所有醫療保健費用。此外還有住房基金、民間援助、針對老年人的監護法規等。

難度則在於德國人普遍沒有多少積蓄，但如果你想得到高標準服務，還是得花不少錢。另外，各種援助計畫並沒有覆蓋所有老人。比如老人們最喜歡的居服員到家服務，費用其實相當昂貴。如果是全天候護理服務，每月花費高達一萬歐元。

當然，德國也意識到了這一點，所以德國人現在每月需在疾病保險的基礎上，繳納幾十歐元的護理保險，除了基本花費之外，還有其他選項，如果達到一定條件，那麼也有一些老人可以只承擔一半費用，另一半由護理保險公司承擔。萬一生病，護理人員可以上門服務。

當老小孩遇到熊孩子

在德國西部的一個不知名小城鎮，我再次遇到一座養老院，不過這次先吸引我的，卻是一座幼兒園。

小鎮不大，我們下車只是為了買點飲料，偏偏小鎮當天不知道辦什麼活動，路邊車位和教堂廣場等全部立了暫時禁停的牌子，繞到一個住宅區，才有一個停車場。停好車後，發現旁邊剛好是個幼兒園，與停車場以鐵柵欄相隔，剛好可以看到小操場。

孩子們正在院子裡嬉戲，我們作為遊客，自然免不了駐足流連一番，看看當地幼兒園的設施。正在看著呢，突然看到幼兒園院子旁邊的一道玻璃牆的玻璃門打開，有幾個老人家在護工的引導下顫巍巍的走過來。

這才發現，幼兒園與旁邊的建築彼此相連，只有這道玻璃牆相隔，通過玻璃門便可互通。再去看看這個隔壁院落，居然是座養老院。

走出停車場，繞到這座幼兒園和養老院的前面，才發現兩者雖然各自掛牌，卻是同一品牌。查了一下才知道，原來這是一個連鎖機構，其特色就是幼兒園和養老院建在一起。將幼兒園和養老院建在一起，當然是希望老人更開心，孩子更懂事。所以，玻璃牆的門經常打開，老人和孩子們一起玩遊戲，一起參加各種活動。

或許有人會說，既然如此，那為何不像華人這樣幾代同堂，享受天倫之樂呢？

老外可不是這樣。在德國，父母有責任撫養子女，並且受到法律約束，但子女並不優先承擔贍養老人的義務。而之所以有這種與華人傳統思維截然不同的觀念，是因為在德國人看來，父母把孩子生下來，這是他們的主動選擇，因此必須為自己的行為負責任，而子女生下來是被動的，不是他們的自我選擇，所以不必優先承擔父母的養老責任，這就是德國「養小不養老」的傳統。

何況，靠子女養老是典型的推卸政府責任。畢竟，政府收入比起個人來說相對穩定。養老靠養老金和保險，孩子靠不上，而且養孩子花費大，這麼一權衡，難怪德國的人口出生率這麼低。

購車務實，換車勤快

我一向認為，在歐洲自駕旅行，以德國為起點最佳，因為在德國租車最為可靠，車況極佳。相較於某些人愛租豪車，我更喜歡租德國人最常開的普通家用旅行車，比如福斯 Golf 車型。倒不完全是價格因素，畢竟相差很小，而是因為我一向推崇歐洲人的用車理念。

一般來說，租車選擇的是車型組，即同一級別的車型，實際給什麼車，要看租車公司的實際情況。這事我倒也從不計較，畢竟在歐洲取車，不同品牌的品質沒有明顯差別，性能和配備都很有保障。當然，這種配備只體現在駕駛操控和安全方面，中國人喜歡的那些華而不實的配置，比如天窗、座椅電動調節之類，老外的車上反而統統沒有。即使是賓士、BMW，基本也不帶天窗，座椅依然是手動調節。

有一年，我從法蘭克福出發，租的是 Golf 車型，拿到的是一輛日產 Pulsar。配備比中國國內的 BMW 1 系列還強得多，開起來也很舒服。其實這款車就是日產 TIIDA 的新版，那時剛上市不久。開車經過公路交會處或者郊外商業中心，常常能見到這款車的廣告。

這款車當時的價格是一．一萬歐元，當然，當時在中國買一輛日產 TIIDA，低配版也可以下探到十萬元左右，但引擎、變速箱、安全配置和操控性完全沒法比。即使是十五萬以上的頂配 TIIDA，也比不上這款日產 Pulsar。

我也經常留意街上和商場裡的汽車廣告，微型車的價格往往是兩、三千歐元。微型車大小對應中國的奇瑞（CHERY）QQ之類，但懂車的人都知道，這個級別的歐洲車出了無數經典車型，比如飛亞特500（Fiat 500）、福斯Up（Volkswagen Up）和歐寶Adam（Opel ADAM）。曾在商場裡看過不少展車，其中就有福斯Up，安全配置和電子設備之先進，你在一汽—福斯（FAW-Volkswagen Automotive Co. Ltd）和上汽福斯（shanhai volkswagen）的中級車上都找不全。

歐洲人迷戀小車，德國儘管經濟冠絕歐盟，也依然務實。街上看到最多的仍是Golf這個級別的車型，旅行版最多。再大一點的則是Passat旅行版，豪華車裡以賓士E系旅行版最多。基本沒看過三廂車，要不就是雙廂車，要不就是旅行版。前兩年有個資料，顯示德國人購置新車的平均花費為兩萬六千歐元。

一輛豪華車四、五萬歐元，普通家用車一萬多

▲在德國買車很容易，不過低調務實的德國人，買車仍以家用車為主。

歐元，在德國基本算是行情價。二手車的價格更低，在二手市場上逛了一圈，發現幾千歐元就能買輛賓士E系。

有意思的是，**務實的德國人，換車反倒是歐洲已開發國家裡最勤快的**。這顯然跟我們認知裡的務實有點不符，但這當然是有原因的，原因就是德國獨特的補貼政策。德國人買車，會有補貼和減稅優惠，這就大大降低了實付金額。一輛車開久了，就要面臨零配件更換、保險費用上升、舊車置換價格走低等問題，在有大量補貼和減稅優惠的情況下，五年左右就換車反倒最划算。賣舊車的錢，加上補貼和減稅，再掏一筆小錢，甚至有時不用掏錢就能換輛新車，何樂而不為？

當然，以歐洲市面上流通車子的品質，五年的二手車也很不錯，德國人當然不會讓它們隨意報廢。這些車子會大量流入其他國家，比如經濟相對差一些的西班牙、義大利，還有東邊的羅馬尼亞、保加利亞等國家。

食品價格低，售價低於成本價

德國的食物價格很低，許多德國食品在超市的售價，其實低於成本價，尤其是基本需求食品，比如麵包，這是因為德國政府有相當高的食品補貼。德國政府在稅收的使用上，很大一部分給了食品。一方面是農業補貼，農民獲取了巨大補助；另一方面則是針對終端的基本需求，比如麵包，價格一定要低廉到所有人都可以買得起。

許多人認為德國稅高，都是拿增值稅來說話，卻忽視了一點：德國在消費品領域，僅收銷售環節的增值稅，即一次收完。相較之下，某些國家是生產環節徵稅、流通環節徵稅，到了銷售環節再徵稅，每次徵收都比德國低，但加起來就比德國高多了。

在旅途中，若偶爾出現特別趕時間的情況，我會考慮在超市買點吃的，在車上搞定。在歐元區裡，德國絕對是我見過的，食物最便宜的國家。走進德國超市，自由組合一餐，做到營養搭配得當，花錢還少，其實一點也不難。

在德國超市裡，優酪乳的種類之多總讓我眼花撩亂，各種品牌各種口味，價錢也都很便宜。一般來說，〇．五歐元左右已經可以買到一大杯優酪乳，買果汁也是好選擇，其實可樂、雪碧也很便宜，但果汁更健康一點。百分百純果汁，一．五公升裝的價格在一歐元到三歐元之間，非常划算。

在德國乃至歐洲，果汁、牛奶和碳酸飲料，往往都比礦泉水便宜。當然，也有便宜的礦泉水，那就是超市自有品牌。自有品牌礦泉水的價格，比起大品牌礦泉水真是相差甚遠，後者的一．五公升裝往往在兩歐元左右，最低也要一．二歐元上下，但自有品牌基本在〇．五歐元以下，甚至〇．二歐元左右。不過你要留意水是否帶氣（氣泡水），一般來說，不帶氣的也就是我們平時喝慣的普通礦泉水，價錢會比帶氣的更貴一些。在中國被視為貴族水的法國「依雲」（Evian），在德國乃至歐洲都很便宜，一公升裝折合人民幣不到五元，不到中國價格的四分之一。

至於麵包，如果你要求簡單，又能忍受枯燥口味，那麼德國人最常吃的黑麥麵包，也許會是好選擇。畢竟一包十片的麵包，基本都在〇．五歐元以內，少數在一歐元以上。如果你喜歡吃點花樣，各種花式麵包也可選擇，不過基本都是甜的，少有鹹的，一個也多在一歐元以內。

至於熟食，選擇就多了，可以買香腸、燻肉、雞腿……你要是喜歡，直接買個豬腳拿回去啃也可以。算下來價錢都不貴，一個豬腳多半是三至五歐元，且分量十分驚人，餵飽兩個人不成問題。

青菜往往比肉類還貴一點，比如每公斤三歐元以上的馬鈴薯和青椒，我也看過。不過也經常會看到相對便宜的蔬菜，估計是特價的緣故。

買水果的話，超市並非好選擇，一般來說肯定比市集貴，甚至貴上一倍。不過，算下來其實跟中國差別不大，尤其是蘋果、梨和柳丁之類的常見水果。如果偶遇當地的水果，價錢也相當實惠。

買單時，常常可以看到當地人採購，一輛購物車裡堆得很滿，一次就買上一個星期的需求。但是一買單，二、三十歐元是普遍現象。換言之，一個德國家庭，一個月只需要一百歐元左右，就完全可以應付當月飲食。

在德國，超便宜的還有咖啡。我們都知道，歐洲人喝咖啡，簡直像我們喝水一樣。早上起床來一杯，中午餐前來一杯，下午茶時來一杯，晚飯後還要來一杯。滿大街的咖啡館，總是坐滿了人。我一向入鄉隨俗，所以在歐洲旅行時，飯後點杯咖啡也是常有的事。記得第一次去德國，點過一杯價格最低的咖啡，一端上來還傻了眼。這都是不懂德語惹的禍，原來我點的是濃縮咖啡，白酒杯大小，完全可以「一口飲盡」。後來便熟悉了行情，再加上慢慢有了智慧手機上的各種翻譯Ａｐｐ，便沒再鬧這笑話。

在德國喝咖啡比在中國花費少一點，如果再比較中德兩國的平均收入，那在德國喝咖啡還真是划算。

在相對上點等級的德國餐廳或者咖啡廳，咖啡的價格多半是二・五歐元到四歐元之間。至於濃縮咖啡，一・五歐元左右就可解決。如果是在慕尼黑、漢堡的市中心咖啡廳，價格會上升到三歐元到六歐元之間，因為這畢竟是德國最富裕、物價也最高的城市。如果以北上廣深的咖啡廳來比較，慕尼黑和漢堡市中心的咖啡廳其實也不算貴。若是到了一些小城鎮的小咖啡館，也有一杯一歐元到兩歐元之間的咖啡，還時常有驚喜。更何況，德國人月平均收入是稅前四千多歐元，三歐元左右一杯的咖啡算什麼？

更重要的是，不管哪年去德國，咖啡的價格都差不多，幾乎沒有波動，對我來說，區別僅在匯率的變化。

在德國很少看到星巴克，不過也曾進去過一、兩次。一進去就發現，跟許多國家一樣，德國星巴克也比中國星巴克便宜。

假日要急診，請看報紙打電話找值班醫生

人在旅途，最不想去的地方就是醫院。但出門在外，難免未雨綢繆，必須做好去醫

院的打算。作為一個一向謹慎的摩羯座，我更會做足準備工作，對醫院要有相對詳細的了解，甚至特地踩點，以避免萬一碰上這類事情無所適從。

德國作為世界上最發達的國家之一，醫療水準和醫療保障機制都屬一流。醫院的醫療設備和醫務人員的專業性都無須質疑。

據統計，德國有超過兩千家醫院，包括公立醫院、私立醫院和非營利的慈善醫院等。許多大學有附屬教學醫院，通常屬於公立醫院。

德國保險法規定，德國公民和長期居住在德國的外國居民，必須參加醫療保險。醫療保險的範圍包括疾病、牙病的預防和治療、老年和嚴重傷殘人士的護理、生育和疾病補助等。絕大多數德國人必須參加德國法定醫療保險，少數人可選擇私人醫療保險。德國醫療保險提供全面的醫療保障，無論收入高低，每個人都可以獲得保障。

除了部分私立醫院外，絕大多數德國醫院都與法定醫療保險機構有協議，為持有法定醫療保險的病人服務。無論參加哪家法定醫療保險公司的保險，都可以去這些醫院就診，並由保險機構支付醫療費用。有些醫院不屬於法定醫療保險的協議醫院，為持有私人醫療保險或者私人自費病人服務。如果法定醫療保險的病人去這種私人醫院，那麼法定醫療保險公司就不能報銷醫療費用。

德國醫院主要提供專科住院服務。醫院內的專科醫生通常治療被接收住院的病人。病人需經過門診醫生的轉診安排住院治療。有些醫院設有專科門診，通常診斷和治療一些比較嚴重的，或者罕見的專科疑難雜症。多數醫院開設有二十四小時的急診中心，在緊急情況下，以及晚間、週末或節假日期間，病人可以直接去醫院急診中心。病情嚴重的病人可透過醫院急診收治住院。

記得有一回，在酒店辦理入住手續時，熱心的櫃檯人員遞給我們一張報紙，指著一個欄目跟我們嘰哩呱啦說了一堆。搞了半天才明白，她看我們帶了孩子，就順便告訴我們**萬一需要看醫生，可以在報紙上找電話**。

在報紙上找電話？沒錯。德國實行**全國統一的急診醫生電話一一六一一七**。在晚間、週末和節假日期間發生腹痛、發燒等普通急診，如果不能等到門診醫生診所營業時間，可以撥打這個電話接通值班醫生。而值班醫生的電話，當地報紙的緊急醫療服務欄目上就會有，每天都會提供當天值班的急診醫生名單。此外，緊急藥房服務欄目也會提供值班藥房的名單。

作為旅行者必須要注意的是，**德國的醫療費用很高，如果突發重病或意外受傷，沒有醫療保險的情況下，看病費用相當可觀。所以，出發前一定要買好提供全面醫療保障的保險**。

無障礙設施，讓身障者得自由

那天，在馬爾堡（Marburg）開車，正巧看到一個身障人士坐著輪椅過馬路，趕緊停車相讓。

之前看過一個新聞，中國某城市的人行等候區，為安全擺了幾個固定石墩，此舉原本無可厚非，但石墩相隔太近，行人可過，輪椅卻過不了，可見城市建設設計者根本沒把殘障人士放在心上。至於盲道蜿蜒曲折，甚至有石墩或者欄杆阻擋之類的事情，在中國城市裡也可以見到。

馬爾堡的紅綠燈和人行道等待區比柏油馬路略高，但坡度平緩，輪椅穿行十分輕鬆。這位四十多歲的中年男子在操控輪椅通過時，還不忘轉頭向我揮手致意，一臉燦爛笑容，與中國身障人士迥異。他的電動輪椅速度也很快，是德國政府統一研發製成，爬坡都不成問題。

穿行於馬爾堡，你會見到不少身障人士出行。即使是那種狹窄的無人小街，也有盲人依靠著導盲犬和拐杖前行。後來才知道，馬爾堡有德國最大的身障人士康復中心，所以身障人士的便利設施也是德國最佳。

不過放眼整個德國，身障人士出行都非常便利。據德國聯邦統計局（Statistisches Bundesamt）資料顯示，德國有一千萬名身障人士，其中七百五十萬為嚴重殘疾。而依照資料推斷，二〇一七年，中國身障人士總數接近一億[3]。可相比之下，你在德國街頭看到身障人士的機率遠高於中國。

在這僅說說我見過的幾個身障人士便利設施。

在德國，公車上都有專門的輪椅和童車區域，甚至連下車通知按鈕都遷就了輪椅的高度。與中國的公車不一樣，德國公車內沒有臺階，就是為了方便身障人士和童車。有人可能會質疑，公車有著相對較高的底盤，它怎麼跟停靠的道路持平呢？德國人也有辦法，一旦車輛靠站，就會透過泄壓方式降低車身高度，直至與月臺持平，就可以方便身障人士上下車了。

德國的火車站、地鐵站都有電梯。有些人會說，這有什麼奇怪，中國大城市基本也有相同配置啊。沒錯，但中國的電梯內，都有遷就輪椅高度的按鈕嗎？更重要的是，即使按鈕遷就了輪椅高度，又都配了盲文（按：亦稱點字）嗎？德國就全部配了盲文。

身障人士停車位和廁所就不用說了，早已是完善的設施。這些設施，中國的許多城市當然也有。可是德國人做得更細緻，在身障人士廁所裡，不但有各種規格和高度的把手，甚至連水龍頭、洗手乳和沖水按鈕上都刻有盲文。

在歐盟內部，德國是最早通過藥盒包裝加印盲文法規的國家。根據規定，除僅供醫務人員使用的藥品外，所有上市的藥品必須在包裝上使用盲文，標注藥品名稱、劑型、規格和適用人群。藥盒裡雖然沒有盲文說明書，但德國衛生部門設有專門的「盲人藥品服務」網站。該網站向盲人和視覺障礙人群提供語音、大號字體或盲文說明書。若上網不方便，可請藥局的藥劑師幫助播放語音版藥品說明書。

身障人士在德國，可以像正常人一樣出行。比起依靠他人幫助出行，身障人士顯然會更喜歡前者，因為這讓他們充滿自信，這也恰恰是中國身障人士缺少的生活和感受。

---

3 依衛生福利部統計，截至二〇二一年三月底，臺灣領有身心障礙證明（手冊）者為一百一十九．八萬人。

對身障人士來說，就業是個難題。受限於身體，他們能做的工作本就有限。也同樣受限於身體，他們受教育的機會也常被限制。如果一個社會沒有給予身障人士足夠充裕的空間，他們很可能只能悶在家裡。

這顯然不是好事，在文明國家的價值觀裡，歧視身障人士當然大錯特錯，而單純把身障人士養起來也形同禁錮，因為這很容易讓身障人士覺得自己是個無用之人。鼓勵身障人士就業，給他們充分的培訓和就業機會，讓他們成為社會運轉的一分子，才是文明社會最應該做到的。

德國就是這樣，你在許多場合都可以看到工作中的身障人士。我看過超市的身障人士收銀員，下班時坐著輪椅離開，一臉笑容的向停車場的每個路人致意，也包括我們。

不過，德國身障人士從事這類服務性質工作的比例不算高，因為他們往往會從事技術含量相對較高的工作，如電腦技術、機械製造、印刷和縫紉等。這一點讓我很感慨，在中國，身障人士即使工作，也往往只承擔相對簡單、初級的工作，但德國人顯然不會這樣想。

資料顯示，德國的身障人士職業培訓制度相當完善，專業繁多，不同身障人士有著不同的適合專業。而且，在職業培訓之前還有準備期，身障人士可以先嘗試不同專業（每個專業的體驗期為兩個月），最後確定目標，才開始正式的職業教育。

經過三至五年學習後，德國政府會特別為身障人士畢業生介紹工作。依照德國法律規定，只要是合適的行業，凡用工數超過二十人，都應提供至少五%的職位給身障人士[4]。政府還會為身障人士購買特殊辦公設備，進行必要的醫療整形、康復治療等，以便於身障人士適應工作。如果身障人士失業，還會獲得各種保險金。

有資料顯示，一個身障人士的職業培訓投入，是普通人職業培訓投入的兩至三倍，平均達到五萬歐元，這個數字相當驚人。但他們畢業後能夠憑藉所學自食其力，又為國家省下大量開支。

沒有流浪狗的國家

德國是一個沒有流浪狗的國家——請注意，是「沒有流浪狗」，不是「號稱沒有流浪狗」。德國人並未以此自我標榜，但他們神奇般的做到了。

流浪狗問題是一個世界性難題，更別說流浪狗多到嚇人、據說達幾千萬隻的中國，即使是德國近鄰法國，在街上偶而也能見到流浪狗。德國為什麼沒有流浪狗？這是一個嚴密的系統問題。

首先，德國人頗具愛心，如果一隻狗狗在街上獨自遊蕩，德國人就會關心牠的主人在哪裡。如果找不到主人，就會報警或者通知動保協會。如果最終仍無法找到主人，狗狗就會被送到收容所。

4　在臺灣，依《身心障礙者權益保障法》第三十八條第二項規定，私立學校、團體及民營事業機構員工總人數六十七人以上者，進用具有就業能力之身心障礙者人數，不得低於員工總人數一％，且不得少於一人。

其次，**德國的寵物店並不販售寵物，僅提供各種服務**。這是因為德國人將狗狗視為生活夥伴，並不接受將之放在店裡當成商品展示。如果要購買寵物，必須向專業繁殖場購買。繁殖場的規定又很嚴格，比如小型母犬一生的生育次數不得超過兩胎，狼犬最高生育年齡為八歲，比利時狼犬每年在德國繁殖總數不得超過七十隻等。

這就造成繁殖場「產量有限」，因此價格極高。價格一高，連收入高的德國人也吃不消，只能另尋途徑。這個途徑就是收容所，收養狗狗的花費遠低於在繁殖場直接購買，一般為兩百至三百五十歐元不等，所以德國寵物收養所的狗狗認養率，達到了驚人的九〇％以上。而且，八〇％的狗狗在六週之內就可以找到新家。

另外，大多數德國人都具有替狗做絕育手術的觀念，即使是高價買來的狗，通常也會將之結紮，收容所的犬隻則一律進行結紮手術。

再來就是法律的約束。在中國棄養犬隻完全是零成本，所以許多狗主人可以不負責任，但在德國，棄養寵物的罰金非常之高。如果棄養犬隻（包括搬家卻將狗留在原地者），罰款最高可達人民幣二十萬元。此外，德國法律賦予員警監督、糾察和取締虐待動物行為的權力，虐待犬隻甚至會被判刑，最高會坐牢兩年。

也許有人會說，我偷偷把狗狗丟棄，難道還會被抓到罰款嗎？當然會。因為你在德國養狗，必須為犬隻注射電子晶片，裡面有登記你的個人資訊。一旦狗狗被棄養，有關部門就會根據電子晶片找到你。

順便說說德國的動物收容所，我在艾爾福特郊區看過一間收容所，簡直被驚呆。這哪裡是收容所，簡直是療養院嘛。動物有自己的房舍、有專門的飲食安排表、有專門的運動場、有冷暖空調、有專業醫生……。

我問了一下，這樣的動物收容所不算豪華，只算基本規格。在歐洲，德國動物收容機構絕對是行業典範。它們都是公益性質，有定額的政府資助，此外還有會員的捐款。寵物主人如果有不可抗力因素，如死亡、重病、失業和破產等，都可以透過繳納手續費，將寵物送到收容所[5]。最有意思的是，動物收容所的人對法國、捷克和波蘭等鄰國充滿鄙視，因為他們說，德國的動物收容所裡，有相當比例的動物是跨境收養，是來自周邊國家的遺棄寵物。

養狗先查身家，交錢交稅買保險

在德國養狗，狗主人得先經過政府部門的資格審查。

這個資格審查在中國人看來真是太複雜了，你得申報自己的養狗動機，還得告知有沒有相關經驗。更重要的是，你還得申報自己的房子大小、有沒有花園，因為居家空間是否充裕直接關係狗狗的生活是否幸福。

5 在臺灣，依《動物保護法》第十四條規定，將不擬繼續飼養動物送交收容時，得向飼主收取收容費每隻四千八百元（一般照顧）。

你的收入狀況也是必答選項，因為養狗需要錢，讓狗生活得安逸需要更多的錢，你自己的肚子都沒餵飽，德國政府是不會允許你養狗的。這些資料可不能虛報，因為你還得接受登門審查。

如果資格都符合，你還得簽署相關的動物保護協會追蹤及審查的法律文件。換言之，你得隨時接受動保協會的檢查。為狗狗買保險也是必需的，定期體檢同樣是一筆固定費用。

或許有人會說，這麼麻煩，我偷偷養不就好？那就糟糕了，因為**養狗需要納稅**，養幾隻就交幾隻的稅。所以如果你偷偷養，涉及的就是逃稅問題，那是要罰款加坐牢的。

網路上一說起養狗文明問題，最讓人詬病的也許就是「遛狗不拴狗繩」了。歐洲人愛養狗，但在繫狗繩這件事情上特別自覺，哪怕是極小的犬隻，狗主人也不會說出那句某些狗主最愛掛在嘴邊的「我家狗不咬人」，而是會將之拴好。

在德國，我從未在街上看過不繫狗繩的狗。最有意思的是，德國人愛運動，公園裡常有跑步者，路上常有騎行者。在中國，如果帶著狗跑步、騎自行車，肯定就像背了個「免狗繩金牌」一樣，讓自家狗狗「自由奔跑」。但德國人就不會這樣，自己在跑步，狗狗也跟著跑，但狗繩還是繫著，自己在騎自行車，狗繩的另一端也繫在車前或車後。

那麼，有沒有不繫狗繩的場合呢？當然有，畢竟狗狗也需要充分的活動。比如公園的大草地上，就可以看到沒拴狗繩的狗狗，狗主人會與牠玩叼飛盤的遊戲。但可以確定的是，狗主人肯定會選擇一個角落，不會讓狗狗滋擾別人。如果走出城市，德國狗狗的日子似乎更好過。畢竟德國鄉村的居住條件極佳，幾乎家家都有大院子，別說遛狗，跑馬都行，狗狗在自己家裡就能玩得很開心啦。

講究秩序的德國人的寵物店很有意思。德國寵物店內部布置跟中國差不多，也是大量採用網格架，既擺放寵物玩具、食物、洗刷工具，也懸掛海報和牽引繩等。有意思的是，門口總擺放著水盆，裡面有清澈乾淨的水。本以為這是店內自用，誰知見到有人牽狗經過，便讓狗狗停下喝了幾口。後來在其他城市留心觀察，發現每間寵物店門口都放置著這樣的水盆，專供過路的貓狗喝水之用。

除了寵物店門口，德國人還貼心的給狗狗準備了許多喝水的地方，比如公園。我第一次發現這事，是在施威林的臨湖公園裡。走著走著就看到了兩個圓形的石頭水槽，兩者中間有個帶水龍頭的石墩，水龍頭分別對著兩個水槽。起初以為是讓人洗手用的，後來才發現兩個狗主人牽著狗狗過來，讓狗狗喝水。

最貼心的是，這兩個水槽一高一低，相對的水龍頭也是一高一低，狗狗可以根據自身體型大小，享受更適合的水槽，小個子不怕搆不著，大個子不用過度低頭（參見下頁右圖）。這狗狗的日子，過得可真是愜意。

當然，也別以為德國狗狗就能養尊處優，做一隻德國狗狗也不太容易。牠們必須要上學，經過培訓，懂得服從主人，懂得該如何吃喝拉撒，不吵鬧喧嘩，對外界雜訊不過度敏感，還包括辨認紅綠燈等日常標誌等。這個課程要和主人一起參與，為期三個月。

只有拿到「畢業證」的狗狗，才有資格乘坐公車、進入百貨公司、入住酒店——當然，後兩者必須遵守相關商家的規則，有些百貨公司和超市謝絕寵物進入，會在門口做出標記，酒店和旅館同樣如此，在網路訂房頁面就能看到是否允許帶寵物入住的標示。

▲ 狗繩是標準配備，很少有脫繩之犬。

▲ 狗在路上走，隨時可以喝水。

PART 4

把細節當成生活，把生活過成細節

弗萊堡這座「自由之堡」，位置非常特別。它位於黑森林地區，德國西部邊境，距離法國和瑞士都很近。這樣的交會之地，最易發展商業。早在十二世紀，這裡已經形成了較有規模的城鎮。到了十五世紀，這裡已成為鐵和鹽的交易中心。

此後的弗萊堡，曾被各種政治勢力統治，也曾飽受各種摧殘，不過商業傳統仍得保留。弗萊堡的商業痕跡都留在了馬路上。這話聽起來很奇怪，但你真的到訪弗萊堡就明白了。

商業暗號藏在鵝卵石路上

在弗萊堡老城區的人行道上，隨時可以見到各種鵝卵石，其中許多拼成了特別的圖案。人們走在路上，也會不自覺變成低頭族，不過他們看的可不是手機，而是鵝卵石拼成的圖案。

如果地面上的圖案是一張床，那旁邊便是一間寢具用品店。如果地上有個足球圖案，旁邊自然是體育用品店。地上有個大蛋糕（參見下圖），那旁邊就是一間咖啡館。如果是把鐘子的圖案呢？那旁邊就是園藝用品店，對喜歡花花草草的德國人來說，這可是生活必需。

▲蛋糕圖案代表咖啡店。

如果是扭動的女巫頭像，你可別以為旁邊是奇幻世界裡的魔法用品店，那其實是個舞蹈教室。至於那本翻開的書（參見下圖），當然屬於當地最古老的書店，這家書店還曾被評為「歐洲最美十大書店」之一呢，不少遊客會特地到訪。

有時，相鄰的店家還會組合地面的圖案，比如一邊是個麵包圈，另一邊是朵金色的花，便是麵包店和首飾店的組合。

在弗萊堡老城裡，鵝卵石鋪就的圖案大概有兩百多個，多半與周邊建築有著直接關係。至於市政廳這類公共建築，門前則是弗萊堡的友好城市的名字。

在歲月洗禮之下，每一顆鵝卵石都顯得十分光滑，或許再過兩百年，它們還是這個樣子。但周邊的商鋪卻很難保持同步，有些行業漸漸沒落，有些商店無人承繼，像剪刀圖案代表的裁縫店，如今就換作其他用途，只有鵝卵石記錄著過往。

但大多數鵝卵石圖案仍然可以與商店對應，在這漫長的歲月裡，商家的堅持顯然比鵝卵石的堅持更可貴，有些商店傳承了幾代人，而背後則是這座城市悠久的商業傳統。

想想我們所在的城市吧，商店的快速轉手率，與其說體現的是時代的浮躁，倒不如說是商業的不成熟，而我們美其名曰的「快節奏」，是不是讓我們失去了太多？

▲翻開的書代表書店。

櫥窗之美，德國之簡

很多小清新旅行者來到歐洲，最喜歡的就是拍商店櫥窗。歐洲人對櫥窗布置似乎特別有心得，櫥窗總是充滿美感。

在這一點上，嚴謹的德國人也不例外，甚至有過之而無不及。畢竟德國的經濟實力全歐第一，所以街道整齊、建築維護得當，走到哪裡都精緻漂亮、色彩繽紛。德國這種建築風格和繽紛色彩，與精美櫥窗最為相得益彰，隨便找一條小街，一間間拍下去總不會有錯。

我們說起櫥窗設計，總會想起時裝店、精品店等，認為只有商品漂亮了，櫥窗才會漂亮。可是德國的商店會顛覆你的認知。

有一次，我在艾爾福特看到一間文具店。按理說，文具相對單調，又普遍小而細碎，陳列起來頗有難度，可店家卻把方頭方腦的資料夾、筆直的尺、中規中矩的筆擺得錯落有致，可見其下了很大

▲ 務實的德國人也有其浪漫的一面，再難擺的商品，都能將其擺出花樣來。

功夫。

若說文具店是商品太多很難擺放，那麼有些商店櫥窗面對的困難就是商品太少。比如我在威瑪的一條街道上，連續看到兩家店，櫥窗都採取了極簡模式。第一家是髮廊，僅僅放了一瓶洗髮乳，以同色天鵝絨鋪設。另一家是家具店，僅僅擺放了一幅沙發的照片。兩者雖簡單，但都極美，前者在天鵝絨下面放了不同高度的支架，營造出高低錯落感，那瓶洗髮乳獨立於其上，讓我想起在歐洲自駕旅行時常常可以見到的場景：群山之間，一座尖頂教堂遺世而獨立。至於後者，照片中沙發的極簡設計跟櫥窗的極簡相得益彰，有著簡約的設計感。

看來，櫥窗設計真是門大學問。

週日是家庭日，不該出來逛街

去過歐洲的人，對商店的營業時間肯定印象深刻，尤其是週日不開門，簡直讓許多購物狂抓狂，有人也因此產生了歐洲商業凋敝的印象。

其實，歐洲商業並不凋敝，德國更是活力四射，可是不管人口稠密且遊客眾多的大城市，還是悠然自得的小城鎮，商店每逢週日都不開門。即便是週六，往往也只開半天左右，許多商店的週六營業時間到下午三點半甚至兩點半為止。

至於週一到週五，雖說是正常營業，但每天的營業時間也很短，正常是上午十點開門，有些甚至是十一點，下午一般是五點或者六點關門，最長的也不過是晚上七、八點。所以，**晚餐後購物這個習慣，在歐洲基本行不通**。還有我們特別熟悉的二十四小時便利商店，在歐洲基本見不到。

週日不開門這個習慣，其實跟宗教信仰有關。在德國人看來，週末和假日都是家庭日，週日更是教堂日，所以，大家都應該回歸家庭，不該出來逛街。

人力成本也是重要因素，在德國這種高福利國家，沒有加班概念，雇主得考慮高昂的人力成本，延長營業時間會得不償失。

相較之下，商店營業時間超長的應屬東亞地區，日本、臺灣和香港的二十四小時服務隨處可見。

▲在德國看到想買的東西，出手要快、狠、準，萬一下次來買碰上週日，可就糟糕了。

如果說這是文化因素，倒不如說是人口因素。無論日本，還是臺灣與香港，都是地少人多，居住密度極大。人們要找消遣，就得往街上湧，服務業因而發達。而在中國，服務業最興旺的地方也是人口最為稠密的東部沿海地區和大城市。

至於說服務業營業時間短意味著經濟凋敝，那肯定是錯誤的。歐洲並非沒有服務業營業時間長的國家，塞爾維亞（Serbia）就是一例。它的超市基本開到晚上九點甚至十點，許多小商店也會開到十點。即使是非直接的服務業，比如書店，營業時間也很長。在首都貝爾格勒（Beograd）最繁華的米哈伊洛大公街（Ulica Knez Mihailova）上，有近十家書店，晚上九點多居然仍在營業。

想來想去，只有兩個原因：一是塞爾維亞經歷紛亂後，正迎來穩定發展期，必須刺激消費，二是塞爾維亞人力成本低廉。前一條，德國不需要，後一條，德國做不到。

不穿名牌，也很有型

前幾年，我晒過一張兒子的照片，他身上的小背心是我三歲時所穿，母親一直留著，三十年後給了孫子。照片一發出來，朋友們紛紛驚呼：「哇，當年就有這麼漂亮的衣服了！」、「媽媽真是有心，能把八〇年代初的衣服保存得這麼好！」

將衣服保留三十年，委實不易。這些年來，中國變化太快，多少人一次次搬家，扔掉無數舊家具、舊衣服。不過如果在德國，這種代際間的物件傳承，實在太過尋常。至於衣服，更是代代相傳。

我也曾偶然進過德國人家中（別笑，都是為了給年幼的孩子找個廁所），無論是城市公寓抑或鄉間別墅，內部陳設都是老物件，看起來簡單古樸，卻別具魅力。那些斑駁的木製餐桌、包有蕾絲的籐椅、一九七〇、一九八〇年代的老沙發，每樣東西都有傳承的意味，更別說那些精美的餐具了。

我在鄉間看到的德國孩子，所穿衣服的款式並不過時，但看得出有歲月痕跡，借著兒子借用廁所的當口問了一下，果然是父親當年穿過的，如今又給了兒子。主人家告訴我，這在德國十分普遍，孩子所穿衣服，起碼有三分之一來自父母童年時所留，還有三分之一來自親朋好友送來的舊衣服，剩下才是新買的。

旅途中總少不了拍照，肯定也少不了有路人入鏡。我常翻看舊時所拍照片，就會發現德國人的穿著真是乏善可陳。

即使在著裝簡單的歐洲人裡，德國人都是相對更樸實的那一類。在德國街頭，你很少會見到穿著打扮特別誇張或者時髦的人，大多數人都是T恤牛仔褲，色調也極為簡單。當下中國特別推崇的打扮和風格，你在德國基本見不到。比如所謂的「辣媽」，我在德國可就沒見過，只有老老實實簡單樸實的媽媽。

在德國乃至歐洲，如果只是在德國的商場和街頭服裝店逛逛，你真的會有回到一九九〇年代中國的感覺。因為店裡的衣服款式實在太簡單了。哪怕是去購物村，如果不是大品牌，而是一些德國本土牌子的衣服，摸上去倒是誠意十足，料子很棒，但款式真心讓人不敢恭維。

有時候，在大城市中心區主要商業街，還能看到一些充斥著陳舊款式服裝的廉價服裝店。但即便如此，店裡也少不了老老少少的德國人挑選和購買。據說裡面有不少中國製造，我倒是從沒進去看過。

對大多數德國人來說，穿戴是無須太講究的事情。上班就工裝，下班就休閒裝。有資料顯示，德國人在衣服、鞋子上的支出比例僅占月收入的三．三%，遠低於全球平均數。

不過老實說，大多數德國人的穿著還是得體的，雖然簡單，但也正因為簡單，搭配絕對不難看，牌子也並不算差。年輕人最常選擇的牌子應該是H&M和ZARA，只是款式似乎比我們在中國看到的要少一些。這些品牌的店內售價跟中國實體店差不多，比淘寶上貴一點。不過品牌店都有很長的打折季，十幾二十歐元就可以買到不錯的牌子，四、五十歐元能買到一件大品牌。

這樣一來，德國人買衣服的價格可就比我們便宜

▲德國人不喜歡將心思用在衣著上，穿衣風格以樸素、舒適為主。

了。比如 Levi's 牛仔褲，德國的價格就只有中國的一半，有時甚至只有三分之一左右。再翻翻牌子看看，原來還真是中國製造呢。

在德國，也許真的沒有所謂的「名牌控」，大多數人都追求相對簡單的生活。

啤酒消除了階級差別

德國人對啤酒真是有根深蒂固的熱愛，在每個城鎮都可以見到自己的招牌特色啤酒，還能見到許多與啤酒有關的遺跡，紐倫堡只是其中一例。

即使是在以啤酒著稱、幾乎每個城市都有自己品牌的德國，紐倫堡啤酒也是一種獨特的存在。當地人最愛的紅啤酒，光是聽名字就讓人想嘗試。其實說是紅啤酒，但實際上的視覺效果類似於黑啤，味道則略淡。在紐倫堡的超市裡，可以見到當地的紅啤酒品牌，但若是想喝好的，還是得去餐廳裡。

紐倫堡的一些老牌餐廳都有自己的酒窖，自家釀造紅啤酒，不量產銷售，僅供餐廳自用。這些紅啤酒的水準普遍較高，不但能喝，還能做菜，比如啤酒湯、啤酒牛扒、啤酒雪糕……。

如果運氣好，還可以參觀一下不同餐廳的地下酒窖。有人說紐倫堡有個地下世界，這個地下世界就是由不同的酒窖組成。從中世紀開始，紐倫堡就開啟了地底工程，功能包括供水和存儲啤酒等。當時還沒有製冰能力，啤酒的生產和儲存又需要低溫，所以地窖就成了最佳選擇。

一三八〇年十一月十一日，紐倫堡議會做出規定：任何人在本地釀酒和賣酒，必須先要有一個至少一百六十平方英尺（約合十五平方公尺）的地下酒窖。直到製冰工藝漸漸成熟，地窖才被放棄。不過最特別的故事，還是跟「二戰」有關。這座城市因為納粹將之視為大本營的緣故，在「二戰」中被盟軍重點轟炸，幾乎夷為平地，受損狀況在德國僅次於德勒斯登。但紐倫堡平民的傷亡人數卻非常少，幾乎可以忽略不計。這正是因為地下酒窖的存在，人們將之作為防空洞，躲過了一次次轟炸。

如今這些地下酒窖，多數餐廳仍然用來儲存啤酒，狹窄巷道就像迷宮，很有意思。紐倫堡還有一個專門的地下啤酒工廠旅行路線可供報名參觀，不過因為不再承擔儲存功能，裡面空空如也，反倒不如餐廳自家的有趣。

歐洲餐廳多，但要想找個像中國大酒樓一樣的大場子就很難，包廂概念更是前所未聞。你能見到的多半是小小的餐廳，密密麻麻擺著十幾二十張小桌子，以老外普遍人高馬大的個頭，能擠進去其實也相當不容易。

慕尼黑的皇家宮廷啤酒屋（Hofbräuhaus am Platzl）是個例外，號稱最多能容納三千五百人（參見下頁圖），僅一樓大廳就能容納超過千人的它，絕對是歐洲餐廳裡的巨無霸，也因此成為一大景點。如果在中國，名聲在外、已成觀光景點的餐廳，往往味道並不理想，只能讓你吃個歷史、吃個環境、吃個感覺，但在歐洲基本不存在這種問題，食物素質不會下降，更不會淪為只有遊客的純景點，仍然是當地人用餐的重要選擇。

皇家宮廷啤酒屋便是這樣，它源自巴伐利亞公爵威廉五世（Wilhelm V）為釀造宮廷啤酒而於一五八九年興建的啤酒工廠，已有四百多年歷史。相傳當時威廉五世經濟拮据，便打起了零售啤酒的主意，加上家裡有上百張嘴每天等著喝啤酒，於是決定自己建造一座釀酒廠。啤酒廠起先建在老宮廷，一六〇七年遷至今日所在的地址。

這裡曾接待過無數名人，一八九七年，暱稱茜茜公主的伊莉莎白皇后（Elisabeth Amalie Eugenie）從巴伐利亞嫁到奧匈帝國成為王后，便是這裡的首批顧客之一。二十世紀初，列寧（Владимир Ильич Ульянов）流亡歐洲，曾經在慕尼黑居住過一段時間，多次光顧這家啤酒館，據說他喝過三公升酒後就情緒高漲。他的伴侶娜傑日達·克魯普斯卡婭（Надежда Константиновна Крупская）曾這樣寫道：「特別讓我們經常懷念的是皇家宮廷啤酒屋，在那裡，啤酒使人們消除了階級差別。」

著名的「鐵血首相」俾斯麥（Otto von Bismarck）

▲ 皇家宮廷啤酒屋，號稱最多能容納 3,500 人。

在此喝下六公升啤酒也捨不得放下手中的啤酒去上廁所。一七八〇年，莫札特在此飲酒作樂，譜寫出歌劇《伊多梅尼歐》（*Idomeneo*）作為留念……至於菜餚，據說烤豬腳、白香腸和烤雞都是名菜。

進門便可看到一個小小的講演臺，圍著木欄杆，如今是小樂隊演奏的舞臺，當年則是供人演講之用。尤其是「一戰」後，德國民生凋敝，經濟蕭條，社會矛盾尖銳，不少有意涉足政治的人士都曾在此演講，抨擊政府，尋求支持。

傳說中，在此演講的最知名人士是希特勒（Adolf Hitler），又有傳說稱希特勒發動被稱作「啤酒館政變」（Bürgerbräu-Putsch）的第一次政變，挾持巴伐利亞政府首腦，便是在這裡完成。政變很快失敗，希特勒被捕入獄，但被輕判，還在獄中寫下《我的奮鬥》（*Mein Kampf*）一書，

▼ 皇家宮廷啤酒屋導覽影片。

▲為儲存常客啤酒杯的帶鎖櫃子。

就此將德國拉上萬劫不復之路。

不過，這個傳說其實是以訛傳訛，政變並非在此發生。皇家宮廷啤酒屋唯一可與希特勒扯上關係的，應該是一九二〇年發表的《二十五點綱領》（*25-Punkte-Programm*）。至於「啤酒館政變」的發生地，是另一家市民啤酒館。

在此前很長一段時間裡，希特勒的生活都與啤酒館密切相關。早年的希特勒加入德國工人黨，成為該黨第七名委員。這個黨派經過他一年的改造，更名為「國家社會主義工人黨」（Nationalsozialistische Deutsch Arbeiterpartei，縮寫為ＮＳＤＡＰ），也就是納粹黨。此後，啤酒館就成了納粹黨最喜歡的集會地點之一。

思想家恩格斯（Friedrich Engels）曾抱怨英國的工人太愛喝酒，並且喝了酒後就越發顯露出粗野的本性。社會民主主義活動家考茨基（Karl Kautsky）反駁說，酒館有不可忽視的政治意義，「他們這些潦倒的人，沒有沙龍可以去，又不能邀請朋友去家裡，如果他們要談論一件事情，除了酒館哪還有合適的地方呢？」一九一九年，德國工人黨裡都是些思想偏激的狂熱分子，啤酒館的嘈雜聲為他們的密謀提供了最好的掩護。

「二戰」的時候，盟軍占領慕尼黑後，市民啤酒館被作為倉庫使用。一九五八年，它經過修繕之後重新開張。

來到皇家宮廷啤酒屋，一定要喝這裡主打的ＨＢ啤酒，「Ｈ」代表德國皇家，「Ｂ」代表啤酒。其實早年德國的釀酒技術極不穩定，亦無統一標準，直到一五一六年頒布《啤酒純釀法》（*Reinheitsgebot*），規定只用麥芽、啤酒花及泉水釀造，才定下標準並沿用至今，ＨＢ啤酒更是其中翹楚。這裡最出名的啤酒，當屬自釀的淡啤酒、黑啤酒及全麥白啤。它有別於其他啤酒之處，在於釀造期長一倍，泡沫潔白且豐富細膩，掛杯持久，口感清爽。

如果僅僅是往來名人和特色啤酒，想必還不能詮釋德國人的某種精神。與傳說中的大鐵籠對應的還有傳說中的空位置，即使啤酒屋生意再好，也會留下一些空座位。

據說，啤酒屋剛開幕時，生意並不好。有一次威廉五世送給啤酒屋的打理者歐尼斯特一批閒置的精美酒杯，歐尼斯特靈機一動，打造了一個鐵籠，將那批酒杯作為贈品，送給每月來消費十次以上的顧客，然後在杯子上標記號碼，鎖在鐵籠對應號碼的格子裡，將鑰匙交給顧客，由其自行取用（參見第兩百三十九頁）。

此舉當然帶動了生意，但隨著生意興旺，歐尼斯特又要面對人滿為患，老顧客上門經常已無位置的問題。於是他特別騰出幾排座位，注明這是擁有專屬酒杯顧客的專用座位，一直保留至今。所謂以人為本、尊重傳統，就是這麼回事吧？

走出皇家宮廷啤酒屋，外面是安逸的慕尼黑老城。建築上偶然可以見到斑駁痕跡，那是「二戰」時期留下的痕跡，如今我們所見的老城，其實也是「二戰」後按原貌復建。由於慕尼黑是希特勒的故鄉，也是納粹大本營，因此遭遇了盟軍最猛烈的轟炸，除教堂外幾乎被夷為平地。皇家宮廷啤酒屋也沒能倖免，直至一九五八年，慕尼黑市慶祝建城八百週年的時候才完成重建並對外營業。這段傳統，就這樣得以延續。

佛系經營，專做窮人生意的超市

德國是歐洲超市密度最高的國家。**德國人從住處出發，五分鐘車程範圍內平均有五．五個超市**，競爭非常激烈。不過，如果你僅僅是個去景點的遊客，如果你在歐洲城市的路線僅僅是「廣場—市政廳—教堂」這個組合，那麼你基本不會看到在德國市場占有率最高的奧樂齊超市（Aldi）。

這是因為歐洲城市的廣場基本就是人氣最旺的地方，最主要的商業街由此發散，這一帶也恰恰是商鋪租金最高的地方。偏偏奧樂齊是德國最知名的廉價超市，為了降低成本，就得控制租金，所以不會開在這種核心暢旺地區。

外國人對奧樂齊這家超市不太熟悉，這是因為它一直紮根德國本土。不過，如今已有越來越多人認識它，因為二〇一七年底，奧樂齊以開設天貓[1]旗艦店的方式進軍中國市場，之後再推出實體店。在全球經濟增長放緩的趨勢下，國外零售商瞄準了中國消費者，但也因為電商的發達，它們又往往透過電商管道探路。

奧樂齊創建於一九一三年，原本是位於埃森市（Essen）的一家小食品店，名為「艾瑪嬸嬸商店」（Tante-Emma-Laden）。小店見證了「一戰」和「二戰」，保障了一家人的生活。一九四八年，阿爾布萊希特（Albrecht）兄弟接管了母親的商店，當時德國正值戰後物資匱乏之期，小店成為許多人生活中不可缺少的一部分。

一九六二年，阿爾布萊希特兄弟對小店進行改組，在多特蒙德（Dortmund）開設了第一家以 Aldi 命名的食品超市。Aldi 取自 Albrecht 和 discount（折扣）的前兩個字母，意為由阿爾布萊希特家族經營的廉價折扣商店。

至今，奧樂齊仍屬於阿爾布萊希特家族的卡爾和特奧兄弟兩人所有，分別經營奧樂齊在北德地區的北店，和南德地區的南店。南店所有者是弟弟特奧，北店所有者是哥哥卡爾。一九七五年，卡爾在一次少見的公開露面時稱：「我們的業務發展基礎只有一個——最低的價格。」這個原則一直沿用至今。

多年來，北店和南店都在擴張。北店逐步擴展到丹麥、法國、荷蘭、比利時和盧森堡，南店則進入英國、愛爾蘭、奧地利、澳大利亞和美國。

如今，奧樂齊在德國的連鎖店已有三千六百多家，國外連鎖店一千餘家，其中僅在美國東部二十餘個邦即開辦了近六百家分店。目前，奧樂齊的年營業額超過三百億美元，是德國最大的食品連鎖零售企業。阿爾布萊希特兄弟也一度蟬聯德國首富。

根據二〇一六年資料，九十歲高齡的奧樂齊集團創始人卡爾·阿爾布萊希特以個人法定資產一百七十一億歐元成為德國首富。奧樂齊集團另一位創始人特奧·阿爾布萊希特之子繼承了父親的巨額遺產，以資產逾一百六十億歐元排在第二。

印象中，我是在德國慕尼黑第一次走進奧樂齊。當時在老城區玩了大半天，又漫無目的在市內走了很久，入夜才回酒店。一看導航，離酒店約兩公里，乾脆選擇步行，順

---

1 中國最大的零售購物網站，由淘寶網分離而成，由浙江天貓網絡有限公司營運。

便走街串巷，再看看慕尼黑市內住宅區。

當時正值晚冬，才六點就已天黑，我背著背包，頂著小小風雪在路上走著，體會著歐洲的冬季。肚子裡雖然剛剛裝上一隻大豬腳，可是仍然想找點溫暖。

就在這時，我扭頭一看，見到了一間奧樂齊。店內燈光溫暖，雖然不是德國人習慣的購物時間，但顧客還是不少。於是，便進去找溫暖。

一走進去，就發現奧樂齊與我常見的德國超市不同。這一帶距離舊市政廳所在的慕尼黑老城中心並不算遠，但也是相對偏僻的街區，路上都是面積不大的公寓。顧客以老人為主，也有一些學生模樣的年輕人。

奧樂齊的受眾群體主要是中低收入的工薪階層、無固定收入居民及退休的老年人。德國社會老齡化嚴重，老人比例已接近二五％，因此，奧樂齊的大部分連鎖網點都設在住宅區和各個小城鎮，針對低收入者、老年人和家庭主婦。

另外兩個重要的客戶群體是大學生和外籍工人。德國有許多大學城，外籍勞工也占城市人口的相當比例。在不太講究飲食的德國，許多人的飲食都以方便食品為主。因此，奧樂齊也常常開在外籍工人居住區和大學生聚居的公寓區附近。

有資料顯示，德國的八千多萬人口中，約七五％的居民經常在奧樂齊購物，其中有兩千萬人是固定客戶。有了這樣的目標群體，奧樂齊的銷售策略就是優質低價，所有商品都要以最低價格推向市場。有些商品為抵禦同業競爭，穩定客源，即使不贏利，也要壓價競爭。而且，奧樂齊的商品價格也較為穩定，一般常年不變。

要想低價，採購方面就得與眾不同。與其他大型超市相比，奧樂齊的供應商較少，但採購量極大，因此進貨價很低，有了讓利銷售的資本。

後來每次去德國，我若是走進奧樂齊，都會留心比較一下價格。我購買較多的飲料、果汁、礦泉水、罐頭和零食等，奧樂齊的價格比其他超市低一○%至二○%。有一次，某種牌子的礦泉水甚至便宜了五○%，即使我這種買東西很少花心思比價的人，也動了心，立馬捧走幾大瓶。

「便宜沒好貨」，這應是我們從小聽到大的「古訓」，在中國購物尤其如此，太便宜的東西，你可能連來源都搞不清。但在奧樂齊，物美與價廉可以兼得。

儘管是廉價超市，但奧樂齊的全球採購可是出了名的。從原產地直接進口商品，說起來很高大上，但只要常年大批進貨，就能保證價格低廉。另外，如果是特別暢銷、相對高端的品牌，奧樂齊也會不定期委託進口商進貨，或者直接向廠家訂購，如瑞士手錶、美國的電腦周邊等，一方面售後有保障，另一方面價格也比專賣店便宜，拿來作為單品促銷的宣傳噱頭再合適不過。

但前面也說過，你在奧樂齊超市裡很難見到那些知名品牌，即使是可口可樂，也直到二○一二年才第一次出現在奧樂齊，連德國本土的知名啤酒品牌，也是在二○一二年才進入奧樂齊。奧樂齊之所以有此堅持，是因為掌舵人認為這些大品牌有太多品牌溢價，大量宣傳費用也會抬高成本。

更重要的是，奧樂齊擁有規模極大的下游廠商。許多德國中小企業都與奧樂齊有合作關係，產品要按奧樂齊的標準生產，奧樂齊則會購買甚至買斷其產品。如果出現品質問題，奧樂齊將解除合約。這些下游廠商要依靠它生存，一旦失去這個大客戶甚至唯一客戶，生存都堪憂，在品質問題上自然不敢放鬆。

同時，奧樂齊也有大量自營商品，因此也投資開辦了不少工廠，如養雞場之類。對於這種自辦企業，奧樂齊要求更高。

因為商品價格低的緣故，德國人一般稱奧樂齊為「窮人超市」，可別以為它真的只有窮人才會去。市場調查資料顯示，奧樂齊是德國第三大最受歡迎的品牌，僅次於世界聞名的西門子和ＢＭＷ，超過賓士。許多有錢人也在奧樂齊購物，在超市外的停車場可看到不少豪車。不熱衷虛榮的德國人，即使身

▲ 整潔而簡約的小店面，低調而沉穩的管理模式，德國超市的佛系路線為其圈粉不少。

家豐厚，也不介意來窮人超市購物。

我是個不挑超市的人，作為旅行者，所購無非是礦泉水、果汁和零食。此外，每次旅行，我都會帶不少果醬、罐頭回來。像這些東西，如果不是長期購買、大量購買，一趟旅行算下來也用不了多少錢，比價意義不大。所以，有購物需要時，我基本是碰上什麼超市就進什麼超市，有時甚至連超市招牌都不看。

記憶中我進奧樂齊的次數不算太多，但一來二去，也摸清了它跟其他超市的差異，所以每次走進去，就算不看招牌只看布局，也會知道這就是奧樂齊。

首先，奧樂齊的面積都不會太大。儘管顧客不少，經常出現歐洲難得一見的排長隊景象，但奧樂齊的面積普遍比同地區其他超市品牌要小一點。歐洲超市普遍不大，基本都是一層，絕不會出現幾層樓的大超市，面積達到兩千平方公尺，已經是相當大的超市了。奧樂齊的營業面積多在五百至八百平方公尺，一般不超過一千五百平方公尺。

其次，奧樂齊的店面設置很簡單，而且與眾不同。從外觀來說，奧樂齊門外基本沒有廣告招牌，也很少懸掛大幅促銷廣告。門面和內部裝修都很簡潔，基本沒有花裡胡哨[2]的東西。

最明顯的區別在於貨架。我們熟悉的超市，都有各式各樣的貨架，但在奧樂齊，只有簡單的分格貨架，每一格都很高，用來放一個個紙箱，商品都擺在紙箱裡直接銷售。

2　形容顏色華美紛雜。

這同樣是出於成本考量，認為精緻貨架會增加成本，而花心思擺放貨架商品更會增加人力成本。

這其實就是奧樂齊特有的割箱操作。一般超市會將商品擺放在貨架上，假設一箱果汁有二十瓶，拿了十瓶放在貨架上，另外十瓶就會連箱子一起放回倉庫。超市裡會有專人負責將商品一一擺上貨架，即我們熟知的理貨員。但在奧樂齊看來，這樣做實在太傻了，一來需要理貨員，意味著人力成本的增加；二來還需要一個大倉庫，意味著租金和水電費用的增加。所以，把箱子直接擺上貨架就好，然後用刀將箱子割開，可以讓顧客自取商品。

好玩的是，起碼前幾年所見，奧樂齊為了節省設備成本，仍然不使用條碼掃描的方式買單，而僅使用普通收銀機，收銀員直接在鍵盤輸入商品顯示價格。看起來雖然「老土」，但效率也挺高。收銀臺一般只有兩、三個，但即使排長隊，也不用等太久。

不管從哪個方面來看，奧樂齊都與精緻無緣，走的是簡樸之風。這種簡樸並不僅僅體現於店面，也體現於管理層面。大企業多半特別注重公關部門，可奧樂齊居然低調到連公關部門都不設立，也不做市場調查和年度規畫。至於大企業最看重的廣告，奧樂齊也不在意，廣告投入僅占總營業額的〇・三％。最神奇的是，直到二〇一六年，奧樂齊才第一次在電視這個廣告商最常投放的大眾媒體上發布廣告。

也正是因為低調和沉穩，奧樂齊從不舉債經營，基本不向銀行貸款，店面擴張都是用利潤來進行，風險很低。

在售後方面，一切也以成本為考量。如果你要退貨，奧樂齊肯定會退。因為如果要為了退貨的事情扯皮[3]，那麼就需要客服和律師，就會產生人力成本，進而抬高商品的零售價格。奧樂齊甚至不提供店面的電話，顧客無法致電諮詢，有疑問就上門退貨即可，免得要設置客服人員，增加成本。

不過，這兩年奧樂齊也因應時勢，發生了一些變化。以往為了節省成本而裝修樸素的店面，如今已升級改造，購物體驗大大改善。我查了下資料，二〇一六年，奧樂齊對德國南部一千八百六十家店面進行了全面升級和改造；北部店面也擴大面積、裝修升級，貨架和商品的擺放彰顯人性化，更符合顧客的購物習慣，力圖展現一個具有現代感的超市形象。

二〇一六年夏天，我在歐洲自駕旅行時途經德國西部，經停幾個城市，在卡爾斯魯厄一帶就見識了新的奧樂齊。以往的紙箱擺放模式居然改了，新裝修採用了與顧客視線齊平的貨架。二〇一七年途經德南，感受更深。在巴伐利亞邦的一個不知名小鎮上，我見到了新的奧樂齊。大門口居然有自動咖啡機，還裝了大螢幕，滾動播放宣傳廣告。這些在一般超市司空見慣的設置，在奧樂齊可是新鮮事。另一個與時俱進的設置，是停車場安裝了充電樁，以滿足駕駛電動汽車的客戶。

3 賴皮，無理取鬧。

據說，為了服務晚上購物的年輕顧客，奧樂齊還將打破德國超市最遲晚上八點關門的習慣，將部分賣場延長到晚上九點或十點。也許下次再去德國，我就可以看到延長營業的奧樂齊了。

迪姆藥妝，以設計感贏得顧客的心

許多人出國旅行，購物是家常便飯。別說去日本、韓國了，就連泰國、菲律賓，都有人跑去購物。去到以品質著稱的德國，購物也自然不免，可別以為德國只有冷酷的工業產品，買藥妝也有相當之多的選擇。如果是買藥妝產品或者日用品，迪姆藥妝（dm-Drogerie Markt，簡稱dm）算是第一選擇。

迪姆藥妝成立於一九七三年，在德國大小城市都隨處可見。既有大城市繁華街道上的店面，也有郊外的賣場。說起來，這可是我在德國逛得最多的超市，而且都是帶著目的前去，不像旅途補給零食和飲料那般，我是碰到什麼超市就進什麼超市。

迪姆藥妝的擺設也很有特色，它的貨架不是平行擺放，而是採用「人字形擺放法」，這種交錯的擺放方式使得空間感大大加強。

在其他超市購物時，一般一條通道只容兩輛購物車並行，有些小超市更是「單行線」，一旦要「會車」，就得有人後退讓路。但迪姆藥妝就不會這樣擺設，許多地方可容納幾輛購物車並行。兒子第一次去德國旅行時，年紀尚小，最喜歡推車轉圈，在迪姆藥妝可以原地轉圈，絕對不怕撞到人。

當然，這種布局頗為占用空間，放置商品的地方也就少了。這樣會不會增加成本呢？答案是不會。迪姆藥妝仍然是一家如假包換的平價超市，當然，平價商品主要是其自營商品。我們最喜歡購買的洗髮乳、面膜、沐浴露、牙膏、牙刷等，基本都是其自營品牌。

說起超市自營品牌，我對此最早有認識的還是在家樂福。因為我酷愛果醬，在中國購買時也時常會比較不同果醬的價格。同款口味比較，家樂福自營的果醬當然會比大品牌便宜，於是，我就成了家樂福無花果口味果醬的忠實擁躉。

但這類大超市的自營商品，其實跟其他品牌沒有太大區別，僅僅是具備價格優勢。拿果醬為例，家樂福自營的無花果果醬，並沒有比其他大品牌好吃，但也沒有比它們難吃，它僅僅是貨架上同類商品的其中一個選擇，也不具備創新意識。迪姆藥妝就不太一樣，它的自營商品更具設計感。各種面膜、精華液和膠囊，我作為一個男性基本不懂，但女性說起來可是如數家珍。我在迪姆看過不少中國人拿著列印的資料或者手機上的圖片，向店員詢問一些自營商品，而且每樣商品一買就是十幾二十件。這些輕便易攜帶而且便宜的商品，早已成為海外購物的重要目標。

不過，像我這種不懂美妝用品的男性，更留意的是另一個細節：迪姆藥妝居然配了飲水機！

在中國超市基本不會看到飲水機，在歐洲更是如此，去過的人都知道，礦泉水比飲料還貴。迪姆藥妝之所以有此配置，一來是因為沒多少人會特地在超市喝水，二來是因為它會銷售一些簡單藥品，飲水機可以給顧客隨時提供方便。

羅曼斯，「坐著收銀界」代表

問一個問題：超市收銀員工作時是站著還是坐著？大多數人恐怕都未曾留意這個問題，但只要稍微一想，就知道中國的超市收銀員都是站著的。但在德國，有些超市的收銀員可是坐著的哦。

我第一次見到有超市收銀員坐著收銀，是在羅斯曼（Rossmann）超市。這是德國一家非常著名的連鎖超市，從供應商品的選擇上來說，它類似我們平時常見的屈臣氏，主要以日用品為主，沒有任何生鮮。從規模上來說，它遠遠大於屈臣氏，每家店面都是大超市級別。

這家超市的一大特色，你不留心觀察還真不會發現，那就是收銀員都是坐著工作的。其實在德國，收銀員坐著工作的超市絕非此一家，而且為數不少，不過羅斯曼的名氣可算是最大，堪稱「坐著收銀界」代表。

之所以讓收銀員坐著工作，我想肯定有健康因素的考量。畢竟一般的收銀員和營業員都有長久站立導致的職業病，如靜脈曲張等。

同時，坐著收銀好像也沒有什麼不方便，反而讓收銀員有了一個掌控全域的架勢。

收銀臺就像一張辦公桌，空間比常見的收銀臺會大一些，不管是刷卡、找零，或是拿膠帶等用品，都非常方便。座椅調校都比較高，所以即使坐著，收銀員也不會比顧客矮多少，雙方的視角、觀感都不會有不快。

當然，坐著收銀也需要自動化配合，無論是流動履帶，還是呼喚「支援」的麥克風，都是標準配備。這幾年，我再去德國，發現坐著收銀相當普遍。而在波蘭、羅馬尼亞和捷克等國家，我也見到不少同樣的例子，原本看起來很稀奇的坐著收銀，突然就變得尋常起來。想來，是因為這樣做的好處太多，才有越來越多的超市選擇吧。

有意思的是，在羅斯曼之類的無生鮮超市裡，還有一些看起來稀奇古怪的服務，比如照片沖印。人們可以拿著隨身碟或手機，現場匯入要沖印的照片。我發現這事後，特別留心街上的照相館，貌似少見。德國人生活傳統，沖印照片這事也常做，但也許是租金較貴，加上大家都有數位相機和手機的緣故，專業照相館反而少見。所以，超市就代勞啦。

穀物市場，在地人的日常廚房

對我而言，德國最動人的景點是市場。

每個城市都有自己的市集，一般都設立在廣場之上。但就像中國人以前趕市集一樣，德國人的市集也不是每天都有。一般來說，每週只有一到兩天的上午才會有市集。

▲在德國，你完全不用擔憂萬頭攢動的市場環境會破壞你逛市集的好興致。

當然，也有一些固定的市場，如慕尼黑的穀物市場（Viktualienmarkt）。

所以，如果你喜歡逛市場，甚至將之視為旅途中不可錯過的景點，那麼在行程安排上將市集的時間納入考慮範圍，實在非常必要。我就有多次因為市集緣故調整路線的經歷，比如在明斯特，就將行程安排在週三，去漢堡魚市，則安排在週六。

在超市覆蓋率冠絕歐洲的德國，傳統市集為什麼仍然不死？這是因為市集賣的東西確實更新鮮。蔬菜、水果、鮮花都是自種，果醬、蜂蜜、起司、醬料都是自製……在許多小城，市集的檔主與顧客早已在年復一年的買賣中熟識，使得市集成為充滿人情味的聚會。

到過德國乃至歐洲的人都會發現，市集一般都設在市政廳所在的廣場之上。這一傳統源自中世紀，神聖羅馬帝國的君王們給予部分城市自由設立市集買賣的權利，因此，每週一、兩次的市集就這樣傳承數百年。

我是個愛市場的人，喜歡那種生活氣息。每次看到琳琅滿目的蔬菜、生熟肉類以及水果，心情就莫名的好。但我又算是個有市場恐懼症的人，因為實在受不了市場的髒亂。可德國的市場，每個都能激發我的好心情，打消我的恐懼。

慕尼黑的穀物市場是當地最大的市場，也是歐洲最出名的市場之一，就在舊城中心地帶，臨近瑪利亞廣場。因為地處遊客聚集之所，這個市場的景點意義似乎更大一些。但它不像某些國內景點那般虛偽，完全失卻了自身意義，淪為遊客背景，仍然是極受慕尼黑本地人歡迎的市場。

最初的穀物市場是單純的農民市集，後來成為食品市場，如今共有一百四十個攤位，出售肉類、魚類、水果、蔬菜、果醬、起司和鮮花等。這裡的乾淨整潔實在不亞於超市，青石地面上看不到一點垃圾，貨品擺放看似簡單，卻極具藝術感，色彩繽紛。

作為香腸和果醬的狂熱愛好者，我在這裡大開眼界又備感鬱悶。香腸是熟食，攜帶不便，我只能把對白香腸的熱愛傾灑於餐廳，卻不可在這裡揮霍。至於果醬，倒是可以帶幾瓶回國，但名額有限，註定陷入選擇疑難的困境。還有那一塊塊如巨石或砧板般碩大的起司，我真的動起了扛一塊回國的念頭，惜乎不可。最後只能滿心憋屈的挑了幾瓶果醬，再依依不捨的離去。

說起歐洲市場的乾淨，一方面與社會文明程度高和人少有關，另一方面也與他們的肉類、魚類都是冰鮮（按：保存於零度至四度之間）並包裝有關。作為一個吃貨，我深知食材新鮮的重要性，以至於只推崇蒸煮兩味，嫌煎炸油辣不上等級。從這一點來說，歐洲人的口福確實打了折扣。但不得不說，這樣的市場稱得上「美麗」兩字，對我來說，美好的購物體驗足以抵消一切。

明斯特市集，車流組成的市集

德國西北部城市明斯特的市集，在德國也頗為著名，逢週三和週六就有，於是我專程安排在週三前往該市。

市集的地點就在大教堂廣場，將之作為導航目的地肯定不會有錯。下高速公路後不久便進入市區，第一個感覺便是人不少，相當熱鬧繁華。經過一段頗為現代的街區後，便到了舊城區，窄窄的石板街道僅容兩輛車通過，一、兩個拐彎後便見到了市集。

歐洲市集普遍不大，幾十個攤位就可算是大市集，按此標準，明斯特的市集相當可觀。它的魚肉類攤位全部由汽車組成，大都是中型巴士大小，車子駛入廣場後，將車廂擋板打開，便露出貨架和冰櫃。

▲ 德國人嚴謹到連貨攤上的色彩搭配都不放過。

這些車子圍繞著廣場，構成了市集周邊。廣場中央則是花草和水果的攤位，有些是小推車，有些是搭建的簡易檯子，還有些更簡單，直接將裝花草和水果的塑膠筐倒著往地上一扣，七、八個筐就能搭出一個攤位，鋪上塑膠布，再把花草和水果往上一擺，照樣美美的（參見上頁圖）。

車身顏色似乎和販售之物有點關聯，一輛紅白相間的車子專賣肉類，紅肉、白肉都有，一輛黃色車子則賣同色系的起司，十分好看。還有一輛賣魚的車子，起碼有數十種魚類，車身自然與魚肉搭配，也是白色。儘管廣東人一向愛鮮魚，看到這琳琅滿目的魚，相信也會忍不住流連。麵包車是少不了的，車身是溫暖的咖啡色，恰恰與麵包的顏色一致，還有一輛賣咖啡的小車子，車身當然也是咖啡色。

水果攤也是琳琅滿目。時值夏季，不同品種的櫻桃是顏值最高的水果，紫紅的、青色的、紅色的……同樣一顆顆的還有葡萄和桑葚。此外，常見的桃子等水果也頗具顏值，蔬菜則少不了甜椒、番茄等，自製果醬和乾果也很搶眼。不知是不是我的錯覺，似乎每個攤主都精心布置了自己的貨攤，顏色搭配極有美感，比如一籃青色的果子中貌似隨意的放上兩個豔紅的小南瓜，就很漂亮。又或者是他們從小浸淫於美，潛移默化，所以無須刻意擺放，就已有這樣的效果？

在這樣的市集裡閒逛，真是人生享受。可惜我訂的不是公寓酒店，無法自己做飯，只能買水果過過購物癮。時值中午，市集已近尾聲，有些攤主已經收攤，在正午陽光下嬉笑著離開。

紐倫堡市集，胡桃鉗玩具兵的童話天地

每年在市集廣場上舉辦的紐倫堡聖誕市場全球聞名，被視為德國歷史最悠久、規模最大的傳統聖誕市集，最早可以追溯到一六二八年。一份一七三七年的名單顯示，當時幾乎所有紐倫堡的工匠和手藝人都參加了市集活動，一百四十人獲批准在市場上出售商品。

但我生性不愛湊熱鬧，那些聖誕盛景，看看圖片就好。其實平時走入紐倫堡老城，人少清靜，倒也能見到不少細節。

早在中世紀，紐倫堡就與布拉格、科隆並稱為三大都市。它也是德國鐵路的原點，啟動了德國的工業化時代。

不過曾以手工業著稱的紐倫堡，確實在工業化時期漸漸沒落。不過即使直到今天，紐倫堡人仍對手工業懷有感情。如今的紐倫堡街道名稱，仍保持著當年特色，如 Hans Sachs、Peter Vischer 等，都是以人名命名。這些人可不是什麼政治人物或者文化名流，統統是當年的知名工匠。

如今在紐倫堡的市集廣場，即使不是聖誕期間，也能看到不少手工製品。最出名的當然是薑餅（Lebkuchen），紐倫堡薑餅有六百多年歷史，擁有各種口味和造型。雖說歐洲許多城市都有悠久的薑餅歷史，不過走在市集上，看到那些精緻漂亮、造型各異的薑餅，還是忍不住拿起來端詳。

另一個遊客必買的手工藝品則是胡桃鉗。當年，德國童話作家E.T.A. 霍夫曼（E. T. A. Hoffmann）寫下童話故事《胡桃鉗與老鼠王》（*Nussknacker und Mausekönig und andere phantastische Geschichten*），故事背景就選在聖誕夜的紐倫堡市政廳。後來，柴可夫斯基（Tchaikovsky）將這部童話改編為芭蕾舞劇《胡桃鉗》，成為永恆經典。

有意思的是，按照我們的理解，越是旅遊區的東西就越貴，可紐倫堡作為胡桃鉗的「大本營」，胡桃鉗的售價可比其他地方便宜多了，甚至連某些地方的零頭都不到。

紐倫堡的「金色天使」（Rauschgoldengel）也很出名，不過最受孩子歡迎的是梅乾玩偶（Zwetschgenmännle），手工藝人將梅乾做成各種人物形象，惟妙惟肖。除了用梅乾，紐倫堡人還喜歡用無花果乾做玩偶（Prune Man）。這些逼真的人像，真不知道有幾個人捨得吃掉。

▲ 紐倫堡聖誕市集的特色玩偶——金色天使。

▲ 用梅乾製成的各式梅乾玩偶。

寧願賣掉，也不願當垃圾丟掉

第一次前往慕尼黑，時值初春，距離享譽世界的慕尼黑啤酒節還早得很。不過我本來就不愛湊熱鬧，真要我特地來見識啤酒節，想必我還會望而卻步。但我又有強大的好奇心，於是便有了特蕾西婭草坪（Theresienwiese）遊蕩之旅——這是每年啤酒節的舉辦地，我無緣遇上啤酒節，來見識一下場地也好。

結果來得早不如來得巧，大草坪上擺滿了攤位，那是慕尼黑最大的跳蚤市場。

近三十年來，中國的物質極大豐富，不復當年窘迫。中國人的消費欲望也被點燃，買買買成了常態。尤其近幾年，隨著電商興起，閒魚之類的二手網站也擁有了固定受眾。不過，在大多數中國人看來，買二手貨可不是什麼好事，甚至仍屬忌諱。但與此同時，由於產品更新換代太快，許多人家裡都堆滿了被淘汰的舊物，或者直接丟棄，造成了極大浪費。

相較之下，德國人對二手貨的狂熱簡直令人驚

▲ 跳蚤市場上的舊物透露出低調的文藝氣息。

詫。經濟上普遍不算吃力的德國人，熱衷二手貨更多出於務實態度和環保意識。當然，也有許多人是「拜物教」信眾，喜好收藏，專門在跳蚤市場淘各種舊物，比如陶瓷、明信片、郵票和畫冊等。

慕尼黑的特蕾西婭草坪跳蚤市場，就有不少可供收藏之物。與之類似的還有杜塞道夫的跳蚤市場，這座德西最繁榮的商業城市，連跳蚤市場也相當文藝和繁榮。據說，如果你識貨，又有耐心，完全可以在這裡買到很棒的古董。

此後在德國旅行，我常會有意識的根據跳蚤市場開放的日子去調整行程，也因此見識過不少聲名在外的跳蚤市場。不過，後來我便改了想法，只求偶遇。這是因為在德國，跳蚤市場數量極多。也只有那些沒有任何名氣、只屬於當地人的跳蚤市場，才能讓我窺見真實的德國。

在阿沙芬堡（Aschaffenburg），我就曾偶遇過一個跳蚤市場。它就在一個住宅區的街道上，一個個攤位沿路擺開。攤主們互相聊著天，甚至互相逛著對方的攤子。一問即知，他們多半住在這個街區，每逢跳蚤市場開放之日，就將家裡不用的舊物拿出來賣。

德國有著全球最為複雜的垃圾處理系統，同樣也有著處理舊家具和舊物最為方便的跳蚤市場體系。其實這兩者之間還有點關係——因為德國的垃圾處理系統過於複雜，分類嚴謹，許多舊物光分類就讓人很頭痛，分錯了的話，就會被拒收，甚至還會被罰款。至於大型家具，基本都要去指定地點處理，如果約回收商上門處理，收費更貴。於是，很多德國人寧願將之賣掉，也不願當垃圾丟掉。

一般來說，這類跳蚤市場都位於住宅區附近，專供周圍街區的居民使用。

這些舊物，多半是生活用品，有簡單的家具，也有電器、餐具和花瓶等，書籍、雜誌、卡帶、CD也不少。據說許多德國人都會定期清理家中雜物，用不到的就拿出來賣掉。也有不少物品來自出租屋，德國人租房比例極高，一旦租約期滿，前住戶離開時必須將房子清理乾淨，值錢東西當然要帶走，但許多雜七雜八的東西就只能賣掉。

許多人認為買二手貨是窮人的事，德國還真不是這樣。在施威林看到的跳蚤市場，恰好在停車場附近，我就看過開著賓士、BMW，甚至保時捷的人前來「淘寶」。

也有人認為買二手貨更多是中老年人的習慣，德國也非如此。在我見過的跳蚤市場中，起碼有一半「顧客」是二十歲左右的年輕人，多半是當地大學生，為了節省開支就購買舊物使用。

為什麼德國跳蚤市場裡年輕人的比例這麼高？觀念肯定是很重要的因素。要知道，即使同處歐洲，跳蚤市場的熱度也大大不同。德國的跳蚤市場明顯要比其他國家更興旺，德國人去逛個跳蚤市場、家裡各種用具都是二手貨，一點兒也不出奇。

另外，年輕人面對的經濟壓力也是重要原因。所以，德國有不少廉價超市，還有許多超市會銷售自營產品，價格也很低廉，一般只有同類商品售價的一半。至於跳蚤市場，更因為划算而備受青睞。

我們曾在海德堡一個小公園的跳蚤市場看到當地的學生來「淘寶」，攀談起來才知道，其中有一位，租來的房子裡的所有東西都是從跳蚤市場裡淘來的，從鍋碗瓢盆到小擺件，從桌椅板凳到小家電，從地毯到身上的衣服，還有他的座駕——一輛自行車，都是二手貨。至於價格，他告訴我們，如果在超市購置，起碼要花上幾倍的錢。

據說，**德國年輕人入讀大學，或者工作遷入新城市，首先關注的就是當地跳蚤市場的開市時間**。跳蚤市場可不只一個，不但按街區劃分，還會按門類劃分，比如大學生最喜歡的往往是舊家具跳蚤市場，每逢此時，就會有許多人上街撿便宜家具。

雖然年輕人多，可我在德國看到的跳蚤市場都特別安靜，沒人叫賣。不少德國年輕人喜歡借著買賣二手貨的機會認識朋友，但也會小聲交談。當然也有討價還價，但據我觀察，基本就是一來二去，毫不拖泥帶水，絕不會有講價半小時的情況出現。不管是開著豪車前來的人，還是年輕的大學生，表現都十分坦然，絕不會有「我淘舊物我丟臉」的感覺，可見德國人的務實。

不過這兩年逛跳蚤市場，還真得注意一下。因為德國跳蚤市場太過發達，便有人希望借此牟利，所以許多街區的跳蚤市場都不僅只有當地家庭參與，還出現了專業商販。他們大量進貨，把跳蚤市場變成了真正的市場，儘管東西品質未必沒有保障，卻使跳蚤市場失去了個性，也失去了原本的意義和趣味。

柏林牆邊的淘寶天堂

在我去過的歐洲首都城市中，柏林可算是最有活力的一個。雖然沒有倫敦式的從容、巴黎式的典雅，美感甚至比不上德國的其他城市，但在柏林的街頭巷尾總能看到年輕人。

柏林的跳蚤市場也沾染了這樣的活力，目前在柏林有數十個大小不一的跳蚤市場，而且分門別類，有一般舊貨、兒童用品、專門的收藏品市場，還有書市。

一般來說，大城市最大的跳蚤市場往往會成為遊客探訪之地，甚至是當地最棒的景點之一。柏林當然不例外，而且，它可被列入遊客探訪之地的跳蚤市場還不只一個。最出名的當然是布蘭登堡門（Brandenburger Tor）前六月十七日大街上的跳蚤市場，每週六和週日都有。布蘭登堡門本就是柏林地標，以古董、舊書和老唱片為主的跳蚤市場設在這裡，更是

▲什麼都有，什麼都賣，什麼都不奇怪。

平添高雅。即使你不是柏林人，只要來對日子，遇上它也很容易——它和柏林最出名的菩提樹下大道（Unter den Linden），中間就隔著一道布蘭登堡門。

不過如果你想親身體驗柏林當地人的生活，那最佳選擇絕對是柏林人自己最愛逛的跳蚤市場——柏林牆公園跳蚤市場（Flohmarkt im Mauerpark）。這個每週日開放的跳蚤市場，就坐落在公園的大草地上。

這個不大的公園，借一道長長的柏林牆遺址而建，算不上特別出名的景點，畢竟柏林牆遺址在柏林並不稀奇。不過在跳蚤市場開放的日子，它確實變得與眾不同。

這個跳蚤市場主要出售舊家電、舊家具和服裝，當然，還有各種自製的手工藝品和食品等。也有一些人不甘寂寞，要展示自己的藝術天分，畢竟柏林是年輕人的天下，也是自由創作者的樂園，所以，在這裡也能見到許多創意產品。

如果你不喜歡這種名聲在外的跳蚤市場，那麼大可隨心所欲的偶遇。因為在柏林，你總能遇到它們。它們可能在老街上、在車站旁、在河邊、在湖邊，也可能在街區的小廣場上……你可以買到二手衣服、二手電器、舊書和舊唱片，也可以買到古樸的燭臺和杯碟。最有意思的是一些單獨來看毫無用處的小物件，比如鐵皮盒子、機械零件等。對有志於創作的人來說，搜購一批回去，天馬行空的做出屬於自己的家居飾品，並不是天方夜譚。

當然，如果純粹想買生活用品，那麼跳蚤市場裡相當比例的攤位屬於土耳其人。這是因為德國現在有四百多萬土耳其裔，他們多半是藍領，像搬家、拆遷等領域，多半以土耳其裔為主。德國人搬家，往往有大量物品不會帶走，土耳其裔從業者就會將之分門別類，拿到跳蚤市場出售。

不過柏林跳蚤市場的最大魅力還是跟歷史有關。這座曾被柏林牆隔絕東西的城市，既有前西德舊物，也有前東德舊物。對喜歡收藏的人來說，簡直是天堂。前東德的明信片、鐵皮玩具、各種勳章，還有帶有前東德印記的器皿，都是收藏者的摯愛。

當然，所有的柏林跳蚤市場都會賣柏林牆碎片，就像紀念品商店一樣。至於是不是真的，只有天知道。

德國最混血的跳蚤市場

萊比錫不但是德國大城市之一，也是最值得探訪的城市之一。它歷史悠久，還曾因為隸屬前東德，處處有著舊時代的印記。不過，在萊比錫的酒店裡，當我向櫃檯問路，順便問還有哪些地方好玩時，對方首先推薦的卻是跳蚤市場。

跟其他德國城市一樣，萊比錫有許多個跳蚤市場，而酒店櫃檯向我極力推薦的，據說是德國最大的跳蚤市場。

之所以最大，與萊比錫的地理位置有關。德國本就是東西歐之間的中歐樞紐，萊比錫更可算是幾何中心之一。在它的跳蚤市場上，你可以看到東南西北歐的各種商品，比如前東德的工業產品，雖然不好用卻是大家都熱衷的收藏品。又如北歐的極簡風格飾品與家具，極適合生活簡單的德國人使用。近鄰捷克的波西米亞風、南歐西班牙的熱情風格，還有西歐的法國式優雅，都可以在萊比錫跳蚤市場見到。

這個名叫阿格拉的跳蚤市場，確實有著與眾不同的氣質。相較於我在德國見過的其他跳蚤市場，它明顯更喧鬧一些。最重要的是，現場居然還能見到曳引機！

我在一輛曳引機前停下，車陣裡擺了大量老物件，比如明信片和勳章等，一看就是前東歐國家的玩意兒。與攤主攀談幾句，才知道對方來自波蘭。

從波蘭開曳引機過來？這簡直超出了我的想像力嘛。但後來查資料才知道，波蘭還算是近的。有人從波羅的海三國過來，如果是最遠的愛沙尼亞人，將貫穿愛沙尼亞、拉脫維亞、立陶宛，再經過波蘭（參見第十八頁地圖），然後才到德國參加一次跳蚤市場。

還有莫爾達瓦人，他們得經羅馬尼亞、匈牙利和捷克來到德國。當然，開曳引機的是少數，更多人會選擇共乘。

▲除了文藝氣息和歷史色彩，跳蚤市場也時常活躍著童真童趣。

他們帶來的老物件頗受歡迎，但更重要的是採購。他們熱衷購買波西米亞風格的物件，在萊比錫跳蚤市場上購買的價格遠比在自己國家購買划算，回去可以自用，賣出去更是會賺上一大筆。也正因此，萊比錫阿格拉跳蚤市場還被稱作德國最混血的跳蚤市場。

現場最有意思的是專屬的小朋友攤位。跳蚤市場管理方會為孩子特別提供小攤位，供他們賣舊玩具和兒童用品。

不過查資料才知道，阿格拉跳蚤市場上最引人注目的，不是開著曳引機跑來的東歐人，也不是孩子，而是荷蘭人。

據說，每逢跳蚤市場開啟的日子，荷蘭人凌晨就跑來選貨。有經驗的買家甚至連貨物細節都不看，掀開攤位蓋布的一角一看，就把整攤東西買下了。他們瞄準的也是東歐舊貨，低價收購後，會透過海運賣到日本、澳大利亞和美國市場，那裡有對東歐舊貨十分著迷的受眾群體，轉手賣出可以大賺一筆。以商立國的荷蘭人，真是名不虛傳。

跳蚤市場背後是節儉精神和包容心態，只有一個多元且務實的社會，才會給予二手貨如此廣闊的空間。

藍天綠地淘寶趣

跳蚤市場這個詞是怎麼來的？在德語中，它寫作 Flohmarkt，正好是由跳蚤 Floh 和市場 Markt 組合而成。據說這個詞來源於法語的 Le Marche aux Puces。

一八八四年，巴黎市政府為了保持市容整潔，立法禁止沿街亂倒垃圾，並頒布法令讓三萬名靠撿破爛為生的貧民，把市區堆積的垃圾搬運到郊區一個廢棄的練兵場上。這些貧民來到這個廢棄練兵場後，挑揀有用而且保存較為完好的垃圾，就地隨手出售，到了一八八六年，這裡就形成了一個固定市場。因為在這裡出售的舊衣物上常帶有跳蚤，巴黎人就將這裡稱為跳蚤市場。

之前曾看過一篇文章，應該是當地中國留學生所寫，講自己在波昂求學期間逛跳蚤市場的經歷。德國的跳蚤市場有大有小，幾乎每個城市都有一個大型跳蚤市場，每年，這種大型跳蚤市場的官網都會公布當年的跳蚤市場開市時間。比如波昂的跳蚤市場，一般就是四月到十月的每月第三個星期六。

我也曾「半偶遇」波昂的跳蚤市場，之所以說是「半偶遇」，是因為我事先查閱過跳蚤市場的開市時間，但並未特別安排行程。抱著有時間就去的態度，我們在那個豔陽高照的早上，在酒店優哉遊哉的吃了個早餐，才開車前往跳蚤市場。

市場在一個公園裡，大大的草地上，人們依次擺開攤子，熱鬧卻又安靜。說是賣二手貨的跳蚤市場，但看看德國人賣的東西，許多根本看不出是舊貨。尤其是衣物，洗得乾乾淨淨，疊得整整齊齊，簡直就像新的。能看出是舊貨的，多半真是老物件，比如老唱機、舊鐘錶等。不過更吸引我的還是那些充滿青春回憶的舊物，比如能玩俄羅斯方塊的掌上型遊戲機。

波昂的天氣總是很好，遍布城中的綠意讓人愜意。而在這陽光之下，草地之上，是充滿生活氣息的跳蚤市場，似乎象徵著德國人的生活——簡單、純粹，卻又不失情趣。

飯店神器，二十四小時自助入住機

用各種訂房App預訂歐洲飯店時，總有很多篩選項目，你優先的選擇是什麼？有些人會說是房型、有些人會說是停車場、有些人會說是早餐，還有人會說是床型……但根據我的經驗，第一選項必然是「二十四小時櫃檯」。

我們在訂房時，很少會考慮二十四小時櫃檯的問題，因為飯店基本都是二十四小時櫃檯，即使最便宜的經濟旅館也是如此。但在人力成本高昂的歐洲，這可未必。

首先，家庭經營的旅館和民宿等，大都不可能提供二十四小時櫃檯，你在預訂時，網頁或者App頁面都會出現入住時間的提示，如果你在此外的時間抵達，必須先行預約，或者到了後打電話給對方來開門。相對來說，前者肯定更可靠一些，後者在歐洲往往不管用，因為很多老外下班了就不接電話，即使可靠的德國人也不例外。

即使是飯店，也往往有自己的入住時間限制。有朋友就曾在晚上被巴黎的四星級飯店拒之門外，櫃檯沒人，大門緊閉，住客可以憑卡出入，你卻進不去，進去了也沒用，因為沒有工作人員為你辦理入住。所以，如果你晚上才能抵達飯店所在地，那就必須留心飯店規定，看它是否有二十四小時櫃檯，或者最遲入住時間是幾點。反正我若是坐夜班飛機抵達目的地，第一間飯店必選有二十四小時櫃檯的。

這事雖不方便，但歐洲人向來不知加班為何物，人力成本又高，我們也只能入境隨俗。當然，以德國人民的智慧，他們也會想出各種既能節省人力成本，又不妨礙住客的辦法，比如看起來很厲害的二十四小時自助入住機。

這種設置，一般來說連鎖飯店才會有，畢竟需求量大，成本容易降下來，單一酒店搞這麼一個設備，似乎有些奢侈。而且，這種連鎖飯店還不能太高檔，如果是希爾頓、喜來登和萬豪這樣的大品牌，基本都是二十四小時櫃檯，何需此機器？我偏偏是一個不怎麼住平價連鎖飯店的人，一方面

▲ 德國鄉村飯店眾多，環境優美，不少還是城堡改造，但這類飯店基本都沒有 24 小時櫃檯。

嫌棄它沒特色，另一方面也嫌它條件差。只是偶爾有一次，在德國東部，因為貪玩過頭，臨時需要改飯店，吃飯時拿著手機搜來搜去，滿意的都已住滿，有空房的又不滿意，無奈之下訂了間連鎖經濟旅館。

就是這間連鎖經濟旅館，讓我第一次見識到了自助入住機。在地下停車場停好車之後，隨著指示進入旅館區域，結果大門緊閉，櫃檯無人，但門口有臺自助入住機，上面寫「24H Check in」。

操作其實很簡單，輸入預訂人的名字加上信用卡號，機器就能自動識別，並顯示你的預訂資訊。確認無誤後，機器就會列印一張紙條，告訴你大門密碼、房號和房間密碼。下面的過程就超級簡單了，進大門，找房間，輸入密碼入住。

第二天早上起床，櫃檯已經上班，看到我們這些從樓上走下來的生面孔，壓根不意外，微笑著打招呼。生活在一個高科技國家，不用加班的感覺真好。

全靠信任進行的買賣

在德國乃至歐洲，街上總能見到花店，也是街上最美的存在之一。如果去市場，賣花的攤位也最好看、最引人注意。

印象中的花店往往強調包裝，但在德國，尤其是德國南部，花就是花，不管是買回家擺放還是送人，都看不到過多的裝飾，甚至根本沒有包裝。後來才知道，南德的習俗就是送花給人時必須拆掉所有包裝。因為在南德人看來，再漂亮的包裝紙，都比不上花朵的自然之美。最有意思的是，還有一個地方也能買到花，那就是路邊。

有一次在烏姆附近的鄉間公路上，我看到路邊的一片花圃。夏日午後，陽光灑在花圃上，十分好看。旅途中有此遇見，也算意外之喜。剛好路邊有空位可以停車，決定停下來拍拍照片，誰知卻看到一個牌子，可惜是德語，基本看不懂，倒是有不少數字。有人在花圃裡採花，手上有籃子、有剪刀。本來以為是花圃主人，但仔細一看，花圃裡居然有兩批人，怎麼看都不像一家人。正當我猜是主人邀請朋友來做客時，有人採完花走過來，掏出錢投入牌子邊上的一個封閉小盒子裡。

原來是買花？這倒是稀奇了。在中國，也有許多類似的地方，比如摘草莓之類，但都是有人看管的，這裡可沒有。問了一下才知道，這類公路花圃一向很得當地人青睞，畢竟地方大、陽光足，又有專業人士打理，花開得更好。所以，許多人會特地開車到這類花圃買花。

這些花圃都沒有老闆或員工值守，買花人需要自己動手，選好之後就自己剪。交錢也很簡單，我們看到的牌子其實就是價目表，花圃裡的不同品種，牌子上都有明確標價，買花人自己計算過後，將錢投入小盒子即可。

如果沒有良好的社會風氣和人與人之間的高度信任，怎麼會有這樣的買賣？當然，我也開了個玩笑：以德國人乃至歐洲人的算數功力，算錯的可能性會很高吧？

其實，全靠信任進行買賣的可不只是花圃。如果你去過德國西部，尤其是黑森林地區，就常常會看到山間公路邊有人賣水果酒。這些水果酒都是當地農民自釀，滋味甜美。它們裝在小推車裡，有時放在路邊草地上，有時放在山坡邊，本身就是好照片的來源。但**無論放在哪裡，你都不會看到有人在旁邊看守**。換言之，如果你想買，挑好之後按價格把錢放在盒子裡即可。這些小推車上還會有專供試喝的樣品，你也可以自斟自飲，在這藍天白雲下自由感受一番。

「宰人」的旅遊區，不存在

旅行時「盡量不在景點內吃飯」是一大準則。別說挨宰問題了，即使是有規範的風景區，樣樣明碼實價，價格也會比風景區外高出一大截。你也千萬別針對這個問題當場發牢騷，因為風景區內的餐飲業基本沒有什麼服務意識可言，總是一副你愛吃不吃、不吃就走人的態度。

但是在德國乃至整個歐洲，你就不需要擔心這個問題。不管是速食簡餐，還是大餐廳，抑或咖啡廳，價格都跟外面沒什麼差別。記得第一次去德國時，前往天鵝堡。我在舊天鵝堡[4]流連半天，總覺得它比名氣最大、德國旅行象徵的新天鵝堡（Schloß

4 高天鵝城堡，Schloss Hohenschwangau，又稱霍恩施旺高城堡，是位於德國巴伐利亞邦施旺高鎮轄下的霍恩施旺高村的一座城堡，與新天鵝城堡隔山相望。

Neuschwanstein）更美。之後又準備步行去旁邊的新天鵝堡，可是從舊天鵝堡走下來已是飢腸轆轆。算了一下時間，如果此時去新天鵝堡，加上內部導覽時間，怎麼都要兩個小時。如果開車去旁邊的菲森小城正正經經吃頓飯，也需要一個多小時，會耽誤之後的行程，於是決定在售票處旁邊先隨便吃點。

在德國，類似城堡之類的景點，如果沒有較為特別的城堡餐廳，基本都只會提供簡易餐食，如三明治、蛋糕和咖啡等。看了看價錢，發現居然與一般城鎮所售沒什麼差別。要知道，天鵝堡可是德國旅遊地標，是無數德國旅行書的封面，幾乎是德國旅行團必到之處，但德國人就是能做到與外面售價基本一致。

後來去國王湖（Königssee），感受更深。國王湖是德國最深的湖泊，水質極好，據說直接達到飲用標準。景區極大，需乘船前往，不同景點也需坐船才能到達。

國王湖以自然風光見長，唯一的人文景點要算

▲國王湖只有一間餐廳，必須乘船前往，可是餐廳價格並沒有因此水漲船高。

是湖心島上那座小小的聖巴爾多祿茂教堂（St. Bartholomä），又稱「紅蔥頭教堂」。從湖心島碼頭上岸，沿湖而行，便可走到教堂。

教堂附近有一家餐廳，白牆黃邊，頗具童話色彩。當日在島上溜達一圈後，眼看時間有盈餘，便決定在餐廳坐下來喝杯東西，順便看看菜單。結果發現主菜基本在十到二十歐元之間，前菜和沙拉基本是五到八歐元，整體看下來跟外面差不多。

德國南部經濟發達，物價在德國來說本就偏高。國王湖是景點，而且這間餐廳位於湖心島上，可算是前不著村後不著店，無論上島還是離島，都得等候定點班次的船隻。這種荒山野嶺之地，即使價格極高，狠狠宰你一刀，你也無處可走，要不就別吃，要吃就得忍著，遇上兇惡的店主，說不定能把你扔湖裡。但在德國，你絲毫不用擔心有偏離市價的情況出現。

兩千多個世界級品牌

去過德國的人都知道，這是一個罕有高樓的國家。除了有限幾個大城市，想在中小城市看到高樓大廈，機率低到嚇人。即使是法蘭克福這個金融中心，也是一座古樸老城，高樓大廈雖然也不少，但比起中國的城市，那真是小巫見大巫。當然，德國人可一點也不在乎這個。

在法蘭克福的街頭遊蕩，國際金融中心算是必打卡之地。那天我晃晃悠悠，就走到了這裡——德國的金融命脈，信貸市場、證券市場、外匯市場和黃金市場都在這裡。

德國證券交易所號稱歐洲最活躍的證券交易市場之一，交易量僅次於倫敦，總部就在法蘭克福。而且，德國證券交易所的上市費用在歐洲已開發國家裡最為低廉，也就五千到一萬歐元。

德國股市的知名企業也非常多，都是德國本土大品牌，如愛迪達（adidas）、安聯（Allianz SE）、拜耳（Bayer AG）、巴斯夫（BASF SE）、BMW、賓士、德意志銀行（Deutsche Bank AG）、空中巴士（Airbus SE）、漢莎（Deutsche Lufthansa）、保時捷、彪馬（PUMA）、思愛普（SAP）和西門子等，絕對是星光熠熠。

但值得留意的是，整個德國的上市公司數量是八百多家。相較之下，日本有三千七百家上市公司，中國的大A股[5]如今也有三千多家[6]。炒股的人數也少，二〇一七年，德國股民數量剛好超過一千萬人，但十四歲以上人口中，股票投資者比例僅有一五．七%，比起其他主要已開發國家明顯偏低。換言之，活躍的德國股市，只是為參與者提供了方便，但參與者在德國國民中所占比重並不高。

要知道，**德國有兩千多個世界級品牌**，是與美國、日本並肩的頂級工業強國。另一個重要指標的考量，德國更是冠絕全球——**目前全世界約有三千家隱形冠軍企業，其中超過半數來自德國！**

所謂隱形冠軍，是德國教授赫爾曼．西蒙（Hermann Simon）提出的概念，指一些不起眼、不為人所知的小行業的翹楚。隱形冠軍未必具有極高的產值，名氣也肯定比不上那些大企業，但作為一個細分領域的龍頭企業，卻體現著國家的工業健康度。隱形冠軍越多，這個國家的工業就越健康。

按照我們對股市的理解，這麼多優秀企業，起碼有一大半應該上市，但事實卻非如此。在發達的德國，企業為什麼不熱衷上市？原因在於它們的家族企業屬性。

在目前德國的三百五十萬家企業中，中小企業占比高達九八％，其中絕大部分又是家族企業。另外，這些企業五〇％以上的銷售額都以出口方式實現。

德國的家族企業百強，平均壽命已經超過九十歲。以**德國人**的耐性，他們更**希望企業傳承下去，所以不會盲目擴張**。股市這個圈錢工具，對他們的吸引力也就不高。也正因為沒有投身浮躁的資本市場，德國企業只能在產品上下功夫，強調品質和技術。

不上市、不熱衷於資本市場，並不意味著守舊。據歐洲專利局統計，德國的人均專利申請數量是法國的兩倍、英國的五倍、西班牙的十八倍。數量龐大的**德國家族企業，普遍會拿出相當比例的利潤用於研發**。

德國實體經濟的強大，奧祕就在這裡吧。

5　A股也稱為人民幣普通股票，是指那些在中國大陸註冊、在中國股票市場股票上市的普通股，以人民幣認購和交易。

6　臺灣上市公司截至二〇二一年七月約有九百五十二家。

PART 5

高速公路上的科技和人性

某次旅途中，我於前西德首都波昂前往二十公里外的科隆。後來才想起，這條555號聯邦高速公路（Bundesautobahn 555）就是世界上第一條高速公路，至今仍在使用。一九三二年八月六日，這條高速公路建成通車，工程奠基人是時任科隆市長的康拉德・艾德諾（Konrad Adenauer），他也是戰後的西德第一任總理，是德國復興的關鍵人物。可希特勒認為這條僅僅二十公里的道路根本不算高速公路，於是將之降格為一般公路。

在德國高速公路歷史上，希特勒也是無法繞過的名字。直到今天，**德國仍有四分之一的高速公路修築於納粹時代**。

公路可以滿足波音七四七客機起降

據說，當年希特勒發動慕尼黑啤酒館政變，結果失敗被捕。他在監獄裡寫下了《我的奮鬥》，還閱讀了不少圖書，其中就有名為《我的生活與工作》（*My Life and Work*）的福特自傳，他因此萌發了修築高速公路的念頭。

在他出任德國總理後，立刻開始宣傳高速公路計畫，即使遭到強烈反對仍想盡辦法推行。不得不說，希特勒這個大魔頭在高速公路這一問題上有著極其超前的眼光，他對高速公路修建提出的種種要求，直到今天仍不過時，依舊是高速公路的標準。

他提出的要求是這樣的：寬三十四公尺的四車道公路，中間有五公尺寬的間隔綠化帶，不設路燈，每隔兩百公尺豎一根金屬片鑲面的水泥柱，夜晚在車燈照射下反光。另外，每隔一段距離都會設置加油站、餐廳和緊急停靠區。直到今天，這些做法仍在沿用。另外，希特勒提出的坡度盡量小、拐彎半徑盡量大等想法，德國人也將之貫徹至今。

為了行駛安全，德國高速公路的厚度也是全球第一，據說路面鋼筋混凝土厚度達八十公分，是中國高速公路的三倍至四倍，這樣的路面甚至可以承受波音七四七客機的起降需求。也正因此，馳騁於德國高速公路的時候，路面的平穩會讓你感受不到任何顛簸。

另外，與我們慣常的理解不同，對高速公路損害最大的不是汽車輪胎，而是雨水。因此，德國高速公路基本採用傾斜路面，即路邊稍低，可以讓雨水流向路邊，再滲透一層透水水泥，流進水管網路，最終流進儲水塘。

德國人的嚴謹甚至做到了路面以外。在德國開車，兩側不會見到土坡，以防止傾瀉。但種上樹木和草就可以放心了？也不是，它們必須與高速公路保持距離，以免太過茂盛侵入車道。所以，德國人還會定期檢視公路兩側的綠化情況。

哪裡有人煙，路就鋪到哪裡

「最後一公里」這個詞，大家都不陌生。如今，它已被引申入許多領域，如通訊網路、公共服務等，不過我們見得最多的仍是其本意——公共交通末梢。

德國高速公路號稱世界第一，但它的農村又是怎樣的？我的結論是：哪裡有人煙，路就鋪到哪裡，而且都是柏油路。同樣，德國的鄉間公路使用率也相當高，但因道路建設狀況極佳，路網發達，加上司機個個守規矩，同樣暢順。

德國作為歐盟已開發國家，百萬以上人口的城市僅有柏林、漢堡和慕尼黑，七〇％以上的人口生活在十萬人以下的市鎮，尤其是人口在一千到兩千人之間的村鎮。

從基礎設施來看，這些散落的小市鎮絲毫不亞於大城市，綠化和住宅條件則更勝之。無論是經濟發達的德西和德南、近海的德北，還是經濟底

▲ 德國高速公路號稱世界第一，哪裡有人煙，路就鋪到哪裡。

蘊遠遜於前西德的前東德地區，鄉村風光都是一派旖旎。市鎮清靜美麗，公共設施和商業設施一應俱全。小村落散落在曠野之間，以大片原野、茂密樹林或廣袤草地為背景，遠遠看如同仙境。若是開車進去，更是另有乾坤，錯落巷弄間，兩側都是童話般的小屋，花園闊大，都經過細心打理，即使是曠野間別無分號的獨戶民宅，也看不到防盜網和圍欄。

哪怕是山間最偏遠的鄉村，也有柏油路直達，村內也不會有沙土路，兩側土地若非民宅與草地，便是樹林。

多年前，我曾看過一個說法，稱德國的「最後一公里」建設極盡完善，即使是孤零零住在山上，政府也會把柏油路修到你家門口。德南常有一些小山，村落依坡而建，清一色紅瓦或灰瓦斜頂小樓，唯一較高的建築便是位於村子中心的小教堂。在這樣的村落裡，總有那麼幾戶人家會選擇「離群」，把家建在山頂上，儘管只是一百公尺甚至數十公尺的小山坡，但也得穿過樹林，彎彎曲曲建上一條山路才可通行。

▲就算你孤零零的住在山上，柏油路也會修到你家門口。

以我所見，**無論遠近，道路都直通每戶家門口**。有時未曾開車親至，只在高速公路或者普通公路上遠望，也能看到一片綠意中那條灰色長帶，蜿蜒上山。在相對空曠的德北，常可看到一望無際的原野和樹林，有時會看到一、兩座小屋點綴其間，無一例外，都有一條道路通往其家門口。

兼有平原和丘陵、遍布森林和田野的德西，小村落總在錯落中出現在你眼前，在高速公路上有許多出口通往這些村落，開車時常可看到左右出現緞帶式的公路，或左右彎曲，或上下蜿蜒，伸向遠方童話般的小村。

用直升機處理事故，迅速清場

不少人認為，歐洲（當然也包括德國）交通順暢，主要原因是車少人少，其實這是極大的誤解，以德國為例，其面積僅三十五萬平方公里，人口達八千兩百萬，人口密度為每平方公里兩百三十四人（按：中國為一百四十八人、臺灣為六百四十七人）。

而且，德國不但人口密度大，私家車擁有率也超高，一個家庭有兩輛車是基本，三輛以上也不奇怪，還有房車這樣的大傢伙，每千人擁有汽車數量達到七百輛，根據這個比例，你還能說德國車少嗎？

所以，德國高速公路雖然也有「冷清」的時候，也有車少的路段，但整體來說，常常車流如龍，能夠保持暢通甚至高速行駛，守規矩是最大原因。

超車道的設置對行駛安全大有幫助，反觀中國，許多車輛在最左側車道上慢速行駛，甚至幾輛車慢速並排而行，這本身就是一種自殺行為，越慢越不安全。當然，如果車流極度密集，甚至延綿數十公里的時候，超車道上也會擠滿車輛，這種景象在夏天比較常見。

德國的道路使用也分淡季旺季，冬天算是淡季，每年五至九月的度假期則是旺季。但即使是淡季，車輛也不見少，特別是西部和南部等經濟發達地區，永遠車流不息，大貨車更是綿延不斷。至於旺季，那就更是恐怖，彷彿所有人都開車跑上了高速公路一般，滾滾車流甚至跟中國城市上下班高峰期並無差別。

偏偏德國高速公路多半不算太寬，單向三車道或兩車道是常態，如果是在中國，只要有一輛車在快車道上慢悠悠的開，或者三輛車並排以同樣速度前進，就會造成緩行甚至擁塞。但在德國，這種情況必然不會出現，守規矩但又崇尚速度感的德國人，會保持高速行駛狀態，合力造就一個奇蹟般的場面。

如果你沒有身臨其境，很難想像這樣的奇蹟：單向雙車道或者三車道的高速公路，綿延數公里的車流，大家勻速前進，大貨車統一在慢車道以八十公里的時速行駛，小車還能保持一百公里的時速。這種場面有多震撼，在中國開過車的人都能明白。我甚至有過這樣的錯覺：我置身於《楚門的世界》（*The Truman Show*）裡，一切都是導演所編排，他用電腦設定了每輛車的時速。在如此順暢的行駛狀態下，開車當然是一件容易且充滿樂趣的事。

能做到這一點，在擁擠路況下不隨意變線是重要準則。在德國開車，不管開的是豪華跑車還是老爺車，人人規規矩矩，絕不會左鑽右躥，不會隨意變道插隊超車。另外，在高速行駛狀態下，如果遇到前面塞車，司機會立刻打開雙閃燈，提示後面車輛前面有塞車，自己即將急煞車，這在極大程度上避免了追撞。即使是隨意性很強的法國、路網鋪設較晚的前東歐國家，高速公路的文明使用程度基本也與德國相當。

如果遇上高速公路整修，車道被占用，車速當然就會降下來。這個時候，德國人對「拉鍊規則」的堅守，就成了不造成擁塞的關鍵。因為天氣緣故，夏季是基礎建設旺季，常可見到高速公路分段封閉施工。德國人特別注重道路安全，所以經常會對高速公路進行整修以及加厚、加

▲ 高速公路上每輛車都以電腦設定般的速度勻速前進。

寬，確保沒有小坑窪。德國人修路時瀝青鋪得極好，從來見不到補丁路。

但施工必然導致道路變窄，三車道變兩車道、兩車道變一車道的情況時有發生，即使是追求速度的德國人，在這種情況下也只能放慢速度。在中國，如果遇到這種路況，交通往往會大亂，最重要的原因就是大家搶道，誰也不讓誰，甚至發生擦撞，造成大塞車。而在歐美，「拉鍊規則」早已深入人心，所以即使慢，也不會亂。

所謂「拉鍊規則」，即指車道變窄時，並行的右車先讓左車，後車則必須讓前車，每條車道輪流通過一輛車。以兩車道變一車道為例，左邊第一輛車當然先行，其次是右邊第一輛車，隨後是左邊第二輛車，再後是右邊第二輛車……這是最高效的通過方式，早已成為規則，人們也自覺執行。

我經歷過許多這樣的「拉鍊」，即使緩行，即使車流綿延，也聽不到任何汽車喇叭聲。而讓我更為印象深刻的是，當輪到我開車通過「拉鍊」時，總能見到隔壁車上司機的點頭致意，有時，還有微笑。

在德國，為什麼很難在高速公路上看到交通事故？答案挺複雜，但已成為一個傳說：德國高速公路並非沒有事故，只是你很難看得到，因為他們用直升機處理事故，迅速清場，你根本沒什麼機會看到。

這個傳說真實性如何？只能說確有其事，但並非德國處理高速公路事故時的全部選擇。這麼高科技又霸氣的配備，其實更適用於較為嚴重的事故，或者交通特別繁忙、事故會造成巨大擁塞的狀況。

德國境內有三十六個直升機救援基地，能夠確保在十五分鐘內到全德任意一個事故現場進行救援。但除了直升機，救援車的數量顯然更多，而且不乏能夠短時間來到事故現場的高性能車輛，如賓士和BMW等豪華品牌。這些車基本都經過改裝，且不會安裝限速解調器。更為便利的則是時速可達兩百四十公里的BMW摩托車 K1200GT，時速從零到一百公里僅需三．七秒。

相較於「看不到交通事故」的傳說，其實更確切的說法是「看不到拖車」。在其他國家進行救援時，最常用的是拖車，但德國人顯然不太願意用這種速度慢又占地方的大傢伙。如何做到盡量少用拖車？現場處理完不就行了嗎？如果是車輛出現故障，大多數修理工作都會在現場完成，而不會借助於拖車。

我曾親眼看過德國高速公路上的事故現場，沒有拖車，也沒有直升機，只有兩輛賓士救援車，外加一輛摩托車。賓士救援車很酷，現場很乾淨，事故車貌似仍可開。不得不說，對德國人的高速處理速度和架勢，能有這樣一瞥的機會，已十分難得。

「先到先贏、頭過身就過」，在這不適用

非高速公路似乎更能體現德國人高度文明的駕駛習慣，以及歐洲早已完善的交通規則。德國的普通公路，兩側常常是一望無際的原野，視線極為開闊，你在直道行駛時，時常可以看到有車子以極高的時速從岔路上飛奔而來，這樣的交叉路口既然非市鎮中

心，也不會有紅綠燈。

在中國，不管對方是直行、右轉還是準備左轉，你恐怕都得下意識的將腳放在煞車上時刻準備著，以免對方突然衝出來造成事故。但在德國，你會發現沒有任何車輛會因此而減速，因為，不管岔路上開過來的車子是怎麼樣的時速，是超豪華跑車還是人見人怕的大貨車，它們都會在路口乖乖停住，不管有沒有紅綠燈。

司機們為什麼那麼乖？是因為有無處不在的照相機嗎？不是，這類路口壓根就不會有照相機。約束司機們的東西有兩個，一是歐盟和北美均在使用的路權概念，一是自覺。據說，中國的交通標誌基本由西方引入，唯獨缺了「路權」中的先行權概念。這個被忽視的概念，恰恰是目前中國交通最需要的概念。

「路權」概念其實很簡單，每逢路口，只要你看到黃色矩形標誌，即代表你有路權，可以通行，與此對應的是，其他路口則面對一個紅色倒三角標誌，即代表你沒有路權，必須讓行。在規則內，一般是岔路車輛必須尊重主幹道車輛的路權，等待進入圓環的車輛必須尊重已進入圓環車輛的路權。

在中國交通標誌中，引入了紅色倒三角的讓行標誌，但偏偏缺了黃色矩形的先行權標誌，所以，有先行權的車壓根不知道自己的權利，讓行的車未必讓行，使得每個沒有紅綠燈的路口都存在交通隱患，還大大降低了路面效率，造成擁塞。

這看起來很簡單，但如果你是一個飽受國內交通之苦的司機，稍微細想一下就會知道這個概念的作用。在中國開車，每逢十字路口或圓環，只要沒有紅綠燈，就很容易出現你爭我搶，最後亂成一團，誰也開不出去。如果路權概念深入人心，再配合有效的管理手段，道路必將大大順暢——照相機和紅綠燈當然有用，但那只是被動的手段而已，如果不能提高司機的整體駕駛素質，就是治標不治本。

有時，你還可以見到「Stop」標誌，這就需要至少停車三秒確認無風險後通過，這個概念在北美和歐盟都有，只是叫法不同。去年有四名中國遊客在美國自駕時，就是因為無視「Stop」標誌，強行駛出路口引發車禍，四名遊客均在事故中身亡。

高速公路不限速，開太慢反而危險？

關於德國的「經典謠言」中，「青島下水道油紙包裡的零件」和「德國高速公路不限速」可算是「交相輝映」，寄託了人們的許多美好想像。但實際上，德國高速公路只有部分路段不限速。根據德國ADAC「二〇一三年的資料，當時德國高速公路有六二％的路段不限速。

但即使如此，德國也是全球高速公路不限速比例最高的國家。平時溫文爾雅的德國人，一開起車就如同上了賽道，個個風馳電掣，即使你以一百六十公里的時速狂奔，人家仍一輛接一輛超你沒商量。按照很多人對開車的理解，「快」就是災難之源，但在如此追求速度的德國，我歷次自駕只看過一宗車禍，還只是輕微追撞。據資料顯示，即使在交通事故發生率很低的歐盟，德國都是相對更安全的那個。

限速其實是高速公路最常見的管控方式，但它與照相機、普通道路的紅綠燈一樣，都屬於治標不治本的手段。甚至可以說，限速不意味著安全，不限速也不意味著不安全；同樣，限速不意味著規矩，不限速也不意味著不規矩。

根據我的自駕經驗，荷蘭也許是歐盟內部駕駛規矩最差的國家，我曾見過幾例占據超車道超過一分鐘的情形（當然，像變道插隊、右線超車、亂按喇叭等惡習，我在歐盟內部從未見過），可它偏偏是照相機最多、限速最為嚴格的國家，這也從側面印證了堵不如疏的道理。

不限速需要高度自律，德國人恰恰有這樣的自律。除了開車規矩之外，德國高速公路的路況和德國車的品質也是關鍵。我每次去歐洲自駕，因為考慮停車方便等因素，習慣租小車，可不管是什麼品牌的小車，在高速公路上輕輕鬆鬆都能突破一百六十公里的時速，這是因為道路設計十分平緩，鋪得厚實，而且車輛性能極佳的緣故。

當然，即使是不限速的路段，其實也會有一個建議速度，即時速一百三十公里。如果駕駛者在超過這一時速的狀態下發生了事故，即使沒有主觀失誤，也需要承擔一部分責任。

---

1 Allgemeiner Deutscher Automobil-Club e. V.，全德汽車俱樂部，是德國最大的交通協會，其總部位於慕尼黑，是非營利的法人組織。

只有警示牌，沒有多餘的廣告

幾年前的冬天，我在匈牙利自駕。高速公路的狀況自然比不上德國，偶爾還能看到補丁路。但西部一路車少，只有過了塞克什白堡（Stuhlweißenburg），通往布達佩斯（Budapest）時，才見到密集車流，所以路十分好走，加上兩側平原既有原野，也有叢林，散落著一些色彩單調卻安靜的小村，偶爾經過市鎮，也有別緻風味，所以即使旅途漫長，也不覺乏味。

開著開著，突然看到路邊有個看板，上面有隻很可愛的豬，還有一堆香腸，有箭頭指向旁邊村落，雖然看不懂匈牙利文，但也大致知道是附近農場的香腸廣告。又走了幾十公里，經過一段高速公路，雖然也是封閉路段，但兩側都是田野，與道路高度差不多，欄杆也不高，結果又看到幾個看板，都與紅酒有關，看來附近是不錯的紅酒產地。

正當我們就看板的內容討論，還商量著要不要根據路標指示去那些村鎮看看時，我突然發現了一個問題：我有多久沒看到這樣的看板了？

在那次旅途中，抵達匈牙利之前，我先在德國轉悠了多日，再經奧地利前往匈牙利。我突然意識到很久沒看到這樣的看板，是因為德國高速公路壓根就沒有看板。

在中國的高速公路上開車，看板可算是一個接一個，地區經濟越發達，看板越密集。它甚至是很多人衡量中國經濟冷暖的晴雨錶，如果有大量看板白茫茫一片，或者寫著招租字樣，那就意味著經濟低迷。

但在德國，你別想看到這樣的看板。甚至連服務站的各種招牌，你也別想在近距離的路邊見到。完善的高速公路服務站有餐廳、加油站、咖啡館甚至經濟型旅館，當然都需要大型招牌，但服務站並不緊靠公路，而是要由匝道深入進去，所以也不會在路邊看到招牌。當然，你也無須擔心錯過，德國人會把這類招牌做得高高的，離很遠就能發現。

之所以不在路邊設置看板，是因為要避免駕駛員分心。當然，沒有看板，警示牌倒是不少，除了各種交通標誌外，還不時提醒你要繫好安全帶、控制好速度……。

德國高速公路的通暢和低事故率，真的不是沒有原因。

▲德國的高速公路不設置廣告牌，是為了避免司機分心。這既保護了司機，也成了交通事故發生率持續走低的決勝關鍵。

平均每十四・七公里就有一個休息區

德國的高速公路服務區分為兩種，一種是標準配置，另一種可算是簡易版。所謂標準配置，就是擁有加油站、專門的停車休息區、超市、餐廳和咖啡廳，有些還擁有酒店。至於簡易版，則只有停車休息區，無服務人員。

根據我的觀察，標準配置的服務區每隔三十公里左右就有一個，簡易休息區則穿插其中，大概每隔十公里左右就會有一個。在中國開車，小孩的如廁問題常常令人頭痛，需要常備空礦泉水瓶，但在歐洲高速公路上完全不需要擔心這個問題。

服務區都緊靠高速公路，沿途會有相關提示，提前進入匝道即可。值得留意的是，因為歐洲高速公路上大貨車特別多，多數國家規定了大貨車司機的最高行駛時間，達到規定時限後必須休息才能再上路，德國等國家還規定大貨車不可於週末上高速公路，因此大貨車對服務區的使用率最高。因此，針對大貨車載重大、慣性強的問題，這些簡易服務區的地勢多半都高於高速公路，貨車進入匝道時，必須走一個上坡，可以順著坡度減速，增加安全係數。離開服務區時，又可以順著下坡加速進入輔路（歐洲高速公路服務區出口的輔路一般都很長），提早進入高速的行駛狀態。

不管是標準服務區還是簡易服務區，大貨車和小車均分區停放。簡易服務區一般以小草地分隔兩個區域，一邊停大貨車，一邊停小車。車位都是斜線，方便進出。而且最靠近洗手間等設施的車位，一定是殘障人士車位。

根據我的經驗，老牌資本主義國家的高速公路簡易服務區更簡單一些，地方也狹窄，多半只有幾十個停車位、幾個廁所以及垃圾桶。這是因為它們的高速公路發展較早，但因為眼光具前瞻性，設置密集，應付如今的龐大車流仍無任何問題。

相較之下，前東歐國家的高速公路簡易服務區就「豪華大氣上等級」了。因為大多數高速公路都是一九九〇年代後新修建的，所以除了道路普遍寬闊外，設施也更新。

這種差異在德國體現得特別明顯，前西德地區經濟更為發達，但有些老高速公路並不寬闊，反倒是前東德地區，雖然經濟仍然相對落後，但主要高速公路的狀況反而更好。相較於簡易服務區，德國的高速公路標準服務區設施非常齊全，完全是社區的感覺，你甚至可以在此待上一天，也不會感覺有任何不便。

據我估算，一個標準服務區的占地起碼有二、三十畝，有些更大。從高速公路拐入匝道後，先是加油站，可以加油、加氣、加水。我查過一個資料，稱歐洲高速公路的加油站為單向平均三十公里有一個，最大間距不可超過一百公里，因為汽車油箱提示加油預警後，一般最多能跑一百公里。而據我觀察，五十公里以上沒有加油站的情況都不存在，基本是三十公里左右便有加油站，估計資料已經陳舊。另一個資料也許更能說明問題——德國高速公路上平均每十四．七公里就有一個休息區。

加油站內附設超市和餐廳，還有歐洲人決不可缺少的咖啡廳。旁邊還有洗車場、提供維修和充氣的修車行。廁所和洗浴間也是標準配備，前者不但乾淨，還有換尿布臺等設施，後者是為大貨車司機準備的，可謂貼心。有些服務區還提供小型酒店，或者計時旅館（Hourly hotel），長途司機完全可以在這裡睡一覺再走。

大小車的停車區也以綠化帶分隔，互不干擾，石桌、石凳也非常多。同樣，最靠近廁所的一定是殘障人士車位。如果停車區域和廁所之間有坡度，你不會看到臺階，只有供代步輪椅和童車使用的緩坡。

值得留意的是，加油站品牌不同，配置上也在齊全的基礎上各有側重。有些主打超市，將超市與加油站分隔，商品琳琅滿目，不但有常見的食品、飲料、報刊和玩具，甚至連衣服都賣；有些則主打修車，偌大一個修車場，看起來很專業的架勢；有些主打住宿，飯店還頗有設計感。可見服務區的建設一方面有官方標準，另一方面也有商家的主動意識。

餐廳一般以速食為主，有些是加油站自營。有一次，因為所住的鄉村古堡飯店不提供早餐，小村又沒有現成餐廳，加上還要趕路，我選擇在

▲ 德國高速公路的簡易服務區，每隔十幾公里左右就有一個。

高速公路服務區吃早餐。我一向講究吃喝，基本不吃速食，那還是我第一次在歐洲的高速公路服務區用餐。只見服務區占地極大，用餐場所與超市連在一起，足足有幾十張桌子，而且多是六人甚至八人桌。餐食分兩種，一是簡單的自助餐，有麵包、沙拉、水果和飲料等；還有一種是點餐，各種蛋糕、麵包、漢堡，還有水果、沙拉和飲料。

我們將選擇的食物放入托盤後，拿去買單。三個蛋糕、一個麵包、兩杯咖啡和一罐優酪乳，總共花費不到十歐元，性價比很高。也有些加油站的餐食更為簡單，以三明治和飲料為主，外加自助的投幣咖啡機。還有一些服務區，除了加油站內提供餐食外，還有麥當勞之類的速食餐廳，同樣安全可靠。

若是暑假赴歐自駕，日照時間超長，晚上十點多天才會黑，因此基本沒有開夜車的機會。可若是初春前往，偶有風雪，難免遇上夜間開車，對高速公路服務區又會有另一層觀感。

每到夜裡，高速公路服務區都會亮燈，此時，別緻的建築設計和溫暖的燈光便會相得益彰，尤其是在寒冷冬夜裡，那暖色調確實可以營造家的感覺。許多服務區的外觀配上燈光，有如高檔飯店一般，走進去也不會讓你失望。

這裡要收費，只是沒有收費站

德國高速公路到底收不收費？這是個經常在網路上被爭論的話題。說不收費的人，證據很明顯，畢竟你在德國境內看不到任何收費站。說收費的人，證據也有一大堆，認為德國是變相收費。

實事求是的話，應該這樣說：德國高速公路收費，但並非以收費站的形式。另外，即使收費，德國人道路支出的絕對值也低於中國人。如果更科學一些，考慮道路支出與人均收入的對比，那德國人更是占盡便宜。

德國高速公路建設初期，也就是納粹時代，許多人反對國家花大錢興建這種「奢侈道路」，希特勒便有意動用民間資本。可民間資本的介入意味著將對民眾收取道路使用費，但根據當時的德國法律，收取道路使用費是被禁止的。結果，希特勒想出了一個主意：將修建高速公路變成政府的一項失業救濟工程，這樣既可以減緩失業壓力，創造大量工作職位，還可以用省下來的失業救濟金支付工程費用。

戰後德國依然堅持免費原則，只是不再需要像希特勒那樣拐彎抹角，而是直接提出高速公路應由政府出資建設，且不收取費用。但與此同時，也遵循「誰使用誰支付」原則，讓使用者透過支付燃料礦物稅、車輛稅以及累加於礦物稅之上的增值稅，來間接支持高速公路建設和維護。也正因此，德國的油價中超過六成為礦物稅等稅款。

據我所見，在二〇一九年之前幾年德國汽油價格普遍在每公升一．一至一．五歐元。不少人用這個資料來論證德國道路使用費用高，但如果將油價和高速公路費用綜合考慮的話，會發現數字跟德國不相上下，甚至猶有過之。如果你在中國高速公路上走個兩百公里，在收費站掏個八十、一百元是家常便飯，再加上油耗花費，已是相當可觀。

如果再納入人均收入這一考慮標準的話，就更是觸目驚心。二〇一四年，德國人均月薪達到三千四百歐元，以當時歐元與人民幣的一比八匯率比計算，為人民幣兩萬七千兩百元。以這個收入承擔比我們還低一籌的道路使用費，你說誰日子更好過？

如果拋開那些變相徵收的隱形稅費，我們能不能說德國高速公路不收費？也不行，因為準確來說，是對小客車不收費。換言之，大貨車還是得繳費。

目前來看，歐盟境內在高速公路收費問題上主要分為三類。一是部分收費並採用收費站形式，代表是法國，還有義大利和西班牙等南歐國家；一是事先購買不同使用天數的高速公路通行票，貼在車窗上隨時以備檢查，奧地利、瑞士和捷克等都屬此類；還有一種則是不直接收費，僅收取汽油稅費等用於建設和維護，其中就包括德國、荷蘭、比利時和北歐諸國。

但針對大貨車，德國另有辦法。二〇〇二年，德國通過《高速公路養路費法》，針對重量超過十二噸（包含拖車）的貨車收取高速公路費，收費標準因行駛里程、車軸數量、排放等級而異，最低每公里十四．一歐分[2]，最高每公里二十八．八歐分。

在德國開車，對高速公路上浩浩蕩蕩的大貨車隊伍難免印象深刻。德國地處歐洲腹地，加上工業高度發達，所以高速公路上的貨車極多，經濟發達的西部和南部更是誇張。除了本國貨車外，法國、波蘭、丹麥、瑞士、荷蘭、捷克和奧地利等周邊國家的貨

2　一百歐分等於一歐元。

車也不斷穿行於德國。大貨車對公路的損害程度遠高於小車，排放也較大，因此被認為需要承擔較多的公路養護費用和環保成本。

但是，壓根就沒有收費站的德國，怎麼對大貨車收費？

原來，早在二〇〇五年，德國政府就建立了基於全球定位系統和全球移動通信網路的全自動公路收費系統。貨運公司或者司機需先行註冊，給車輛安裝定位裝置，存儲貨車重量、車軸數、排放等級和行駛路線等資料，並能接收ＧＰＳ訊號、顯示應繳費資訊。行駛里程和應繳費用會根據車輛的行進情況自動計算並生成帳單。如果是偶爾使用高速公路的貨車，也可以選擇單次計費，或者上網登記付費，或者在高速公路休息區的自助收費終端登記付費，德國境內有三千五百個這樣的自助收費終端。

有人會說，如果車輛資料都是自行登記，那麼會不會有司機填報假資料？比如在車子重量和排放等級上做文章，以此鑽漏洞？又或者乾脆不登記，反正高速公路上有那麼多大貨車，混入其中也沒人知道？

答案當然是否定的，一來高速公路上有不少監控，可以在車輛通過時自動檢測其定位裝置和繳費狀態是否正常；二來德國政府還設了不少流動監測點；三來德國人乃至歐洲人在這方面的自覺也是出了名的，畢竟「誠信」兩字是他們在社會上的立足之本，一旦有了汙點，簡直寸步難行，所以很少有人會以身犯險。

值得一提的是，因為收費標準與排放標準掛鉤，也促使運輸公司選擇排放較低的貨車。我查到一個資料，截至二〇一二年四月，德國高速公路上達到最優環保排放標準的貨車，其行駛里程占所有貨車行駛里程的七六．五%，而在二〇〇五年一月，也就是自動收費系統開始營運時，這一比例僅為〇．二%。

使用者付費，上廁所請備好零錢

簡易服務區裡的廁所都是免費的，但如果是在標準的綜合服務區，廁所多半要收費，價格是每次〇．五歐元。這〇．五歐元可不僅是上個廁所就完了，歐洲高速公路的許多服務區其實都是連鎖經營，以加油站為中心進行投資，再開設餐廳、咖啡廳、商店甚至旅館等。

▲德國廁所裡擺滿了衛生紙，隨時可更換，也不用擔心有人偷走衛生紙。有時，德國廁所的設施很有趣，比如右圖這個讓你射門的小便池。

在德國最常見的就是 SANIFAIR 公司，基本覆蓋全德。如果你在加油站廁所門口看到這個字樣，那恭喜你，〇．五歐元的如廁費絕不會白花。該公司的公廁相當乾淨，而且你投幣後會收到一張帶有防偽條碼的收據，收據上還有詳細說明，告訴你此收據可以抵等額現金，只要是在 SANIFAIR 公司旗下的高速公路餐廳消費，都可以出示使用。其實，這不就等於我們在餐廳吃飯，走的時候拿票去抵停車費嗎？且人家還是全德高速公路通用呢。

許多人說在歐洲上廁所太貴，其實這還真是拿中國人的收入當作基數所致。要知道，廁所的主要使用者是當地人而非遊客，以德國二〇一四年人均月收入三千四百歐元為例，在高速公路上花〇．五歐元上個廁所算什麼呢？相較之下，德國政府對高速公路服務區的物價也有明確限制，無論餐食、飲料還是其他商品，價格與城市內的超市和速食店無異，連味道都沒差距。

我第一次對德國廁所有深刻印象，是在慕尼黑的王宮博物館。那是樓梯間夾層的一個偏僻小房間，在裡面連轉個身都困難。旁邊的架子上擺滿一袋袋衛生紙，隨時可自行更換。

這要是在中國，公廁裡哪敢放這個？就連政府單位廁所都不保險，因為總有些不自覺的人下班時會順手牽羊。但在有「路不拾遺」美譽的慕尼黑，這一袋袋衛生紙就這麼大咧咧放著，毫不擔心被順手摸走。

後來我才知道，這真的不算什麼。有一回，我開車經過德國南部。德國以路網發達著稱，南部作為經濟重鎮，路網尤佳，沿途設施也十分成熟，每三十公里左右必有加油站和服務區，每十幾二十公里必有簡易休息區。途中突然內急，便在一個位處荒山野嶺中的簡易休息區下車小解。

按理說，這種前不著村後不著店，而且全靠自助、無人看管的地方，往往都是衛生黑點。可這裡的垃圾桶整整齊齊擺成一排，地上一點垃圾都沒有。走進廁所更是嚇一跳，幾個小間一字排開，裡面不但乾乾淨淨，而且洗手檯、洗手液、烘手機和衛生紙一樣不少，彷彿有人隨時維護，又像無人使用一般。可是真的沒人用嗎？當然不是，就在我停車的當口，這裡已經停了十幾輛車，還有人在外面長凳上吃東西，吃完就自動將垃圾放入垃圾桶。

當時正值下午，陽光暖洋洋灑進廁所。可這被隔開的一個個小間，除了門就是三道牆，採光怎麼會如此之好？抬頭一看才發現玄機，原來頂上是玻璃天花板，這足以保障白天的採光，相當節能環保。

但奧妙可不僅在這裡，天花板共分兩層，斜頂的玻璃天花板在上層，便於採光，下一層則是金屬材質的網狀天花板，既不影響採光，又將每間廁所的頂部一一隔開，這顯然是出於安全考慮——沒看過犯罪片嗎？你在馬桶上坐著，有人從隔壁牆上冒出來，不是偷你東西就是打你一棍，所以這種網狀天花板實乃荒山野嶺安心如廁之必備（參見下頁圖）。

值得一提的是，不管是城市內的廁所，還是這種荒山野嶺的廁所，德國人都把配置做到最好。烘手機反應靈敏，風力強勁，抽水馬桶的出水極少，但衝擊力超強，既能沖刷乾淨又節水環保，洗手液特別好用，一點點就有大量泡沫。

▲廁所裡金屬材質的網狀天花板，方便採光又安全。

廂式貨車＋鎖，高速公路上的雙重保險

在德國高速公路上，大貨車可是不可忽視的存在。滾滾車流幾乎「霸占」了最右側車道。但前面說過，德國大貨車司機都特別守規矩，如無必要絕不超車，超車後立刻回到最右側車道（參見下頁圖）。也有許多較為狹窄的高速公路，直接規定禁止大貨車超車，以確保交通順暢。更讓我驚訝的是它們的速度，基本保持九十公里的時速勻速前進。要知道，在中國的高速公路上，大貨車不但常常走快車道，還慢悠悠，有些車子的時速甚至只有三、四十公里。

這當然與車子性能有關，德國的大貨車都配備大馬力柴油引擎，最高時速設定甚至超過兩百公里，至於品牌，多半是賓士、富豪（VOLVO）和斯堪尼亞（Scania）這種以安全著稱的世界品牌。

相較之下，中國的貨車品質往往較差，一方面物流需求極大，但另一方面限於成本，貨車公司基本不會考慮大品牌的高性能車輛，只在乎低油耗和低價，為了利潤而超載的現象也非常嚴重，車速很難上去。加上司機往往不守規矩，對道路暢通影響極大，危險係數也高。

地處歐洲中心的德國，無論南北還是中西，都是縱貫線的重要組成部分。比如從北歐的瑞典、挪威到南歐的義大利乃至希臘，德國的南北縱向道路便是必經之路，如果從東歐的波蘭、匈牙利等國家前往西歐的法國、荷蘭等國家，德國的東西橫向道路同樣必經。也正因此，行駛在德國高速公路上的大貨車，很多是來自異國。

▲ 德國高速公路最右邊車道上基本都是貨車。

德國人對本國大貨車極為信賴，卻對來自南歐和東歐的大貨車並不信任，認為這些經濟相對較弱的國家（如義大利、希臘和匈牙利等），在貨車的品牌和性能選擇上並不可靠，一旦在高速公路上出現爆胎或者失速之類的事情，就會影響整條路的交通狀況。類似的驕傲，我在德國人身上還真見過不少。

比如租車，一些豪華車型就不允許入境義大利、捷克和匈牙利等國家，因為德國人認為當地治安比德國差遠了。其實這也是德國人要求太高，他們認為的治安差勁國家，在我等看來已安靜祥和得很。

德國人為了安全，在大貨車上可下了不少功夫。比如大貨車尾部一律加裝護欄、保險桿、警示燈，以提醒和避免小車意外鑽入大貨車底部。大貨車尾部還會有反光提示信號，左右兩側警示燈在傍晚或雨天必須長明。

另外，天色一旦轉暗，車燈都會自動亮起，以方便別人及時看到。最重要的是，在德國看不到敞開式貨車，一律採用廂式運輸，還要加鎖，以防止運載物品掉落在高速公路上釀成事故。**德國的大貨車司機**其實比較辛苦。國家規定了他們的行駛時限，**時間到就必須停在服務區休息，不允許疲勞駕駛**，但這也造成了他們走走停停，在路上的時間會變得很長。

雖然德國高速公路的服務區設施完善，吃喝拉撒外加洗澡設施一應俱全，大貨車上駕駛艙後排也有足夠寬敞的睡覺空間，甚至還有電視機，但畢竟不如家裡方便舒服。至於收入，其實貨車司機的平均月薪並沒有達到德國人均水準，不過也達到三千歐元。

低油價誘使荷蘭人跨境加油

記得第一次在德國自駕旅行之前，有在歐洲長居的朋友告訴我，一定要選一輛柴油車，因為柴油便宜，而且油耗低。我取車時忘了這件事，根本沒提出要求。後來加油時險些習慣性拿起汽油的加油槍，好在加油蓋打開之後，上面有大大的「Disel」，即柴油之意。後來查了一下旅行網站，不少自駕者都曾有過類似的慘痛教訓：錯給柴油車加汽油，導致車子壞掉，被迫請租車公司換車，大大耽誤了行程。

順便說一下，如果沒有購買全額保險，這類損壞往往需要自掏腰包。在歐洲租車自駕，保險需重點考量。有全額險的車子，租金顯然貴一些，但一旦車子出問題，不需要為理賠擔憂。如果不買全額險，往往有起賠額條款，租金越低，起賠額也許就越高，比如有些車型，起賠額為一千歐元，那就意味著理賠額度超出一千歐元的部分，保險才會生效，一千歐元以下都得自掏腰包，這樣的保險幾乎跟沒有一樣，因為只要沒有大的事故，只是普通擦撞，理賠額度怎麼也不可能達到起賠額。

所以，如果發生加錯油導致車子損壞，然而又沒有全額險的情況，租車者就只能自掏腰包，堪稱嚴重大出血。中國遊客加錯油的事情屢屢發生，倒也側面說明了兩點：一是在中國，汽油車占絕對多數，以至於許多人觀念裡的「加油」就是加汽油；二是在德國乃至歐洲，柴油車占比更大，租車時拿到柴油車的機率更高。正是這種差異，造成了一起起「加錯油事故」。歐洲之所以柴油車盛行，顯然跟環保有關。柴油較為便宜，而且油耗較低，尤其是路況極佳的德國，城市加高速公路的綜合路況，油耗控制在每一百公里五至六公升也並不難，我試過一缸油跑一千公里，簡直神蹟一般。

德國的加油站都是民營，集合了世界各大品牌，如殼牌（Shell）、亞拉（Aral）、道達爾（Total）、康菲（Jet）、澳倫（Orlen）、埃索（Esso）等，汽油分為Super Plus（相當於九八汽油），Super（相當於九五汽油）。德國油價在歐盟內部屬於較低水準，柴油為每公升一．一至一．二歐元，汽油略貴。在我印象中，周邊國家油價能比德國更低的唯有奧地利，某些地方的柴油甚至每公升只有一．〇三歐元。相較之下，荷蘭可就貴多了，所以不少荷蘭人常常跨境加油。

在歐洲加油都是自助，加完油之後去收銀臺，把油槍號碼告訴工作人員即可買單。有些加油站更為簡易，採取無人化全自助模式，自行插入金融卡，然後加油、買單。遊客若是來這類加油站，得先看看它能用哪些銀行的信用卡，有些只能刷本國的金融卡。

PART 6

大學教育：不爭一流，卻成為真正的一流

與欠缺邏輯的法國人不同，德國人做什麼事情都講究邏輯。那麼，公立大學免費的邏輯又在哪裡？畢竟在多數人的認知裡，大學似乎很難免費。

首先，德國是一個聯邦制國家，文化和教育屬邦級事務，各邦有權制定相應的教育政策。按照專家說法，教育政策的惠民程度和體制層級呈反比例的關係：管轄層級越高，惠民程度越低；管轄層級越低，惠民程度越高。因為最高層面上的政府機構不見得特別注重民眾感受，低層級政府機構相對更了解民眾需求。

另外，因為地域不同，各地區民眾需求也不同，制定統一政策未必滿足民眾需求。因此，德國把教育事務下放到邦，具有相當的合理性。與此同時，各邦也會將民眾利益放在首位來考量。**注重公義、推動教育資源的均衡，不將教育當作賺錢機器，都成為德國教育的基本理念**。

留學免學費，還可打工

教育免費也因為這種理念而被催生。民眾是納稅人，按照取之於民用之於民的法則，政府當然要為教育買單。加上德國政府的所有經費支出都會經過嚴格審計，而且政府絕不能成為稅收的受益者，公款吃喝、公款用車等都不存在，所以經費除用於基本行政開支外，都用於教育、醫療、保險和交通等領域。

在海德堡大學、馬爾堡大學（Philipps-Universität Marburg）、弗萊堡大學

（Universität Freiburg）……但凡是大學城，你總能看到各種膚色和面孔。有一次在馬爾堡大學偶遇中國留學生，攀談起來才知道，光是這所大學，就有上百名中國學生。

德國大學的免費制度，不但針對本國學生，也針對留學生，這個在全球範圍內都很罕見。德國政府之所以有此舉，是希望透過提高留學生比例來提升德國大學的國際化水準。他們不但對留學生免學費，還為了鼓勵大學招收留學生，推出補貼制度。即大學每招收一名留學生，都可得到相應經費。也正因此，經濟相對落後的德國東部地區的大學，更熱衷於招收留學生，以獲取補貼來彌補經費不足。

從這些年的資料來看，德國大學的留學生比例在一〇%至一五%之間，算是相當高，而且一直在增長。德國也因此成為僅次於美國和英國的全球第三大留學目的地國家，含金量很高。當然，德國鼓勵大學招收留學生，並不僅是為了增強大學的國際化水準，還有更深層次的原因。

說實話，德國大學對留學生的補貼制度，其實對財政而言是一個不小的壓力。但德國人想得很長遠，而且思維也很開放。在他們看來，留學生的到來，必然會帶來文化交流和思想碰撞。一個國家不能故步自封，以開放心態接納外來者，某種程度上就是對本國文化的推動。

另外，德國的老齡化問題很嚴重，年輕勞動力嚴重不足。留學生畢業後可以留德工作，這類高素質人才，哪個國家都不會不歡迎。即使留學生畢業後不留在德國，而是回到自己的國家，對德國來說也是好事。因為這意味著德國文化、教育理念和生活方式的輸出，恰恰是軟實力的體現。這種潛移默化的輸出，對德國製造的出口大有好處。

德國最讓人稱道的是透過了歐盟高知人才引進方針的法案。根據這一法案，留學生在德國學習，每年可兼職的時間從以往的九十天增加到一百二十天。學生在德國大學畢業後，可以申請為期兩年的找工作簽證。拿到此簽證後，學生可以在找工作期間無限制打工。找到工作後，又可在工作滿兩年後申請長期居留許可。

不爭一流，卻是真正的一流

德國大學的世界排名似乎與其在歐盟的領導地位不符，但世界排名前一百的名校還是很多，洪堡大學（Humboldt-Universität zu Berlin）、慕尼黑大學和海德堡大學等都是世界級名校。而且，如果不看綜合排名，單看專業排名，德國大學也極為出色。

綜合排名不高，也許有德國不是英語國家的緣故。另外，據說德國規定了公立大學教授在一所大學裡的工作時限，到期就要流動到其他大學，如果兩次拒絕流動就要辦退休，這是為了防止大學強弱分化。此舉使得德國公立大學的水準基本均衡，但也因此拉低了在世界上的綜合排名。

德國教育體系非常完善，職業教育尤其發達，高等教育相當嚴格，含金量極高。德國的哲學和科學的發達，與古老而穩定的大學體系密不可分。但作為一個遊客，我對德國大學的直觀印象，卻是它的開放性。

於我而言，德國的最重要一站也許是威瑪。在很長一段時間裡，因為歌德、因為席勒、因為弗里德里希・李斯特（Friedrich List）、因為很多很多名垂青史的人物，這個小城都是德國的文化中心。但去這個中部小城之前，我先去了距其僅二十公里的耶拿。

前往這個始建於一二三〇年的城市純粹是好奇，因為這裡是德國的光學精密儀器製造中心，大名鼎鼎的卡爾・蔡司（Carl Zeiss AG）就在這裡誕生。世界上最早的相機便採用蔡司鏡頭，許多光學儀器也使用蔡司鏡頭。

如今的耶拿，除了卡爾・蔡司之外，還有後來居上的耶拿光學公司（Analytik Jena AG）、生產高品質玻璃的肖特公司（Schott Glaswerke AG）、製造太陽能電池矽片的瓦克—肖特公司（Schott Solar Wafer GmbH），以及數十家以研發光學、雷射技術為特色的研究所。這個人口只有十多萬的小城是名副其實的德國光都，德國出口的光學和鐳射產品中，超過四〇%產自這裡。

耶拿大學（Friedrich-Schiller-Universität Jena），就是這座「光都」的堅強後盾。這所大學創立於一五五八年，是德國最古老的大學之一，歌德曾稱它為「知識和科學的集散地」。一八〇〇年前後的德國古典主義時期，這裡成為德國理想主義理論的中心，「耶拿精神」成為一種象徵。一九三四年改名為弗里德里希・席勒大學（Friedrich-Schiller-Universität Jena），以紀念德國詩人席勒。耶拿大學的光學專業負有盛名，德語專業碩士則被評為德國十大名牌碩士專業。這座大學藏有世界上最古老的城市地圖，擁有世界上最強大的鐳射研究所，腦電波圖在此發端。

在光學專業上出類拔萃的耶拿大學，其實也是德國大學特質的一種象徵：在求大求全的綜合排名中，它們也許不占優勢，但具體到某個專業、某個學科，德國大學往往能站在世界頂端。

重社會責任、輕選拔

德國大學輕選拔，重社會責任，所以在所難免以教學為重，科研其次。眾所周知，科研恰恰是評定大學排名的重要參考，也正因為這樣，德國大學沒有官方排名，也沒有重點大學與普通大學之分，每所大學都有自己的特點，在專業設置上都有自己的強項。因為提倡教學資源的平均，所以學校之間沒有特別大的差距。雖然有TU9[1]以及所謂的「精英大學」，但是其他沒有這些項目的學校，很多也是相當好的。

德國大學缺乏選拔功能，按照德國的大學法，不管公立還是私立大學，都更像一個福利組織，「要照顧有孩子的學生的特殊需求；要為殘疾學生考慮周全，使他們盡可能的不需要外界幫助而就學；照顧到國際學生，尤其是歐盟內部的交換生，考慮國際學生的特殊需要；大學透過履行職責來教育公眾」。也正因此，**德國大學寬進嚴出，申請學校相對容易，但畢業率很低**。而且本來德國貧富差距不大，也不收學費，窮人要貸款上學，甚至上不起學的狀況幾乎並不存在。

德國大學都不富裕。不富裕的原因是它們多半都是公立，而且越優秀的大學越是如此。這跟美國和英國十分不同，美國的好大學絕大多數都是私立，英國大學名義上雖是公立，但學校並非國家所有，國家撥款只占收入的兩成左右。由於經費有限，德國人就將有限資金用於儀器設備、圖書等方面，沒有多餘的錢折騰那些花裡胡哨的東西，更別說形象工程了。也正因此，德國大學的世界排名並不算太高。

另外，德國大學中的綜合性院校很少，尤其是理科院校。資料顯示，德國共有三百多所高等院校，大致分為綜合性大學、應用科學大學和藝術院校三類。其中最多的就是應用科學大學，這類學校是「二戰」後針對綜合大學學習時間較長、學習內容偏重理論的特點，特別開設的以培養應用型人才為主的大專院校。這類大學學習時間一般為四到五年。課程設置除必要的基礎理論外，多偏重於應用，不設一般意義上的文科類專業。畢業時獲得應用科技大學碩士 Diplom（FH）學位。但也因為偏重專業性，在重視綜合性院校的國際排名上當然吃虧。

---

1 TU9 German Institutes of Technology e. V.，德國理工大學九校聯盟。它是德國最重要的九所工業大學的聯合平臺，包括有：亞琛工業大學（RWTH Aachen）、柏林工業大學（Technische Universität Berlin）、布倫瑞克工業大學（Technische Universität Braunschweig）、達姆施塔特工業大學（Technische Universität Darmstadt）、德勒斯登工業大學（Technische Universität Dresden）、漢諾威大學（Gottfried Wilhelm Leibniz Universität Hannover）、卡爾斯魯厄理工學院（Karlsruher Institut für Technologie）、慕尼黑工業大學（Technische Universität München）、斯圖加特大學（Universität Stuttgart）。

但也正是這樣的德國大學，製造了全球最好的人才體系之一。德國理工科大學更是和德國科技一樣享有盛名。其中德國九所領先的科技大學，即TU9，被稱為歐洲理工學校的「常春藤」。

大學有碩士學位，沒學士學位

德國大學並沒有明顯的年級區分，也沒有規定就讀年限，而是採用完全的學分制，只要修夠了本科專業規定的學分就可以畢業。也就是說，雖然有象徵性規定的學期數，但如果提前拿到了足夠的學分，就可以畢業。反之，如果沒有拿到規定的學分，即使年限達標，也不能畢業。

許多人都知道，東方的大學是嚴進寬出，西方大學則是寬進嚴出，德國更是寬進嚴出的代表。德國所有高等院校都免費向全球學生開放，無須考試，直接申請，自選專業。但進去之後想畢業可不容易，之前有留學網站宣稱德國部分科系的畢業率只有三〇％，這個數字當然誇大，但據二〇一二年德國學術交流資訊中心（Deutscher Akademischer Austausch Dienst，簡稱DAAD）和高校資訊中心（HIS）發布的年度報告《科學大都會二〇一二》，德國本土大學生的畢業率為七二％，各國留學生的畢業率則只有五四％。

還有一個資料很有意思，二〇〇一年，德國共有二十・八一萬名大學生畢業，他們取得第一學位時的平均年齡居然是二十八．一歲。一般來說，德國大學生平均要讀五．三年才能畢業，綜合性大學的平均專業學習年限更是達到五．九年。

據說，德國每個科系都有幾門所謂的「殺手課」，很多學生就栽在這上面，連考三次都無法通過，就只能被開除。而且德國的教授不像中國教授那樣講人情，不過就是不過，差一分也不能過。

留學生面對的困難更大，許多專業的基礎詞彙在德國教科書裡都採用拉丁語，堪稱巨大挑戰，往往需要花上一、兩年才能掌握相關基礎詞彙的留學生們，基本上沒有可能按時畢業。又如法律和教育等專業，必須通過德國的國家考試才可拿到學位，更增加了難度。

有意思的是，**德國大學沒有**我們熟悉的**學士學位**，**最低學位為碩士學位**，即自然及工程技術科學碩士和人文及社會科學碩士，最高學位為博士學位。

與中國的大學體制不同，德國的大學沒有「博士點」[2]的概念，所有的大學教授都可以是博士生導師。從理論上講，凡是獲得碩士學位的學生，都可以在德國大學申請攻讀博士學位，通常不需要進行資格考試。但前提是申請人必須成績優秀，還必須先找一個德國的博士生導師。

2　指有權自行授予博士學位的學科、專業單位（一般為學系），為博士授權單位學科、專業點之簡稱。

慕尼黑大學，盛產政要、諾貝爾獎得主

背對著慕尼黑最中心的瑪利亞廣場，從鐵阿提納教堂（即戴蒂尼會教堂，Theatinerkirche）向北出發，沿著寬闊大道前行，便可看到這個所謂的校園。途中向一個年輕女孩問路，一看就知道是學生，她告訴我們沒有校園，但想要看學校的幾棟老建築，再直行一小段便到。

很快，便見到一棟略呈弧形的白色建築，二樓的半圓形窗戶上方有一個個頭像，看架勢是紀念先賢。建築很長，門前有弧形石板路，還有一片草地。從拱形長廊走進去，無人攔阻。穿過這棟樓，便可見到內裡乾坤。

這是一個由七、八座建築圍繞的大院子，有點像我們心中學校的模樣。這些建築有不同時代風格的老建築，也有近年來充滿設計感的新建築，偶有學生從院子裡穿過。

從地圖上來看，這裡的老建築就是慕尼黑大學最早期的建築。這座始建於一四七二年的大學，在十九世紀初為了紀念學校創始人路德維希公爵，和後來的馬克西米利安一世（Maximilian I），改名為 Ludovico Maximilianes，後來又將這個拉丁文的名字更改為德文的 Ludwig Maximilian Muenchen Unitversitaet，即路德維希馬克西米利安慕尼黑大學。

這所大學曾培養出三十六位諾貝爾獎得主，其中十三位為在校期間獲得。僅僅是諾貝爾化學獎得主，從慕尼黑大學出身的便有十四位，時間跨度從一九〇二年到二〇〇七

年。諾貝爾物理學獎得主同樣有十四位，時間跨度從一九〇一年到二〇〇五年。此外，還有七位醫學獎獲得者。「二戰」後的德國復興之父、前總理阿登納曾在法學院和經濟學院學習，這裡還誕生了三位前總統、一位前總理，此外還有一位前希臘總理、一位前立陶宛總理、一位前歐盟委員會主席……。

更讓人感到親切的是，慕尼黑大學曾經培養出六位中科院院士，其中包括中國病理學奠基人之一梁伯強、神經科學和生物物理學家郭愛克、分析化學家梁樹權、認知科學和實驗心理學家陳霖、中國外科之父裘法祖、有機化學家和中國抗生素研究先驅汪猷。中國第一位女數學博士，曾在「二戰」初期拯救過數以千計的猶太人的徐瑞雲，以及被譽為「中國辛德勒」（按：二戰時期德國商人辛德勒，透過工廠僱用猶太人來幫助他們避難）的何鳳山也都是該校畢業生。

老校長的石碑長駐此地，靠的是學術和品德。▶

▲慕尼黑大學主建築入口。

但在這個校園裡，你看不到那些諾貝爾獎得主以及政治家的紀念碑或雕像，即使是首任總理阿登納（Konrad Adenauer）這位對當代德國影響最大的人物也沒有任何痕跡。在一塊草地上的一棵大樹下，有一座小小的石碑，陳舊斑駁，無論頭像還是字跡都有些模糊，全無修葺，這是校園裡唯一的紀念碑。

碑上的名字是「KARL GAYER」，孤陋寡聞如我，自然不知道他是誰。後來查資料才知道，他是「近自然林業理論」的創立者，德國林業科學先驅。所謂近自然林業，是現代林業的基本模式，本質特徵是自然林系統和人工林系統的生態平衡，這一理論是世界林業科學的基礎。

歐洲工業革命一度造成生態危機和木材危機，到了十八世紀末，德國森林資源蓄積量降到歷史最低點，人們不得不反思固有觀念。十九世紀初，德國開始以人工造林的方法來恢復失去的森林資源，使森林面積不斷增加，但樹種單一又導致森林穩定性差、抗災能力弱。一九八〇年代的風災和大氣汙染曾導致德國近三分之二的森林受到損害。因此，德國林業學界認識到人類應該依照森林的原貌來保護和建設森林，要正視自然規律。一八九八年，約翰．卡爾．蓋耶爾（Johann Karl Gayer）在對殘存的天然林進行研究後，提出「近自然林業」理論。

蓋耶爾出生於一八二二年，高中時成為孤兒，繼承遺產後前往慕尼黑理工學院學習建築和數學。一八四三年，由於經濟原因，他不得不放棄學業，成為一名護林員。一八四五年，他成為一名林業精算師，一八五一年升任區林務官，一八五五年任巴伐利亞皇家林學院教授。一八七八年，他獲得慕尼黑大學會計系名譽博士學位，並被任命為負責林業生產教學的全職教授。一八八九年，蓋耶爾開始擔任慕尼黑大學校長，一八九二年退休後仍繼續擔任樞密院議員，並完成了多部林業專著，直到一九〇七年病逝於巴伐利亞。

這座紀念碑上的文字，便簡單記錄了他從一名護林員成為林業學家、經濟學家和作家的過程。與許多人想像的不同，校長在德國大學裡的權力不像中國這般大。所以，老校長的石碑儘管長住此地，所倚仗的也非權力（參見第三百二十一頁）。

那時的慕尼黑大學已經是教授治校的典範。從十九世紀初起，慕尼黑大學逐步形成了民主管理的制度。目前，學校議事決策的權力機構是評議大會，其成員由民主選舉產生。在一屆的與會代表中，教授代表為三十六人，其他學術人員代表為十二人，學生代表為十二人，非學術人員代表為六人。校長等校務領導委員會的五名成員也是評議大會的成員。評議大會的成員每兩年選舉一次，其中學生代表每一年選舉一次。

此外還有評議會，是評議大會休會期間所設的常務機構，其成員包括：教授代表十二人，其他學術人員代表四人，非學術人員代表兩人，各團體都按評議大會代表三分之一的名額選出評議會成員。此外，校務領導委員會五名成員，也是評議會的成員，參加日常會議。

各種人員在評議大會和評議會中的比例，是根據巴伐利亞邦《高等教育法》中規定的比例而設置的，教授多於其他人員的總和。即所謂「教授治校」。另一方面，讓學生參加學校的管理，學生的比例和其他學術人員相同，多於非學術人員。大學的機構設置、課程安排、活動組織都傾聽學生的意見——這是「學生本位」制的體現。

校長的職能是領導校務委員會的工作，同時統籌、協調全校各個學院的教學科研工作。幾百年來，當選的校長一般都是德高望重的教授。學校校長不是純行政職務，只是「兼職」，任職期間仍不放棄教學和科研，從校長職位上「退休」後，還回到學院或研究所去繼續從事他的本行。

海德堡大學，一座有學生監獄的大學

在德國城市裡，海德堡的顏值足以排在前三。與這座城市的初見，是一個陽光燦爛的下午。開車沿河進入老城，秀美的兩岸讓我瞬間喜歡上了這座城市。

詩人歌德曾說，海德堡是他把心遺失的地方。詩人荷爾德林（Friedrich Hölderlin）則說，海德堡是他見過的最美的德國城市。作家馬克．吐溫（Mark Twain）也曾寫道，他從來沒有遇到過一個地方，如此充滿平靜與迷人的魅力，海德堡給人一種不可超越的美感。結果，本來計畫只在海德堡停留一天的他，在這裡待了整整一個夏天。於我而言，海德堡是那次旅途中的重要一站，而海德堡大學則是這座城市的重點。

海德堡大學始創於一三八六年，是德國最古老的大學，是德國浪漫主義與人文主義的象徵，世界排名第五十九位。古老的海德堡，卻因為同樣古老的海德堡大學的存在，變成了德國最有活力的城市之一。也只有在海德堡這樣的大學城裡，你才會見到那麼多年輕人的存在。

作為德國最著名的旅遊城市之一，它喧囂熱鬧，但更重要的是，無論你走在哪條街道上，都可以看到年輕人的存在。他們或步履匆匆，或騎行而過，或在咖啡廳前閒坐，或在廣場上看書……。

傍晚，廣場上行人漸多，許多學生聚集在這裡，三三兩兩聊天。這裡曾是海德堡大學乃至這座城市的風雲之地。一五一八年，馬丁·路德就在這裡與天主教守舊勢力激烈辯論，他的宗教改革運動深刻影

▲ 海德堡是德國最美城市之一，也是最好的大學城。

響了海德堡大學。一五五六年，海德堡大學從天主教教會學校轉為新教學校。直至今天，大學廣場仍然是海德堡大學的核心。大學博物館、音樂廳、新教學樓和大學圖書館等散落在城市周圍。

海德堡大學是幸運的，在公立大學免費的德國，各邦經濟狀況往往決定了大學的經費多寡。而海德堡所在的巴登－符騰堡邦（Baden-Württemberg）正是德國最富裕的邦之一，教育投入也因而巨大。這股「豪氣」甚至可以上溯到兩百多年前，一八〇二年，海德堡被劃入巴登－符騰堡邦。當時，為了讓光譜分析發明者、化學家本森（Robert Wilhelm Bunsen）留在海德堡任教，邦政府甚至特地為他建造了當時歐洲最好的化學實驗室。那段時期，它還接納了哲學家黑格爾（Hegel）和醫學家馬克西米利安·約瑟夫·馮·切利烏斯（Maximilian Joseph von Chelius）。

也是從那時開始，海德堡大學被自由主義所照耀，直至今日。尤其是社會學家馬克斯·韋伯（Max Weber）和哲學家恩斯特·特勒爾奇（Ernst Troeltsch）所宣導的跨學科對話精神，更是讓海德堡大學成為德國真正意義上的學術中心。儘管在納粹德國期間，海德堡大學曾遭波折，但「二戰」後很快便恢復元氣。

這與海德堡大學的自由傳統分不開。早在一八四九年，海德堡神學系曾經給一個逃難到海德堡的美國黑奴詹姆斯·彭寧頓（James W.C.Pennington）頒發了榮譽博士學位。同期的美國，連教黑人讀書寫字都是非法的。

這座自由的大學，據說素有放養傳統。學生初來乍到，往往很不習慣，每個環節似乎都無人安排，但時間長了就知道，這是海德堡大學的傳統，一切由你自主。

至於校園，就這樣散落於海德堡市內，老校區在內卡河（Neckar）南岸，新校區在內卡河北岸，十二個學院散落不同地方。師生們就這樣穿行於街巷之間，將生活融入這座城市。就在這日復一日的穿行中，這所大學湧出了五十六位諾貝爾獎得主。

要探尋海德堡大學的自由傳統，最好的地方當屬「學生監獄」。什麼？監獄能體現自由？這兩者不是完全相反的嗎？海德堡大學告訴你，未必。

始建於一七一二年，一直使用到二十世紀初的「學生監獄」，如今已是海德堡的必遊景點之一，每年接待遊客五百萬人次。所謂監獄，其實僅是當年的海德堡大學校方處罰調皮搗蛋學生的場所。

在建築宛若童話的海德堡，「學生監獄」這座陳舊三層小樓並不起眼，不過當年的學生，可是拿這裡當樂園，每間房都被冠以「皇家飯店」、「皇宮」之類的名號。

為啥會有這座學生監獄？這得從十八世紀說起。當時入學的學生年紀偏小，喜歡調皮搗蛋，比如經常在深夜打爛路燈，驅趕居民養的豬。又因為年紀小，員警管不了他們，所以只能由學校出馬教育，於是便有了這座學生監獄。違反紀律的學生要按情節被關兩到四週，白天可以去聽課，下課就得乖乖回監獄待著。

可是校方也沒想到，「獄友」們相處甚歡。他們把所有的牆壁都當成了塗鴉之所，寫下自己的姓名和被關日期，還有自畫像和詩句。許多留言都很經典，比如「既然我們是誠實的孩子，為什麼還被關到這裡？因為我們在街上撿了五塊石頭，並且扔到了警衛室裡，我們承認了所作所為，於是就被法警抓到了這裡。因此，我們成為了『誠實』的犧牲品」。

據說後來還有不少學生故意犯錯，就是為了進監獄體驗一下，其中就包括來海德堡遊學的馬克．吐溫。

其實當年的德國大學大都有此「監獄」，不過保留下來供後人參觀的，唯有海德堡大學這一處。一九一四年，學生監獄不再啟用，反倒成了景點。從學生們「前仆後繼」的湧入學生監獄來看，海德堡大學確實有自由傳統。

▲海德堡大學的「學生監獄」曾「關押」過一些叛逆的學生。

弗萊堡大學，真理將使你自由

弗萊堡主教學樓下有這樣一句話：「真理將使你自由」，倒也貼合這座城市的名字和氣質——在德文裡，弗萊堡的意思就是自由之堡。

在弗萊堡大教堂廣場旁的餐廳吃著晚飯，聽到一陣強勁的音樂聲和喧囂聲從教堂另一側傳來。此時正是夏日傍晚，許多人悠哉悠哉走來準備吃飯。以德國人的性子，一般不會這麼狂熱，除非碰上足球比賽。可眼下德甲、歐冠都已結束，又不是世界盃年和歐洲杯年，一群人在嚷嚷個啥？

我一時好奇，吃完飯就沿著教堂繞過去，發現原來是一場音樂會。小小的舞臺，一群年輕人玩著吉他、鍵盤、爵士鼓，臺下聚集了兩、三百號人，基本都是年輕人。在老齡化的德國，能一下子見到這麼多年輕人的場合，唯有大學城。弗萊堡就是大學城，弗萊堡大學的歷史也超過五百年。

一四五七年，公爵阿爾布萊希特六世（Albrecht VI）建立弗萊堡大學，這是德國最古老的大學之一，原本是為執政者及教會培養法學和神學的後進人才。

十七世紀時，弗萊堡大學成為天主教神學的中心，特蕾莎女皇（Maria Theresia）時期，學校開創科學學科。一八七一年，德意志帝國成立後，弗萊堡大學開始大量吸引來自北德的學生，學科

▲主校舍的上方刻著校訓：真理將使你自由。

和學生人數在一七八〇年代迅速增加。在「一戰」前，學生已達三千多人。一八九八年，弗萊堡大學開始允許女性進入大學讀書。十九世紀初期，大學開始興建新的教學樓，有意避開集中的建校觀念，將大學分散有序的建立在弗萊堡的老城和周邊地區。如今，這座大學已擁有三千多名教職員工和兩萬多名學生。

在弗萊堡溜達，是一件特別舒爽的事情。大量的徒步區，又是德國環保之都，而且有黑森林加持，絕對愜意。走走停停，坐在路邊喝個飲料也是不錯的選擇。正喝著呢，有幾個年輕人一路笑嘻嘻的派起了傳單，即使我這種東方面孔也不放過。看不懂德文，問了問才知道，他們在推介自己的電視臺。

別意外，在弗萊堡這座大學城裡，有許多學生成立的電視臺和電臺。在《泰晤士報》（*The Times*）的世界大學二〇一七至二〇一八年排名中，弗萊堡大學位列世界第八十二位，為世界一流名校。這座沒有圍牆的大學，與弗萊堡一樣汲取了黑森林的靈氣。學生極為自由，也樂於發聲，辦個電視臺和電臺，實在是小兒科。

這所大學產出了十九位諾貝爾獎獲得者，大半出自學校最強的學科——醫學院，所獲當然也是醫學獎，然後獲獎者最多的則是化學獎。魏斯曼（August Weismann）的「種質論」（germplasm）奠定了現代基因研究的基礎。赫爾萊茵在這裡發現了心臟房室傳導阻滯（atrioventricular block，簡稱AVB）的病理，促使了心律調節器（pacemaker）的誕生。科勒（Kohler）研製的單株抗體（monoclonal antibody），使人類增強了免疫能力。施陶丁格（Hermann Staudinger）的高分子化合物理論促成了人造纖維和塑膠的誕生。

在人文領域，弗萊堡大學同樣不弱。胡塞爾（Edmund Husserl）在這裡創建了現象學派（phenomenology）。海德格爾（Martin Heidegger）一九〇九年在這裡就讀，隨後任教，直至一九五九年退休。韋伯（Max Weber）也曾在此任教。

對戰後德國來說，弗萊堡大學簡直是一盞明燈。任教於該校的瓦爾特・歐肯（Walter Eucken），也就是弗萊堡新自由主義經濟學派的創立者，在這裡提出了社會市場經濟體制改革理論。德國「二戰」後的經濟奇蹟，就是以該學派的該理論為依託。湊巧的是，於一九四九年至一九六三年擔任西德第一任總理，主導德國經濟奇蹟的阿登納，也是弗萊堡大學的校友。

自由兩字，貫穿弗萊堡大學五百多年，直至今日。

沒有圍牆束縛大學

在中國，大學資源往往集中於一線大城市，但在歐洲，大城市裡當然也有好大學，比如德國慕尼黑大學，但當年歐洲人更喜歡找一個美麗安靜的小城鎮建立大學，甚至小城鎮即大學，劍橋牛津如此，德國的許多名校也是如此。一個十幾萬人口的小城，大學生往往占全市人口的一半以上，一些城市甚至以大學為靈魂，成為名副其實的大學城。

即使是慕尼黑大學、洪堡大學等位於大城市甚至中心城市的大學，也從來不會圈地建圍牆，而是在建校之初就沿街而建，或者租用城市原有建築，與市政交通、規畫連為一體。從慕尼黑到海德堡，從科隆到萊比錫，從馬爾堡到亞琛，從明斯特到弗萊堡……我走過許多大學城，從未見過一個封閉而完整的校園，也很少見到正式的校門。

倒是在行走之間，常常於街頭巷尾邂逅一棟或大或小的建築，驚喜的發現它是大學的某個院系。所以，整座城市都是大學的校園，各個院系、教學樓和圖書館散落在學校各

▲ 德國大學的草地成為一處迷人的所在，坐著看書的男男女女、彈唱的學生樂隊，無一不體現著自由、包容和開放。

處。街頭總有騎著自行車的年輕學生騎過，草地上總有聚會彈唱的學生樂隊。此情此景，儘管我見過無數次，卻總也看不夠。

這是一種傳統，也是一種開放。也正因為開放的校園，學生得以完全融入社會，既沒有有形的牆束縛自己，也沒有內心的圍牆。人們也可以自由進入學校，可以自由聽課，可以使用學校的圖書館（雖然沒有借書證就不能借書）。

在見過很多次德國的大學後，我才想到這樣一件事：學生們都住哪裡？

中國大學都有校內學生宿舍區，偶爾有在校外的，也很靠近學校。這些宿舍收費都很低廉，說白了就是集體宿舍。歐洲大學可沒有這樣的宿舍，有一些學生公寓，以單人房為主，價格略低於市場價格，但仍然比中國大學宿舍要高得多。而且，因為這類公寓極其有限，學生需要排隊申請，可能你入學時申請，畢業了還沒排到。所以，歐洲大學生的主流選擇是入住合租公寓。

德國當然也是如此，但德國的優勢在於低物價和低房租。去英國留學過的人都知道，住宿這筆花費可真是高昂，但在德國基本沒有這樣的問題，三、五百歐元一個月是常態。而且德國大學生都需要購買德國公立保險，每月費用大概八十六歐元，可享受醫療保險。加上德國學校基本不收學費的巨大優勢，很多歐洲人都會選擇前往德國上學。

除了低房租之外，其他方面的福利也挺多，但跟中國區別挺大。比如餐廳，儘管中國和德國大學的餐廳都有優惠價格，但中國大學餐廳提供三餐，德國大學因為沒有封閉校園和學生宿舍區，所以只提供午餐，用餐時間也嚴格限制。不過即使在校外吃，花費也不大，畢竟德國在已開發國家裡以物價低著稱。

在交通方面，德國大學生享受的福利真是讓人眼紅。中國大學生憑著學生證，可以享受每學期兩次的兩點固定半價火車票，還有不少特價機票可以選擇。但德國大學生除了享有特價機票外，還可以憑學生證免費搭乘本邦或者本邦部分區域內的火車、地鐵和公車，儘管最快的ＩＣＥ[3]高速列車和ＩＣ[4]不包含在內，但已經大大降低了學生的出行成本。

3　ＩＣＥ城際特快列車（Inter City Express），類似臺灣的高鐵，此車款是德國境內最高速、最快、也是最貴的列車。

4　ＩＣ城際快車（Inter City），行駛在德國境內各個城市之間的快車，大部分為雙層火車，但分成頭等艙和二等艙。類似臺灣自強號再高階一點的快車。

國家圖書館出版品預行編目（CIP）資料

德國製造的細節：人口八千萬的國家，竟有兩千多個世界級品牌和一千多個世界隱形冠軍，德國人做事的竅門在哪？／葉克飛著 -- 初版 . -- 臺北市：大是文化有限公司，2021.12
336 面；17 x 23 公分 . --（Style；54）
ISBN 978-626-7041-13-0（平裝）

1. 文化研究 2. 民族文化 3. 德國

541.2 110015619

Style 054

德國製造的細節

人口八千萬的國家，竟有兩千多個世界級品牌和一千多個世界隱形冠軍，德國人做事的竅門在哪？

作　　者／葉克飛
責任編輯／蕭麗娟
校對編輯／黃凱琪
美術編輯／林彥君
副總編輯／顏惠君
總 編 輯／吳依瑋
發 行 人／徐仲秋
會　　計／許鳳雪
版權經理／郝麗珍
行銷企劃／徐千晴
業務助理／李秀蕙
業務專員／馬絮盈、留婉茹
業務經理／林裕安
總 經 理／陳絜吾

出 版 者／大是文化有限公司
臺北市 100 衡陽路 7 號 8 樓
編輯部電話：（02）23757911
購書相關諮詢請洽：（02）23757911 分機 122
24 小時讀者服務傳真：（02）23756999
讀者服務 E-mail：haom@ms28.hinet.net
郵政劃撥帳號：19983366　戶名：大是文化有限公司
法律顧問／永然聯合法律事務所
香港發行／豐達出版發行有限公司 Rich Publishing & Distribution Ltd
地址：香港柴灣永泰道 70 號柴灣工業城第 2 期 1805 室
Unit 1805, Ph. 2, Chai Wan Ind City, 70 Wing Tai Rd,Chai Wan, Hong Kong
電話：2172-6513　傳真：2172-4355
E-mail：cary@subseasy.com.hk

封面設計／Patrice
內頁排版／Judy
印　　刷／鴻霖印刷傳媒股份有限公司
2021 年 12 月 初版
定　　價／新臺幣 399 元（缺頁或裝訂錯誤的書，請寄回更換）
I S B N　978-626-7041-13-0
電子書 ISBN／9786267041451（PDF）
9786267041468（EPUB）